人工智能与向零创新

Advanced Analytics and AI

Impact, Implementation,
and the Future of Work

认知技术决胜企业未来

[英] 托尼·布比尔（Tony Boobier）著

邵信芳 译

中信出版集团 | 北京

图书在版编目（CIP）数据

人工智能与向零创新：认知技术决胜企业未来 /
（英）托尼·布比尔著；邵信芳译 . -- 北京：中信出版
社，2019.10
书名原文：Advanced Analytics and AI: Impact,
Implementation, and the Future of Work
ISBN 978-7-5217-0897-4

Ⅰ . ①人… Ⅱ . ①托… ②邵… Ⅲ . ①人工智能—影
响—企业创新—研究 Ⅳ . ① F273.1-39

中国版本图书馆 CIP 数据核字 (2019) 第 163080 号

人工智能与向零创新——认知技术决胜企业未来

著　　者：[英]托尼·布比尔
译　　者：邵信芳
出版发行：中信出版集团股份有限公司
　　　　　（北京市朝阳区惠新东街甲 4 号富盛大厦 2 座　邮编　100029）
承 印 者：北京通州皇家印刷厂

开　　本：787mm×1092mm　1/16　　　印　　张：29.5　　　字　　数：395 千字
版　　次：2019 年 10 月第 1 版　　　　印　　次：2019 年 10 月第 1 次印刷
京权图字：01-2019-3785　　　　　　　广告经营许可证：京朝工商广字第 8087 号
书　　号：ISBN 978-7-5217-0897-4
定　　价：85.00 元

目　录

第六章　风险和监管 / 241

鸣　谢

　　隆重鸣谢我的家人、朋友、同事以及相识甚至不相识的人，在过去的几年里，他们愿意分享自己关于这个复杂而有趣的问题的见解。似乎每个人都对此有着自己的看法，这真令人高兴。

　　感谢出版此书的威利（Wiley）出版社的同人，尤其是组稿编辑托马斯·海克尔（Thomas Hykiel）先生和后来使本书得以完工的杰玛·瓦莱（Gemma Valler）先生。

　　我尤其要感谢我的妻子米歇尔，她不仅支持我，而且还分享了很多见解和建议，让我深刻相信"另一半"的重要意义。

　　这本书特别写给我的孙子、孙女，他们将生活在本书所描述的未来世界之中。

序
威灵顿与滑铁卢

让我们从一个真实的故事开始。1815 年 6 月 18 日，星期天，滑铁卢战争打响了。

交战的一方是已经主宰欧洲和全球事务 10 多年的法国皇帝拿破仑·波拿巴（Napoleon Bonaparte）；另一方是威灵顿公爵（Duke of Wellington）亚瑟·韦尔斯利（Arthur Wellesley），他已经在半岛战争（Peninsula War）中建立了赫赫军功，威名大振，后来还成了英国杰出的政治人物。

滑铁卢位于布鲁塞尔以南 15 公里。当天，法军人数约为 6.9 万人，反法联军人数为 6.7 万人，但由于普鲁士联军当天前来增援，反法联军人数增加到了 10 万多人。傍晚时分，威灵顿公爵获得了胜利，但双方死伤人数均达到了近 5 万人。后来他承认，这场战斗"可能是我一生中见过的最为接近的较量"。

关于威灵顿公爵的胜利，众说纷纭。以下是最能引起共鸣的一种解释。有迹象表明，1814 年夏天，威灵顿公爵在从伦敦前往巴黎赴任英国驻路易十八新政权的大使时，远远地偏离了固有的路线——他来到了滑铁卢一带。从多佛到加来是更加直接的线路，但他没有这样走，而是乘坐狮鹫号战舰（HMS Griffon）到达了比利时港口贝尔根奥普佐姆

（Bergen Op Zoom），与他同行的还有年仅 23 岁的威廉王子，人称"苗条的比利"（Slender Billy）。

威灵顿在滑铁卢小镇游历了两个星期，布鲁塞尔南部的山谷（这个地方在最后的战争中发挥了重要作用）似乎引起了他的注意。据说，他曾在一家名叫拉贝尔联盟的酒店（La Belle Alliance）住过。

那时，没有任何迹象表明他会与自己的老对手拿破仑决一死战，而且他的游历也许只不过是一名退伍军人的惯例而已。在战斗中，由于他对地形了如指掌，因此可以在军队调度上达到最佳效果。在两军对阵中，他仔细地在霍高蒙特（Hougoumont）等各个重要防御点上部署了守卫兵力。有人说，如果没有这样的未雨绸缪，威灵顿公爵最后能否获胜也未可知。

200 多年过去了，这场生死战留下的经验教训依然值得人们学习。

虽然，我们不应该把人工智能在商业中的应用视为洪水猛兽，但确定无疑的是，它所带来的巨大挑战正在等待着我们。我们人类如何适应并应对这样的世界，将主要取决于我们准备得怎么样了。就像威灵顿公爵一样，熟悉地形本身并没有什么了不起的，但这会提供一个有用的指南——告诉人们即将发生什么，以及我们应该怎样应对。

本书无法提供所有的答案，甚至连穷尽问题都做不到。或许，它最多可以在茫茫的数据和分析的海洋中，给我们一枚指南针，指出未来世界的演变轨迹。在变幻莫测的汪洋大海中，有一枚指南针不是挺好的吗？

　　每次我们拿起报纸或者浏览一篇在线文章，都会发现跟人工智能有关的信息。人们难免会提出疑问：它将如何改变人们的未来生活和工作方式？阅读这类文章的时候，我们可能会兴奋不已，或者会感到困惑，抑或二者兼而有之：人工智能究竟意味着什么，它为什么会出现，以及它会带来什么样的后果？

　　这些文章要么看起来有些怪异，要么技术性十足。一方面，它们会告诉读者，人工智能将如何帮助人们选择最佳最快的路线——不让老人忍受孤独，有助于做出最好的零售选择。另一方面，这些技术性十足的文章也暗示着，在这些表象的后面是无数的算法，其复杂程度非常人所能理解，最好将它留给具有深度统计思维的专家学者。

　　这些专家看起来是可以信任的，他们能为我们所有人的未来打造某种形式的指南针或路线图。然而他们会在多大程度上理解你的世界或你的工作？

　　人工智能的重要性，远远超出了提供智能卫星导航的系统，或是辅助个人决策的新奇工具。它是一种有潜力指导人们在未来如何工作甚至生存的核心概念。作为个体，我们应该感到自己有权利更多地了解人工智能实际上关系到什么问题，而不应该"事不关己，高高挂起"。更深入的了解可以赋予我们更多权利参与关于未来的讨论，而不是被别人的意见左右。然而，在简单地被赋予权利之外，我们难道没有责任成为关于未来的讨论主体吗？

这不是第一本关于人工智能的书，而且也肯定不是最后一本。缺乏深厚的技术、学术背景或没有计算机科学及高等数学经验的读者，越来越需要了解世界正在发生什么，人工智能将如何影响人们的未来，怎样做好最充分的准备，以及采取什么样的措施进行应对。

现实地面对人工智能实施的时间表非常重要。对一种在未来 15 年或半个世纪中还不会充分应用的技术，现在就开始杞人忧天，这对谁都没有好处，但很多人怀疑它会提前到来。在许多领域，已经出现了人工智能的应用迹象。各类产业、职业和个人需要做好充分的准备，或者即刻准备起来。

最近，一份名为《人工智能未来发展：专家观点调查》（*Future Progress in Artificial Intelligence：A Survey of Expert Opinions*）的报告，就人工智能发展的时间量程问题采访了 550 名专家。

报告显示，11% 受访的知名科学家认为，不出 10 年，人类对人脑结构的理解水平将足以助力我们制造出能模拟人类思维的机器。这其中，还有 5% 的科学家认为，在 10 年时间里，机器也将能够模拟学习并掌握人类学习的所有其他方面。科学家们同时还预测，到 2045 年，机器将具有和诺贝尔奖获得者同等程度的理解能力。

在这个科学家群体中，即便是最保守的也表示，高阶人工智能有二分之一的概率将于 2040—2050 年被开发出来，而在 2075 年这一概率将达到十分之九。[1] 这又有谁能说得准？

确定无疑地预测人工智能实施时间表是不可能的。对于学术专家提出的实施时间表，有些人并不以为然。同时，生存环境日益恶劣的企业正在不断地寻求竞争优势，而恰当的技术进步则无疑是竞争力的源泉。获得竞争优势的动力主要在于降低成本，这又将促进人工智能实施时间表的落实。要有效落实则需要企业家更好地理解技术，技术专家则要更好地了解企业的痛点和机遇。

市场环境日益加快着变化的步伐，在未来 10 年，特定行业中的某些职业真的有可能应用某种形式的人工智能。虽然现在很多组织仍然不得不通过制定一系列的短期目标来管理自身的发展，但从战略眼光来看，人工智能的实施时间已经非常临近，企业必须朝着这个方向努力。

即便是从更加保守、长期的视角来看（直到 2040 年我们才能看到人工智能），人工智能转型也必然会在今天参加工作的毕业生和实习生的有生之年发生。律师理查德（Richard）和丹尼尔·萨斯坎德（Daniel Susskind）在他们的《职业的未来》（*The Future of the Professions*）一书中提出，专业人员（尤其是那些年龄介于 25 岁和 40 岁之间的）必须提前感知技术对其工作的影响范式将会发生转变（这意味着"现在的职业将遭到日益严重的摧残"）。[2]

这个问题影响的不仅仅是到那时参加工作的人。今天仍在工作的将在 10 年内完成全职或兼职就业的人，会发现他们日常的个人事务越来越多地受到人工智能的影响，特别是在享受服务方面。

因此，人工智能的影响是什么、什么时候发生都不是关键，怎么办才是关键。问题不在于如何使人工智能的含义具体化或概念化，而在于如何有效并合理地利用人工智能。

由于采用了高级分析（预测性分析和规范性分析），类似的问题已经出现，因此人们试图考虑如何从实用性角度来对人工智能加以应用。尽管应用的时间表究竟是 10 年还是 30 年尚不确定，但本书大胆推定，以高级分析形式出现的人工智能最终将与我们休戚与共，不管是以何种形式。究竟需要多长时间姑且不论，本书建议一系列增量型构建要素和最佳实施路径必须准备到位。如果一个机构或组织力图在不久的将来享受到人工智能的红利，那么这场变革之旅应当即刻启程。

某些产业受人工智能的影响要大于其他产业，而那些需要重复性决策、后台功能繁多或非客户接触型产业，尤其适合应用人工智能。虽然它们的响应和实施速度有所不同，但人工智能带来的改变将导致知识分享环境的建立。互补性技术在相当多元的市场中实现分享和克隆是完全可行的，比如在消费品、零售、金融服务、医药和制造业等领域。在不同的行业之间进行技术及功能的有效转移最终将成为未来创新的最重要的形态。

制造业将日益快速地拥抱由超级先进或认知分析驱动的机器人技术。很多专业性职业，如牙医、外科医生、出版人和多种创意艺术工作等，也必将在一定程度上受到威胁。

职场人还要处理大量文化上的问题。人们传统上对工作一词的理解究竟将被颠覆到几何？本书将探讨哪些人将成为最大的受害者（或受益者）。是那些工作将在很大程度上或完全被机器取代的蓝领工人，还是那些知识工作者（他们最有价值的个人商品——知识遭到了价值贬损，并且将被使用自然语言进行操作的超级搜索引擎取代），又或者是那些企业领导人（他们通过经验和判断建立权威，而这种权威将被那些对给定决策的成功概率进行预测的系统消解）？

无论如何，如果没有经验，企业领导者怎么会有能力进行领导？领导力的本质在于变化，我们也将对此进行探讨。任何一个或者所有这样的群体应该如何准备应对？

地理位置也是变革的重要驱动力。在很多成长型市场中，例如亚洲市场和拉美市场，新的人工智能技术会成为提供服务的第一种手段，因为那里的专业人才不足以支撑一个巨大的现存及潜在的市场。由此造成的后果是，相对不成熟的市场可以超越既定的做法来满足市场需求。就机器学习的应用而言，建立一种新的全球秩序意味着什么？

我们同时也将思考人工智能带来的变化将如何影响现有的商业模式。传统上，工作方式在本质上是线性的：一件事情发生了，然后另一件事情发生了。人工智能的应用会不会带来工作方式上的改变，如果会的话，那么将如何呈现？人们对传统的运营风险（系统风险、流程风险、人的失误或外部事件风险）的看法又会受到怎样的影响，特别是在决策由计算机自动做出的情况下？

这些改变的促成因素之一是专业机构，它们具备发放专业资质的职能。很多这样的机构正在竭力攻克大数据和分析法瓶颈，努力说服它们的会员相信这些趋势不仅仅是一种时髦或者炒作。在不远的未来，这些机构还将承担更大的任务，为人工智能及新的工作方式摇旗呐喊。

是选择改变还是不改变，并没有讨价还价的余地。总体而言，这些机构的年轻成员越来越多地使用流动技术——一种新的学习方式，来扩充自己的能力。逐渐地，很多年轻的专业人员的个人发展和技能提升的终极目标是在职场中具备单兵作战的能力，并通过价值创造而不是固定工资来获得阶层提升。这种趋势会在多大程度上影响专业机构，人工智能将如何帮助或者阻碍这种态势？

本书不是旨在介绍科技领域和数学领域最深入的技术性细节（尽管我们会提及一些细节来提供背景和扩展知识面），而是力图帮助人们理解他们的商业环境和职业生涯将受到的影响。实际上，本书将帮助从业者为自己的职业生涯添加一份"未来保障"，从而应对已经发生、可能会在不到10年时间里发生、10年之后一定会发生的变化。

人工智能这个话题是有争议性的。除了技术问题和专业问题需要应对外，还有一些伦理性的问题有待考虑。从更广泛的意义来说，读者将获得一种洞见，使自己能非正式地参与这个话题的广泛讨论。

除此之外，本书试图让那些由专业机构提供服务支持的雇主确信，他们的雇员及领导具备合适的技能来应对正在快速并剧烈变化的职场。

总体而言，本书的关注点在于提升个人、专业机构及雇主关于职场未来的意识（我们早晚都会进入这样的职场）。我的推测是，我们很快就会进入这样的职场，所以我们应该时不我待，只争朝夕。

我们所称的工作究竟是什么

摘　要

本部分旨在为数据驱动下的商业环境中新的职业伦理设定场景，考虑对象包括：工作的演变，雇主与雇员的关系；职业伦理的起源与发展；个人，尤其是年轻企业家和大龄员工在职场中的差异化动机。除此之外，本部分还将思考马斯洛（Maslow）需求层次理论在未来的有效性，并提出了新时代的需求层次。

简　介

作家赫伯特·乔治·威尔斯（H. G. Wells，1866—1946）是睿智的，他在 1901 年预测了登月旅行，而他的作品本质上更是一种科学传奇——他的作品中涉及时间机器、星际战争、隐身人等。在进行这些预测之外，他对社会变革的影响也有着深入的思考。他甚至想象过一个未来社会，其成员在某个阶段分道扬镳：一种是名叫爱洛伊人（Eloi）的快乐主义群体，专注休闲娱乐和自我实现；另一种为摩洛克人（Morlocks），是做体力的下层阶级。摩洛克人生活在一个黑暗的世界里，甚至在地下工作，以保证爱洛伊人能够过上穷奢极欲的生活。这个阴郁的故事出自威尔斯的《时间机器》（The Time Machine）一书，它预测了很多世纪以后的世界模样。

威尔斯的这个预测究竟是对是错，无人知晓。正如我们在本书的后续章节中所见到的那样，科幻作家对于预测未来有一种神奇的本能。我们永远无法真正理解这是因为他们能将自己的思想植入别人的头脑中，还是因为他们有着某种神圣的灵感，或者仅仅是巧合而已。我的一个同事曾把自己称为未来主义者，他告诉我这是世界上最轻松的职业，因为生活在今天的人，有谁能说清楚这些预测究竟是对还是错？

当全面考虑技术，尤其是人工智能在工作中的影响和应用时，我们不仅需要放眼未来，而且需要回顾历史。工作的概念究竟是什么？

毫无疑问，它的含义经历了持续的变化。举例来说，在威廉·布莱克（William Blake）笔下的英国维多利亚时代"黑暗的撒旦磨坊"（dark Satanic Mills）里，童工时刻面临着在棉织机上弄断手指（甚至更糟）的危险，这与今天在伦敦肖迪奇（Shoreditch）地区相对安全的馥芮白经济体（flat white economy）里的员工形成了鲜明的对比。馥芮白经济体这个名称参考了最受初创企业家喜欢的咖啡名字，这些企业家认为，工作就是要放弃固定薪金来支持、创造并出售一个饱含创新技术的"金矿"。

几十年前，大多数大学毕业生的志向是在"巡回招聘"（milk round）中力拔头筹。巡回招聘仍然存在，但对今天的一些毕业生来说，找到一份稳定的工作与一条可持续发展的职业道路已不是最重要的事情了。企业家精神塑造了时代精神。我最近和一个20出头的加拿大女青年聊天，她在伦敦设计博物馆做导游。在交谈中，我得知这不过是她的临时工作，因为她正在试图加入伦敦一家适合她的初创企业。更令我感兴趣的是，她辞掉了在美国一家领先科技企业的工作，放弃了稳定的收入，而到国外寻找机会以实现自己的抱负。这也许是当今时代的标志。

企业家精神并不局限于前途光明的新事物。越来越多的企业正在减轻技术和经验的重负，以支持年轻的新思维，即使削减成本可能是减负的真正目的。年长的男女员工不应该认为这是针对他们的，即使这可能会对他们的自尊造成轻微的伤害。他们也可以寻找新的市场机会，投身初创公司，或者干脆自己创业。

对于年长的一代而言，工作经历了今夕不同。他们必须更多地理解变革带来的影响，并据此进行自我调适。就像谚语中说的那样，"老狗也要学会新把戏"（old dogs learn new tricks）。

人们将越来越享受到工作和娱乐之间的平衡。对于职场中的很多年轻人而言，工作和娱乐两者之间的差异已经缩小，甚至已经消失了。在家办公一词已经进入词汇表。与此同时，在办公室办公的人发现自己仍在超时工作，休闲是他们必须争取才能获得的，而不是本来就应该享有的权利。太多重要的工作都在城市里，不在乡村，而城市里住宿和通勤成本太高，因此职场人关注职业晋升和工资上涨就不足为奇了。那么，自动化和人工智能会不会对这种思维方式造成冲击？如果真的造成了冲击，那么我们又该如何应对？

我们如何找到自身的立足之地？更重要的是，这个新时代的工作将会受到什么样的影响？

要工资还是要自由

让我们先从工资说起。这是一个无趣而烦人的话题。在很多古文明里，工资的概念并不存在。男性理所当然地承担打猎工作，而女性则承担其余所有的劳动，这至少说明了某些劳动分工从一开始就有了（坦白地说，不确定性是存在的，我们能做的只是推测）。但与此同时，由于劳动分工，文明中出现了奴役现象。奴隶制的概念在古希腊和古罗马时期就已经产生了。剑桥大学古代历史名誉教授摩西·芬利（Moses Finley）爵士确认了五大奴隶社会，分别是古罗马、古希腊、美国、加勒比和巴西。[1] 这是一个既复杂又有争议的分类。芬利提出，奴隶的处境完全取决于奴隶主的性情——可能仁慈，可能残忍，也可能冷漠。

对于如何对待奴隶，宗教上没有太多的分歧。芬利说，早期的基督徒中有很多就是奴隶主，奴隶的境遇同样取决于主人的性情。公元 1 世纪中期，古罗马作家科鲁迈拉（Columella）对于如何对待奴隶提出了自己的建议——用大棒加胡萝卜。总体来说，古罗马人对于如何对待奴隶达成了一种共识。就奴隶主而言，这种平衡的奴役法相对人性化并能够带来可观的经济收益。

古罗马衰落了，但奴隶制并没有随之消亡。奴隶一词衍生自东欧的斯拉夫人（Slav）一词，它是一个古老的术语。拉丁语中表示奴隶的词 servus，是农奴（serf）一词的延伸，它结合了奴役思想和个人对财产一定程度上的控制权（不一定是所有权）。

古罗马的两级社会制度越来越严重地破坏着古罗马人的生活方式。有些历史学家认为，统治阶级在道德上的孱弱最终导致了罗马帝国在公元 410 年败给了日耳曼人。

奴隶制的对立面是自由，古希腊人在向中北部地区的德尔斐（Delphi）神殿女主祭司皮提亚（Pythia）祷告时，获悉了自由的概念。德尔斐神殿的墙上写着自由的四大元素：

- 在司法事务中进行陈述。
- 免受监禁和抓捕。
- 想做什么就做什么。
- 想去哪里就去哪里。

由此可以得出结论，自由的其中一个定义可以在以下价值标准的反面得到印证，例如，奴隶由主人代表、奴隶必须服从主人的一切命令等。

2 000 多年过去了，自由似乎已经具有了一套新的价值标准。1941 年，富兰克林·罗斯福（Franklin Roosevelt）谈到了让世界得以建立的四大自由：

- 言论自由。
- 信仰自由。
- 不虞匮乏的自由。
- 免于恐惧的自由。

有人认为，最后两个自由——不虞匮乏和免于恐惧，对我们所知的工作的定义有着特别的促成作用。在消费驱动型社会里，人们不仅需要养家糊口，而且还不能落后于人。在人们对失业的焦虑以及由此引发的对生存或享受必需品的购买力匮乏中，恐惧或许会随之而来。人们对失业和失去收入究竟恐惧到了什么程度？这种恐惧在未来的技术时代如何体现？

奴隶制或许在一定程度上与阶级斗争和等级制度有关，马克思在他的《资本论》中对此做了相关论述。他写道：到目前为止的一切社会的历史都是阶级斗争的历史，压迫者和被压迫者始终处于相互对立的地位。

与此同时，一个奴仆很可能会变成一个主人，尤其是在精英统治模式下。在这种转变中，学习和教育是关键的驱动力和催化剂，但它们也常常需要好运的助力和帮手的支援。

因此，工作的概念不可避免地附属于奴役，人们通过这种奴役来免受缺衣少食、担惊受怕的折磨，从而获得某种形式的自由。今天已经声名狼藉的"劳动使人自由"的理念永远和一种邪恶体制如影随形。"劳动使人自由"是德国语言学家洛伦兹·蒂芬巴赫（Lorenz Diefenbach）1873 年的一部小说的标题。在小说里，赌徒和骗子们就是通过劳动找到了通往美德的道路。[2]

与工作相对的是娱乐。各种停工期会在某些时间和空间出现。很少有人会对别人的闲暇感到不快，这可能需要一个前提，就是闲暇不要超过某个限度，而且不要过于张扬。归根到底，闲暇难道不是对工作的犒赏？如果工作是为了挣钱购买必需品，那么闲暇难道不是我们选择用来花掉多余收入的一种途径？音乐家或者作家的工作，可能在辛苦程度上和矿工是一样的，尽管它们分属差别很大的劳动类型。摇滚歌星大卫·李·罗斯（David Lee Roth）曾做过这样的总结："金钱不能买来幸福，但可以买来一艘游艇，以至你能离幸福很近。"

或许工作不是一种选择，而是一种必需品。归根到底，正如圣保罗在 2 000 年前说的那样："如果你不愿工作，你就不该吃喝。"

工业化的兴起

我们这一代人处在大数据时代。我们可以将大数据时代与蒸汽、石油和电力工业时代做一番比较。伟大的实业家，如阿克莱特（Arkwright）、布鲁内尔（Brunel）、卡内基（Carnegie）和福特（Ford），他们不仅是企业家，而且有能力带来影响深远的变革，为此他们不惜以榨干员工的每一滴汗水为代价。一些实业家实际上意识到了其员工遭受的社会影响，并为他们创造了特殊的小规模社区。

英国伯明翰南部的一个小村庄布尔内维尔，是由巧克力制造企业吉百利于 19 世纪 90 年代创建的，这不仅使得吉百利家族的员工能住在工厂附近，也为他们提供了健身场所等便利设施。吉百利家族并非特例。利物浦南部的阳光港（Port Sunlight）是由利华兄弟公司（Lever Brothers，现在是联合利华的一部分）于 1888 年用来安置员工而建造的，并以其最赚钱的产品阳光皂（sunshine soap）命名。

即使这些工人村落看起来是出于利他主义而建立的，然而从根本上说，它们是建立在我们可能称之为职业伦理的基础上的。曾属德国路德教的新教徒马丁·路德（Martin Luther）于 1517 年向罗马天主教发起挑战，通过在维滕贝格（Wittenberg）的一堵墙上张贴《九十五条论纲》（*Ninety-five Theses*），表达对天主教会"懒惰型"安逸的蔑视。"根据《圣经》的记载，上帝要求人们用劳作来赎亚当在伊甸园犯下的偷吃禁果的原罪。"路德对此直言不讳。

路德创造了一种新型的宗教，把信仰和努力工作结合在一起，以表示对上帝的忠诚。约翰·加尔文（John Calvin）将之进一步发展成了一种"商业模式"。加尔文是法国神学家，生活在宗教改革时代，他和其他改革者一样，把工作和侍奉理解为信徒向上帝表达救赎基督的感谢方式。除此之外，他含蓄地指出，经济回报是上帝恩惠的看得见的标志。这个理念最终在德国社会学家马克斯·韦伯（Max Weber）那里得到了深化和发展。在 1904 年出版的《新教伦理与资本主义精神》（*The Protestant and the Spirit of Capitalism*）一书中，韦伯指出，新教的职业伦理是资本主义盛极一时的（但未经计划的）根本源泉之一。韦伯的"资本主义精神"由一系列价值观构成：

- 宗教教义迫使人们努力工作，而努力工作是人们变得富有的前提条件。
- 购买奢侈品是罪恶的，慈善捐赠也同样罪恶（因为这将鼓励那些接受捐赠的人变得懒惰）。

- 协调这些差异的最好方法是投资，这是资本主义的初始形式。

当我们考虑现在和未来面临的工作挑战时，常常无法认识到，努力工作的潜在驱动力可能不仅存在于非常传统的奴役劳动中，而且还存在于深层的宗教信仰中，它已经成了一种根深蒂固的工作心理。

全世界都弥漫着一种变革的气氛。本杰明·富兰克林（Benjamin Franklin）、托马斯·卡莱尔（Thomas Carlyle）、约翰·斯图尔特·密尔（John Stuart Mill）等人，都对资本主义和工业化的兴起有着自己的看法。尤其是密尔，他说："在这个新教驱动下的工业化时代里，我们展望的是一个质量为王而不是数量为王的新时代。"[3]

一战期间，战场上的指挥官们越来越多地依赖于工业以获得海量的军需品供应；还有二战，彼得·德鲁克（Peter Drucker）把它称为"工业战争"。这两个重大事件，特别是后一个，孕育出了关于组织如何运作的新观点。在通用汽车公司（General Motors），德鲁克不仅对组织的工作有了更加深入的理解，还对管理的功能理解得更加透彻。"工业"二战的教训，让许多管理人士认知到建立行政管理系统、等级制度和打造规模效应的必要性。

在这段时间里，职业伦理仍然是健全和真实的。1934 年，通用汽车公司聘请了咨询师詹姆斯·麦肯锡（James McKinsey）。麦肯锡曾是芝加哥大学的一名会计学教授，于 1926 年创立了麦肯锡公司（那时的他才 37 岁，是美国收入最高的咨询师，日薪 500 美元）。在受聘不到 3 年的时间里，他因为工作压力过大而积劳成疾，终年 48 岁。据说，他每周在办公室里工作 6 天，星期天还要把工作带回家。我们所称的加尔文主义职业伦理（Calvinistic work ethic）在他身上体现得淋漓尽致。

今天，麦肯锡是一个非常有名并受人尊敬的咨询公司，詹姆斯·麦肯锡所灌输的职业伦理似乎并没有发生实质性的改变。2005 年，《卫报》的一篇文章报道了麦肯锡公司为英国首相托尼·布莱尔（Tony Blair）出谋划策，这让读者再次注意到麦肯锡公司"工作时间长、期望值高、对失败零容忍"的理念。[4]

毫无疑问，麦肯锡的员工被称为"成员"（麦肯锡公司称自己为"商号"），他们不仅受到经济方面的激励，还拥有客户给予他们的信任以及同行的认可。对他们来说，工作似乎具有一种超越辛苦的意义。有些人甚至还会说，这是一种宗教行为。

那么，我们工作的动机是什么？美国心理学家、犹太人亚伯拉罕·马斯洛，对这个话题很好奇，并在犹太人大屠杀幸存者的经历中找到了一些启示。他想知道是什么激励了一些人千辛万苦地活下来，而另一些人却听天由命地放弃了。他意识到动机和心理发展之间存在着一种联系。由此他得出结论：在职场中，如果雇员感受到了一种自我价值感，就会有更好的工作表现。换句话说，他们觉得自己能够做出有意义的贡献。

他的《马斯洛人性管理经典》（*Maslow on Management*）一书受到了亨利·默里（Henry Murray）著作的影响。默里确定了他认为的所有人的 20 种需求，并在他的《人格研究》（*Explorations in Personality*）一书中进行了解释。默里把这些需求分为五大主要类别：抱负、物质、权力、情感和信息（见表 0-1）。

表 0-1 默里需求表

需求等级	抱负	物质	权力	情感	信息
1 级	成就	获得	屈尊（道歉和承认）	养育（照顾别人）	阐释（教育他人）
2 级	展示（打动别人的能力）	建设	自主权（独立性）	游戏	认知（寻求知识并提出问题）
3 级	承认（获得地位，显示成就）	命令（让事情井然有序）	进攻	拒绝	—
4 级	—	保留（保持所有物）	责任避免	求助心态（受人保护）	—
5 级	—	—	顺从（合作和服从）	—	—
6 级	—	—	支配		

资料来源：K. Cherry，Murray's Theory of Psychogenic Needs，Verywell（1 January 2015）. http://psychology.about.com/od/theoriesofpersonality/a/psychogenic.htm（accessed 4 May 2015）。

马斯洛改进了默里的研究成果。他确定了 5 种人类的欲望，后来被称为"需求层次"，即生理需求、安全需求、社交情感需求、尊重需求和自我实现需求。对较低一级需求的满足，会激发对下一层级需求的追求。这些需求中最高级的是自我实现需求，即个人才能的实现需求，它通过创造力来展现。自我实现需求经常伴随着对精神启迪的期盼和对积极改造社会的渴望。

这些需求如何适应职场，更重要的是，如何适应职业伦理？一个从事让人精神迟钝的重复性工作的工人，是否真的有可能变得有创造力并获得一定程度的精神上的满足？这是否也适用于职场中的管理岗位？犹他大学管理学教授弗雷德里克·赫茨伯格（Frederick Hertzberg）提出了"工作丰富化"理论（扩大工作范围以便员工获得更大的自我权威），对这些问题给予了回答。在他 1959 年出版的《工作的激励因素》(*The Motivation to Work*) 一书中,他提出了我们现在所理解的职场满意度的主要驱动力——激发个人工作积极性的因素,以及雇主如何通过满足这些关键驱动因素从员工的人力资本中获得最大收益。

赫茨伯格的理论假设每个人的认知水平和动力都是一样的。马斯洛认识到这种假设过于简单化了。后来,马斯洛对此进行了详细阐述,并指出他的论述是基于关键假设(包括人类更喜欢工作而不是无所事事,喜欢有意义的工作远甚于无用的工作)而做出的。[5]

立足当下,展望未来,我们面临的问题是:马斯洛的理论在 Y 一代(指生于 1981—2000 年的人)是否依然适用?他的理念又如何适用于 Z 一代(00 后)?

我们会给 Z 一代之后的群体起什么名字,现在还不得而知,但以大写字母为某一年代的人冠名的做法是有吸引力的,如果雇主愿意这样分门别类的话。工业正越来越多地转向所谓的细分市场(将消费者作为个体来对待,而不是具有类似行为的集群或团体),这取决于公司通过大数据来理解个体独有特征的能力。那么,为了营销而将人们归为不同群体的做法,会像任何工作形式一样逐渐消失吗?

同样重要的是,当人们考虑技术对工作本质和专业的影响时,以及面对年青一代普遍采用的工作方式时,我们是否有必要对马斯洛的需求层次进行重新思考?(见图 0-1)

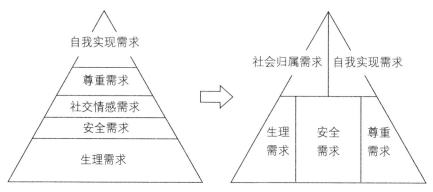

图 0-1　新时代的马斯洛需求层次

Z 一代和馥芮白经济体

Z 一代，有时被称为"后千禧一代"（post-millennials）或"i 一代"（iGeneration），通常以生活在互联世界为特征。这是第一个真正的数字原生代，这一代人经常通过文字交流，并且仍然受到文化的影响。

Z 一代将成为未来经济的一个重要影响因素。到 2020 年，这些年轻的成年人很可能仅在美国就拥有 3 万亿美元的购买力。他们支配时间的方式将不同于前几代人。在 13 ~ 24 岁的人群中，96% 的人平均每周观看在线视频达 11 个小时；42% 的人表示，社交媒体会对他们的自尊造成影响。[6]

甚至 Z 一代的工作方式也在改变。简单地说，馥芮白经济体就是适用于数字企业家的术语，他们以赢家通吃的心态追逐财富。定期工资可能微不足道，但对那些获得巨大成功的人来说，福利和回报可能是相当可观的。只有少数玩家能够幸运地达到所谓的独角兽地位。为了获取这个机会，他们愿意以经济安全保障来换取不确定性，所以在最新的高科技装备（手机、笔记本电脑及最新的应用程序）上不惜一掷千金。

在全球范围内，所谓的"馥芮白人"数量不断增加，而且分布在不同的地区，如伦敦、巴黎、莫斯科、以色列、班加罗尔和北京。他们像蛾子一样，向往灯红酒绿的社交生活，也渴望低成本的居所。在许多情况下，政府的支持也加剧了这种现象。[7]

我们无法怀疑他们追求财富的恒心，虽然他们对长期就业的承诺让人生疑——似乎很少有人准备为同一项目或同一雇主工作数年以上。事实上，在同一个地方连续工作会被认为不是什么好事。

他们经常打破窠臼，并且更聪明地处理职场关系。史蒂芬·莱维特（Steven Levitt）和斯蒂芬·杜布纳（Stephen Dubner）等作家都劝导他们的读者"对任何事情都要更聪明地思考"。他们的《魔鬼经济学》（*Freakonomics*）系列图书［如《像个怪人一样思考》（*Think Like a Freak*）］挑战了传统的职场智慧。

莱维特和杜布纳还回答了是什么让人们真正快乐的问题，并确定了四大原则：

- 激励是现代生活的基石。
- 知道心之所向会让一个复杂的世界变得不那么复杂。
- 传统智慧往往是错误的。
- 相关性不等于因果关系。

他们指出，个人往往会因为自己的政治、经济等偏见，不可能准确地理解世界。这些书反映了时代精神，暗示着旧的思维方式已经变得不那么重要了。也许我们传统的工作方式也在改变，职业伦理观念在某种程度上同样式微。

X 一代（指生于 1960—1980 年的人）和后来的群体信仰上帝的可

能性正在减少（见表 0–2），至少在传统意义上是这样的。如果职业伦理和宗教之间存在关联，这就意味着如果这种趋势延续下去，那么宗教将越来越少地受到这些群体的关注，还可能被其他形式的精神生活取代。

表 0–2　按人口代际划分的宗教信仰

人口年代	信仰上帝
年青的千禧一代	50%
年长的千禧一代	54%
X 一代	64%
婴儿潮时代出生的人	69%

资料来源：Pew Research Center（n. d.），*Religious Landscape Study*. http: //www.pewforum.org/ religious-landscapestudy/generational-cohort（accessed 14 August 2017）。

职场伦理诞生于 20 世纪 90 年代，它与宗教伦理有着本质区别。职场的特征有时被称为是一种"整体思维"方式，即工人有较高水平的利他主义倾向，对他人具有无私的意识自觉。[8]

佛教对工作的概念有其自己的理解。起源于公元前 6 世纪到公元前 4 世纪的佛教被称为"洞察现实本质的实践与精神发展之路"。[9] 佛教对职场也有其独到的观点。牧口常三郎（Tsunesaburo Makiguchi，1871—1944），日本教育理论家、宗教改革家、日本最大的居士佛教组织创建者，在他的价值理论中指出，职场具有三种价值：美、利、善。

在就业领域，美的价值意味着找到一份你喜欢的工作；利的价值在于找到一份能给你带来薪水的工作，让你有能力养家糊口；善的价值在于找到一份工作以帮助他人并为社会做贡献。[10]

当开始期待一个数据驱动的工作时，我们就只能被迫放弃一些旧的就业观念。我们将何去何从？也许采用一种新的精神方法，可能有助于提供某种形式的未来职场的模板。

失业的影响

对于那些将来还要工作的人来说，不管他们所从事的工作将多么落伍，他们都应该更积极地向前看。毕竟，他们就是制定工作规则和创造新工作的人。或许他们要担心的是，什么时候而不是如何迎接人工智能。

另外，老一代人需要接受大规模失业的现实，因为大多数日常工作都自动化了，甚至有许多复杂的工作决策是由电脑辅助进行的。X 一代将如何应对，而那些晚些出生的可能成为变革的受害者，又将如何应对？

自动化的影响仍然不确定。布伦伯格（Berenberg）银行高级经济学家卡林·皮克林（Kallum Pickering）说："自第一次工业革命以来，我们一直在用机器代替人工来提高效率。大多数工人最终都没有失业或陷入更大的贫困。相反，这些工人找到了其他的工作和创造价值的方式。"[11]

当常规工作自动化了、不存在了，人力资本将被解放出来去从事新的事情，一种全新的工作体系将会出现。皮克林说："当一个工作被摧毁时，另一个工作就会被创造出来。"[12] 这种情况，再加上所谓的"零时合同"（zero-hour contracts）提供的更宽松的监管和更加非正式的工作安排，可能会在劳动力市场上吸收一些求职者，但这不太可能成为灵丹妙药。再培训将变得越来越重要，职业期望管理也是如此。

对于那些处于职业生涯中期的人来说，当常规的岗位和职业道路不复存在时，他们对失业的恐惧不仅会旷日持久，而且要为此承担更大的压力，甚至连思维也会被套上枷锁。对于那些可被自动化取代的岗位工人来说，找工作将变得越来越困难。这种状况不仅存在于低技能的工作领域，甚至一个高级财务顾问的工作也能被自动化取代。[13]

许多励志书建议人们应该这样对待找工作这件事：它本身就是一项工作，尽管它没有报酬，有时甚至是吃力不讨好的。所以，许多失业者心情压抑也就不足为奇了。他们饱受失眠的折磨，于是从食物中寻求安慰——暴饮暴食。在最坏的情况下，酗酒、家庭暴力和自杀都有可能发生。[14]

长期失业将使问题雪上加霜。只有十分之一的长期失业者最后找到了工作。如果有合适的技能，就业市场又很活跃，那么大约有十分之三的人能够在失业后的头几个星期内找到工作。但在失业一年之后，找到工作的机会就降到了每 10 个月才能找到一份工作。那些来自规模紧缩行业或技能过时的求职者，找工作就更难了。[15]

除了能力和就业机会的限制，年龄歧视也是一个问题。55 岁以上人群的失业率，被不断上升的退休年龄掩盖了。有些人可能会说，年长的员工应该为更年轻、更有活力的员工留出空间。然而很多年长的员工却认为，他们仍然可以做出很多职业贡献。2015 年，英国政府启动了一项针对年长员工的"冠军计划"，聘用对象是 55 岁以上的求职者，并提出聘用这个年龄层员工的三大好处：[16]

- 改善经济。如果 120 万名 50 岁以上没有工作的英国人重返职场，那么每年可能会为英国经济贡献大约 500 万英镑的收入。
- 职场指导。在职场中，雇用年龄为 55 ~ 64 岁的老员工，将对年轻同事的工作表现产生积极的影响。

- 稳定性强。相比之下，年龄为 50 ~ 64 岁的员工平均工作年限为 13 年，而 25 ~ 49 岁的员工则仅为 7 年。

对老一辈来说，失业并不是什么新鲜事。20 世纪 80 年代和 90 年代的企业再造工程通常要剔除年龄更大、工资更高的员工。这种思维已经渗透到现代企业招聘中——通常采用的做法（在法律允许的范围内）是提前淘汰那些简历冗长或有资质证书的 70 后和 80 后。

很少有人能享受什么也不做就能安于现状（或享受退休金）的奢侈。很多专业人士仍然受到职业伦理的影响，同时也要对有限的收入进行补充，还要避免无所事事。所以在职业生涯的最后，他们越来越多地采用一种双管齐下的方法：

- 他们寻找一种组合工作方式，承担几种不同的但可能是互补性的岗位。
- 更有创业精神的人会投身规模较小的公司和初创企业，大多是为了股权投资，而不是通过被雇用来领取薪水。

一些人在他们的传统职业生涯即将结束时，决定通过投资实现自己宏大的创业梦想，他们会把自己的钱投入产品开发或市场营销中。然而这种做法常常不能奏效，因为他们经常在资金方面遇到障碍。总的来说，风险投资家不愿意支持年迈的创业者。

据《哈佛商业评论》杂志对"10 亿美元俱乐部"（风投公司估值为10 亿美元的公司）的观察可知：

- 建立初创公司的创业者平均年龄为 31 岁。
- 35 岁以下的创始人在 10 亿美元俱乐部中占较大比例。
- 首席执行官和董事长平均年龄为 42 岁。

表 0-3 显示了硅谷顶级创始人的年龄。虽然这些统计数据并不能说明年长的创业者无立足之地，但它们可以很好地提示我们，这个群体的创业者占比较小（至少现在是这样的）。

表 0-3　风投支持的硅谷顶级创始人的年龄

创始人年龄	公司占比（%）
20 岁以下	2
20 ~ 24 岁	23
25 ~ 29 岁	19
30 ~ 34 岁	22
35 ~ 39 岁	14
40 ~ 44 岁	14
45 ~ 49 岁	4
50 岁以上	2

资料来源：Walter Frick，How old are Silicon Valley's top founders? Here's the data，Harvard Business Review（3 April 2014）。

从某种意义来说，年长的员工和专业人士可能不过是莎士比亚名言的化身而已。

整个世界是个舞台，

所有的男男女女只是演员而已；

他们都有退场和登场的时候，

人生在世扮演着多种角色……

—— 《皆大欢喜》（*As You Like It*）第二幕第七场

在职业生涯结束时，特别是在人工智能的威胁越来越大的背景下，职场人要想继续保持在业状态，至少需要三个因素。

- 再培训。个人需要有接受再培训的意愿，或者至少要对周围发生了什么保持清醒的认识，而不能只是逆来顺受，也不能成为这个变革过程中的看客。再培训可以是正式的，也可以是非正式的，它要以适应个人培训风格的方式（通过语言、视觉或触觉等方式）进行，以便达到最佳效果。
- 协作。协作环境很重要。创新中心（innovation hubs）通常会提供这种协作，它们大多位于城市里。人们如果不能自掏腰包前往，就只能错过分享和学习的机会。对于较为年长但经验丰富的求职者，也许应该给他们提供一个新型的、能让他们聚在一起分享想法的场所（真实的或虚拟的）。
- 网络。有效的网络至关重要，它不仅仅包括本身就很重要的社交网络，而且还包括能提供一种将创意进行市场开发的途径。人工智能和认知领域将逐渐容纳新的商业模式，它们最终将通过外包方式产生效益，问题在于它们将如何为创意者创造价值。

就这个话题，我采访过的专家指出了问题的另一面：个体衰老过程的差异性。总会有一小部分人在 60 岁、70 岁甚至超过 80 岁的时候仍然非常健康，还能跑马拉松。人们对他们刮目相看。马拉松指南网站（MarathonGuide.com）的分析表明，2011 年美国有不到 1% 的马拉松女性参赛者和不到 4% 的男性参赛者的年龄超过 60 岁。[17]

但一个残酷的现实是，随着年龄的增长，人们容易疲劳，承担长时间、高强度的工作会变得越来越困难。那些还在上班的老员工，支撑他们坚持下来的往往是动力和习惯——职业伦理激励着他们爱岗敬业，但他们需要更长的恢复期。雇主和雇员都知道这一点。所以，很自然的是，随着年龄的增长，人们会越来越注意轻重缓急，把精力投入到重要且有价值的事情上。

如果我们提出的马斯洛需求层次理论在新的馥芮白经济体中的企业文化已经风光不再，那么一种新的模式可能适用于房款已付清、孩子已成长的 X 一代企业家。他们已经稳定富足，但仍有自我实现的愿望。如果不能自我实现，那么他们有没有可能去冒不稳定的风险？对于仍然在业的 X 一代职场人，马斯洛需求理论需不需要再次被提起？

取代工作的需要

也许我们根本就没有必要担心失业问题。人工智能会不会创造足够多的财富和经济增长，以至失业问题不复存在？在这样一个背景下，我们会不会越来越成为消费者而不是生产者？一些经济学家认为，市场最大的收益来自我们消费什么，而不是我们生产什么。

有人甚至认为，人工智能将会促进一定程度的经济增长，产生足够的税收来满足我们所有的需求。于是，税收将变成一种对巨额私营利润进行重新分配的工具，从而增进所有人的福利。

我们用不着杞人忧天。牛津大学教授、人类未来研究院（Future of Humanity Institute）院长尼克·博斯特罗姆（Nick Bostrom）在他的《超级智能》（Superintelligence）一书中指出，要为全球 70 亿人口提供每人每年 9 万美元的收入，每年的成本将高达 630 万亿美元。这大约是目前全球 GDP（国内生产总值）总量的 10 倍。目前，全球 GDP 总量为 74 万亿美元，年增长率为 3%。随着市场的日趋成熟，全球 GDP 总量自 1900 年以来已增长了 19 倍。如果这种趋势能够持续并加速，再辅以科技的重要催化作用，那么在未来几百年时间里（需要注意的是，人口仍将保持一定程度的稳定，尽管目前年增长率为 3% 左右），我们将有足够的能力让所有人获得每人每年 9 万美元的收入。[18]

如果这种收支平衡真的变成现实——这是一个很大的假设，那么撇开宗教伦理，可能还需要几代人的时间，人们才会有工作的需求。

与此同时，我们可能会经历一段艰难时期：工作机会减少，个人收入减少，消费能力降低，应税收入减少，公共财政压力陡增。由于电子商务的影响，政府继续提高运营效率，无形中也会感到某种形式的艰难时刻正在到来。现在谁也不知道事态会如何发展，但公共部门很可能会成为削减支出的靶子，这将不可避免地对公共部门员工产生连锁影响。

先进技术会不会在某种程度上加剧阶级分化，而不是消灭分化？富有的工人可能更容易接受再培训并获得新技能，而低技能工人可能无法获得再培训的机会，从而成为牺牲品。

在这个新时代，那些能成功的人很可能会变得非常成功，但并不是每个人都会这么幸运。我们需要学会接受这样的现实。1997 年的电影《光猪六壮士》（*The Full Monty*）讲述了 6 个不同背景的男人由于经济萧条而陷入困境的故事。通过描述痛苦的细节，影片揭示了造成阶级差别的失业问题是不可饶恕的。影片中，即使是公司高管也沦落到失业的地步，他不得不与前钢铁工人为伍，最后所有人在一群尖叫的观众面前脱光了衣服。

结 论

这一部分的目的是把工作放在大环境中去审视，通过理解为什么我们需要工作，来对个人的工作动机进行深入的阐述。当然，工作是为了支付账单而存在的，在许多情况下，就是为了生存而存在的。但除此之外，工作似乎还有更深层次的动机。

我们开始认识到，不同的年龄群体有不同的工作驱动力和工作态度。马斯洛强调的传统激励因素似乎越来越不适用，因为年轻的和年老的职场人都在用新的眼光审视他们的工作环境。

我们如何应对这个新时代并生存下去，这不仅取决于我们彼此如何沟通合作，也依赖于我们如何认识自己的价值，以及如何将这种价值货币化。有些人会规划未来，并谨慎地朝着它努力，无论是渐进的还是激进的；而有些人则需要了解周围发生的事情，再做出相应的反应。对于这两类人来说，知识都是至关重要的。正因为如此，接下来的几章将带领大家学习一些基础知识。

第一章

高级分析导论

摘　要

本章将给读者介绍各种类型的分析技术，其中既包括相对基础的商业智能，也包括更加高级的规范性分析和预测性分析。同时，本章还将介绍认知分析和人工智能，最后讨论机器的零差错问题。

简　介

戴夫·鲍曼：你好，哈尔。听到了吗？

哈尔：听到了，戴夫，我能听到你的声音。

戴夫·鲍曼：打开分离舱门，哈尔。

哈尔：抱歉，戴夫，我恐怕不能这样做。

戴夫·鲍曼：为什么？

哈尔：我想你和我一样知道问题出在哪里。

戴夫·鲍曼：你在说什么呢，哈尔？

哈尔：这个任务太重要了，我不允许你把它搞砸。

——《2001：太空漫游》（*2001: A Space Odyssey*）

对于很多读者来说，人工智能是科幻小说中的概念。本章的开场重温了斯坦利·库布里克（Stanley Kubrick）的电影《2001：太空漫游》中的一段对话。这部电影拍摄于 1968 年，讲述了一段前往木星的载人太空之旅。

这段对话发生在太空船船长戴夫·鲍曼和机载电脑哈尔 9000（被船员们简称为哈尔）之间。故事概要：哈尔比船上的人类知道得更多，它试图掌握控制权，却被剩下的太空船员击败，因为他们拔掉了哈尔的插头。《2001：太空漫游》改编自阿瑟·克拉克（Arthur Clarke）的小说，在完整的故事中，哈尔比船员更了解太空任务，这暗示着电脑在某些方面比人类更高级。

在《2001：太空漫游》上映后，科幻作家们对它毁誉参半，这在电影界也不是什么稀罕事。有些作家诋毁它，说电影剧本陈腐平庸，而《星球大战》（Star Wars）的导演乔治·卢卡斯却称它为"终极性的科幻电影"。《2001：太空漫游》的故事蓝本是一篇写于 1948 年的短篇小说——《永恒的哨兵》（The Sentinel of Eternity），1951 年出版。书中讲述了这样一个故事：人们在月球上发现了一种巨石，并把它作为未来出现其他智慧生命的警示灯塔。

人们对于未来的看法在多大程度上受到艺术（如科幻故事和电影）的影响，这个问题很有趣，也很容易激发人们的好奇心。但这种影响几乎就等同于我们把对未来的判断权拱手让给别人，让他们去创造一种幻象，我们最终全盘接受。个人如此，整个人类也是如此。

在最宽泛的意义上，人工智能的理念可以追溯到古代哲学家的思想中。在古老的神话传说中，塞浦路斯国王皮格马利翁善于雕刻，他用象牙雕刻出了一个美女并试图给她注入生命力。在当今时代，同样的故事在迪士尼的《木偶奇遇记》（Pinocchio）和百老汇音乐剧（及后续的电影）《茶花女》（My Fair Lady）中得到了重现。

长久以来，人们一直热衷于创造智能生物。玛丽·雪莱的小说《弗兰肯斯坦》[Frankenstein，也叫《科学怪人》（The Modern Prometheus）]出版于 1820 年，当时雪莱年仅 20 岁。小说讲述了维克多·弗兰肯斯坦博士创造科学怪人的故事。这个生物有时就是指弗兰肯斯坦本人，或者说得更确切一些，是怪物弗兰肯斯坦。在更古老的电影中，这个角色常常被鲍里斯·卡洛夫和其他默片演员塑造成由疯博士组装的类人生物。现代电影中的这个怪物的头部与身体是被一枚巨型螺栓连接在一起的，人们通常在奇趣商店或舞会服装店里可以买到这种怪物模型。这个形象的影响力经久不衰，尽管它的误导性很强。

雪莱的故事以哥特式和浪漫主义叙事为基础。除此之外，它还受到当时电脉冲原理的特别影响。这种原理主要描述的是给一只死去的青蛙通上脉冲电流，从而在青蛙的腿上发现生命体征的现象。玛丽·雪莱应该想过这个问题：如果给一个死的但重新组装的类人生物接上一种类似的电流，结果会怎样？因此，我们就开始有了一些关于人工智能的先入之见：它们在森林中缓慢地挪着步子，寻找着以相同的方式被造出来的妻子（所谓的弗兰肯斯坦的新娘）。

弗兰肯斯坦这个概念也是随着时间的变化而变化的。电影《西部世界》（Westworld）是 1973 年上映的一部科幻惊悚片，由《侏罗纪公园》（Jurassic Park）的导演迈克尔·克莱顿创作。《西部世界》对类人生物——在提洛岛游乐园里的极其逼真的机器人进行了美化。机器人与人类的交互方式与人类之间的交互方式如出一辙，不管是在西大荒时期（Wild West Period）、中世纪，还是在古罗马时期。

付费前往提洛岛的游客以为，机器人不管以哪种姿态出现，总能给花钱的游客带来绝对的满意。然而，系统出现的一些故障，导致机器人不但杀害游客，而且还自相残杀。当被要求把它们关掉时，负责监控的技术人员表示："在某些情况下，机器人是由电脑控制的。我们并不能完全控制它们的行动。"

2016 年的电视剧《西部世界》带来了一个新奇的视角。它故意让辨别谁是机器人、谁是付费游客变得越来越难，因为主机器人开发的一种病毒，使它们自己无法正确感知自己的存在。这个故事揭露了一些难以言喻的问题——哪一个更好，是有良知的机器人，还是真实却用心险恶的人类？此二者，谁更有道德优越感？

正是在这种媒介驱动的背景下，我们需要考虑在商业及职业生活中，高级分析技术和人工智能现在及未来应用的实际情况，并考虑它们将如何影响我们的日常事务。这种高级分析技术和人工智能也许不能全部满足纯技术人员的好奇心，但本书的目标受众不是他们，而是普通的商务人士——他们将冲在决策制定的最前线，起码现阶段是这样的。

本书将带领大家从最基础的商业智能起步，翻过预测性分析和规范性分析的山丘，最终登上认知分析和人工智能的峰巅。德勤公司（Deloitte）认为："认知分析提供了一种途径，用以弥合大数据与实际决策之间的分歧。"[1]

虽然严格来说，认知分析不是一项专利技术，但它常和特殊的技术公司［如 IBM（国际商业机器公司）］联系在一起。这类公司用认知分析来描述它们通过"智能应用程序界面"①（比如人脸识别系统、语音识别系统和视觉应用程序等）来深入理解大数据。

为了做好准备，我们有必要先来解释一下认知分析和人工智能之间的区别。IBM 公司对这两种技术在医学领域的应用所进行的描述，最清楚地表达了该公司的独特观点："在人工智能系统中，系统根据自己的分析提示医生应该采取哪种治疗方案。在认知分析系统中，系统会提供信息，帮助医生进行决策。"[2]

在发展的过程中，认知分析系统的工作模式似乎只是一个程度问

---

① 应用程序界面是指一组定义、协议和工具，共同为程序员建立新的程序提供构建模块。

题。医生偶尔会违背认知分析建议，这将导致他们出现两极分化——要么富有远见，要么粗心大意。这种模式同时也为未来关于医疗事故的讨论敞开了大门。所以，我们应该从认知分析的基础开始，沿着分析法的演进过程对其进行探讨，这样就可以对认知分析理解得更加扎实。

商业智能

历史上是否存在过这样的阶段：经商的人认为自己是不智能的？到了 1776 年，亚当·斯密（1723—1790）提笔写《国富论》（*The Wealth of Nations*）的时候，很显然，工厂主们对于经济如何运行及企业怎样赢利、怎样兴旺发达已经了如指掌。亚当·斯密写道："高工资和高利润很难共存……除非是在新殖民地这种特殊场合里。"[3] 或许，颠覆性技术这种表述可以替换这段引语中的殖民地一词。

在后见之明中，亚当·斯密的很多观点更易理解。他说："一家大企业尽管利润微薄，但是通常要比一家利润丰厚的小企业发展得更快。"在狄更斯的小说中，人们把收集到的信息更多地保存在家里的用皮革封面包裹的账簿中。现代计算机的问世极大地推动了世界的发展，人们有时争论说电子数据表是历史上最重要的应用之一。

电子数据表解决方案，比如可视谋划软件（VisiCalc）、莲花 123（Lotus 123）、Excel 等，已经在决策制定中得到了越来越多的应用。对于很多会计人员来说，这些工具就是他们日常计算工作的支柱。然而，在更加复杂、动态的统计工作中，传统的电子数据表越来越显示出劣势，有些人认为它在功能性改善方面能力有限（主要缺乏更优视觉效果）。对于久经测试并已成为很多人默认的计算工具而言，这是一个残酷的事实。就算是在今天，现代的商业智能供应商仍然试图在更加现代化的软件中融入电子数据表的格调，向它们的软件前辈致敬。

现如今，商业智能工具已经越来越成为企业决策制定的基石。商业智能工具发展的步伐持续加快，因为它们正变得越来越商品化。市场上充斥着大量的供应商，它们的产品五花八门。高德纳公司（Gartner）的分析员称，截至 2018 年，商业智能市场机会估值达到 208 亿美元［2014年的销售市场由 SAP（提供企业管理软件与解决方案的一家知名公司）雄霸，其市场份额为 21.3%；紧随其后的是甲骨文公司（Oracle），市场份额为 14%；IBM 公司位列第三，市场份额为 13%］。[4]

除了这些大型供应商外，还有很多规模略小的专业供应商。其中一家近期发布了其对商业智能趋势的十大看法。[5]

- 管治和自助分析紧密结合。
- 可视化分析成为通用语言。
- 数据产品链正在民主化。
- 数据集成发展形势喜人。
- 高级分析法不再是分析员的专利。
- 云数据和云分析开始迅速发展。
- 卓越分析中心名副其实。
- 移动分析自成一派。
- 人们开始挖掘物联网（IoT）数据。
- 新技术兴起并填补空白。

刨去营销宣传的成分以及数据集成的潜力，这种概括似乎指明了 10年前开始发展的电子数据表的增强版替代品，已经凭借自身力量发展得有声有色，而且雄心勃勃。

有些人可能认为，标准的商业智能软件及系统只不过是管理信息技术的增强版，但现在它们已经和高级分析法、云技术和移动支持技术越来越重合。咨询式销售风靡市场，以前的技术支持型会计人员经常附带准销售能力以开展工作。

商业智能供应商不仅建议顾客使用最好的技术来解决商业问题，而且还越来越多地指导他们如何通过内部重组来取得这些新型增强版技术的最佳效果。

不管是大供应商，还是小供应商，在商业智能市场上都不会占据绝对优势。市场一定会为日益复杂的局面提供交易条件，并产生对更细化的数据粒度和更加精准的洞察力的需求。市场越瞬息万变，就越迫使从业者对变化加以时时关注并能做到灵活应变——当出现不利的经营情况时，必须及时果断地采取措施遏制损失；当商业机会出现的时候，也要快速反应以抢占先机。现在，建立季度性（或频度更高的）滚动式预测时常被描述为当前最重要的财务绩效管理工具之一。

财务绩效管理工具究竟有哪些优点，这在很多会计实务类的书里都有所涉及。这里要强调的是，有效的财务绩效管理是企业分析的根基。通过财务绩效管理，企业可以更加直观地了解下列因素产生的影响：

- 降低产品或方案的重要性，或者使其夕阳化。
- 通过兼并、收购的方式来发展企业。
- 消费者需求或供给能力的变化。
- 组织结构变化，即员工人数减少导致的财务影响。
- 汇率变化及市场波动。

尽管如此，很多公司的分析成熟度依然处在非常初级的水平线上。

特别是新兴市场公司，它们的分析能力尚处在新手上路阶段。在未来 10 年内，认知分析和人工智能很可能会对这些公司的经营活动产生非常大的影响。因此对新兴市场公司来说，加快步伐应用新的分析方法是非常关键的。

当然，要充分发挥高级分析法和人工智能的作用，还有赖于对商业智能工具的有效使用。

为什么有些国家和市场的发展速度不如其他国家和市场的那么快？这其中有部分原因在于技术供应商采用的战略。这些技术供应商通常都会聚焦于本国市场中容易实现的目标，因为那里仍然存在着巨大的发展空间。

其他原因也同时存在，包括以下几点：

- 商业伙伴的战略同样聚焦于本国市场，而不是新兴市场及成长型市场。
- 当地缺乏传道士般的热情。
- 领导力疲软虚弱。
- 市场营销活动效率低下，专注技术能力而非商业需求。
- 缺乏地理成熟度。
- 小型公司对承担新技术成本的敏感性不强。
- 小型公司和部分大型传统企业对变化充满惰性。

如果在财务活动中，这些公司连应用基础型分析法都顾虑重重，那么重要的问题便出现了：它们真的有能力应用更高级的并最终将发展为认知洞察和人工智能的分析法吗？

高级分析

咨询业巨头之一的高德纳公司对高级分析法做了如下评述："运用复杂的量化方法（如统计、描述性及断定性数据挖掘、模拟和优化）对所有数据进行分析，获得传统商业智能方法无法发现的洞察。"[6] 这番评述很到位，而且优于绝大多数同类评述。

高级分析，有时也称预测性分析，通常包含表 1-1 中所列的一系列能力。

表 1-1　高级分析中使用的典型功能

方法	功能	典型应用
帕累托分析法（Pareto Analysis）	也被称为二八法则，是一种识别导致绝大多数问题的最重要原因的分析法。80/20 的比例指的是 80% 的问题是由于 20% 的原因导致的，但这个比例并非固定不变	帕累托法则应用于风险管理中，有助于企业将注意力聚焦于导致最大风险的原因上
均值聚类法（Clustering/K-means）	以某种方式将某些物品聚类，其依据为：在此类别中的物品彼此相似度超过了在其他类别中的物品	在生物学中，用于群落的空间比较。在市场研究中，用于区分客户群体。均值聚类法旨在根据群体均值将每个群体归类。这种方法应用于数据挖掘，使集群内差异降至最低
霍尔特-温特（Holt-Winters）指数平滑法	也被称为三重指数平滑法，可用于预测一系列数据点，前提是这些数据点在某些时候存在重复性（或季节性）	用于提出某些假设，计算或调用某些数据，如房价走势、通货膨胀率等
决策树分析法（Decision Tree Analysis）	一种决策支持工具，使用树状图或决策模型来分析可能产生的后果	用于决策管理，识别达成目标的策略；常用于管理科学领域、医疗保健领域和运营管理领域

（续表）

方法	功能	典型应用
关联规则法（Rules of Association）	基于规则的学习方法，在大型数据库中识别变量之间的关系和置信水平	促销定价、植入式广告、市场购物篮分析
罗吉斯回归法（Logistic Regression）	也被称为罗吉特模型，它是一种估算概率或结果依赖程度的线性模型	根据年龄、性别、地理位置等因素，确定客户是否会购买产品
线性回归法（Linear Regression）	用于模拟数据集和某个特定变量间的关系的方法，可用于在图表中找到一条代表数据变化规律的曲线，可显示数据随时间的变化情况	用于创建趋势线（如 GDP 和石油价格）及资本资产定价模型
相关法（Correlation）	一种广泛的统计相互关系的方法，通常涉及两个彼此间存在线性关系的变量	预测电力需求和天气之间的关联（这是一种因果关系，因为一方依赖于另一方，但相关性并不一定是因果关系）
贝叶斯法（Bayes）	也被称为贝叶斯规律或贝叶斯规则，它基于与事件相关的先验知识，来描述事件发生的概率	可用于医学诊断或欺诈检测，例如，检测一个实际上结果本该是阴性却显示阳性的统计异常，反之亦然

IBM 公司的主要分析专家科林·林斯基（Colin Linsky）博士对高级分析和预测性分析之间的差异进行了区分，他说：

预测性分析是所有高级分析技术中的一个子集。大量的高级分析算法和程序不具有预测性。在通常情况下，那些建构起来用以描述新数据的再次应用情况的模型，才会被称为是具有预测性的。有些模型在设计时就是针对未来的，它们会被认为是具有预测性的，然而其他模型仅能用来归类或分组。它们只有在应用于后续数据组时才能成为预测性分析，这些数据对业务将产生何种影响尚不知晓。

实际上，预测不仅取决于算法和程序，而且取决于数据的本质及时间框架。换句话说，预测是一种通用性表达，它针对的是一种更加宽泛的能力或功能，而不是一种工具。

读到这里，你（或许像作者一样）可能已经感到困惑了，甚至还会担心：高级分析已经这样复杂了，那么认知分析和人工智能将会复杂到什么程度呢？如果它这么复杂，那就应该让别人（让我们称他们为专家，因为找不到更好的名字）来处理它，而不是由我们自己来处理，因为相比这些专家，我们绝大多数人都对此知之甚少。

关于技术本身，因为人们无法理解其中的很多术语，会不会对其产生恐惧？每个人害怕的不仅仅是这些术语和技术，而且还有它们对未来工作和生活的影响，难道不是这样的吗？

这种观点可以说与很多商务人士的观点相似——他们认为自己需要技术来改善广义上的经营业绩（不同于日常的电脑系统故障），因此就会让 IT（信息技术）部门来提供帮助。有些人会记得，在很多情况下，他们和技术部门之间关系紧张，这主要是因为双方对于对方的需求是什么存在着理解差异（彼此间的对话中常常充满了术语）。

新的 IT 主导的商业解决方案，常常显示出自身不过是已经陈旧而且过分昂贵的技术解决方案，通常还对它们需要解决的问题无能为力。这类问题具有商业问题的"谷仓"特征，IT 部门代表和业务线代表各执一种术语，从而使问题更加复杂。

假以时日，这种方法导致的后果会得到缓解，这不仅是因为人们对于 IT 在经营中的作用（或者经营对 IT 的作用）会有更加充分的理解，而且还因为会有新的角色和职位出现。这些新的角色会有相对模糊的岗位名称，但总体上人们可以将他们通俗地概括为业务线 IT 专才。实际上，这些角色或者专才横跨在某项具体的业务功能（亦可被称为业务线）和 IT 部门之间。在最好的情形下，他们能够充分理解，或者起码能充分意识到双方的需求和用语。在很多情况下，他们对于某个特殊部门或业务功能的理解，不亚于计算机系统。

让一个商人学习技术更容易，还是让技术专家理解商业更容易，这是一个需要解决的问题。两者都同样复杂，所以理想的业务线 IT 专才必须是双向的。

要达到双向化，不仅需要独特的技术能力，也需要了解关键的业务驱动因素或痛点。它还取决于拥有积极进取的态度、敏捷的思维和灵活变通的方法。这些既关乎个人特征，也关乎技术能力。除此之外，随着商业和技术的不断演进，技术能力和业务技能需要通过培训和实践来不断加强。现在垂直性（面向行业的或功能性的）解决方案越来越受到重视，它鼓励个人实现某种程度的专业化。

资源和带宽问题的产生将不可避免。如果这类专才的数量不足以满足现有市场的需求，那么各个行业将如何应对先进分析所带来的巨大需求空间？亚洲和拉美等新兴市场又将如何应对？

高校和专业资格认证机构必然会通过改变课程和认证方式来对这些技术、商业需求做出快速反应。那些职业路径往往只专注于业务或者技术的员工将越来越多地工作在一个兼顾两者的学习环境中。

解决方案很可能有赖于"分析即服务"（AaaS）的概念，而这实际上是一种分析功能的外包形式，这种形式也并非没有潜在的带宽问题。无论如何，许多组织仍对数据安全神经紧绷，因为数据出错将会造成巨大的财产损失和声誉损失。分析功能外包通常依赖于采购专家参与选购过程。至关重要的是，采购团队必须对所有重要问题了如指掌，以便就合同提出适当的建议，并在合同期限内实施有效管理。

雇主越来越需要以新的视角关注员工的职业发展。这不仅影响到硬性的员工个人业绩评估，而且还关系到意识水平、灵活性和敏捷性等一整套软性能力。

在这样一个商业转型的时代，人力资源部门的专业人士可能还没有充分认识到摆在他们面前的挑战。他们也需要与时俱进。除此之外，在分析技术发展的下一个阶段，他们还面临着一个严酷的现实：如果组织内部和技术公司仅支持个人使用商业智能和高级分析，那么它们如何能对更复杂的认知分析和人工智能的需求做出反应呢？

高级分析学必定是分析学发展的下一个重点。大多数分析公司和咨询顾问都预测这个领域将有可观的增长，并预计很多公司将在多个领域使用高级分析法或预测性分析法。这些分析法的功能之一就是预测故障或失败。[7] 有了这种能力，制造商就能规划预防性维护，使客户端免受机器故障、进程中断的影响（见表1-2）。

表 1-2　高级分析的应用

功能	效益	影响产业	结果
了解哪些客户可能离开，提供激励挽留客户	优化营销支出，提高客户忠诚度	多个行业，如金融服务业	降低成本
根据天气状况预测食品销售量	扩大销售，更有针对性地促销，延长货架寿命，提高客户忠诚度	零售业	改善收入
优化配送路线	降低燃料及维修成本	零售业	降低成本
确认最需要维修的机器	降低停机时间，通过有计划的维修降低支出	多个行业，如制造业、建筑业	降低成本
预测最易遭受飓风影响的房屋	保险公司、业主、商业企业采取预防措施，更有效地调动供应链，优化财务管理	保险业、建筑业、房地产行业	加强风险管理，提升赢利能力，降低成本

（续表）

功能	效益	影响产业	结果
加强儿童保护	增加社会效益，优化服务	社会服务业	加强风险管理，降低成本
临床支持系统	改善优先级及社会福利，优化服务，改善供应链	社会服务业、医疗保健业、保险业	加强风险管理，降低成本
直销	降低营销成本、向上促售和交叉销售	多个行业，如金融服务业	降低成本，提高收入
欺诈检测	细化定价粒度，优化风险管理	保险业	降低成本
保险核保	细化定价粒度，优化风险管理	保险业	提高收入，降低成本
征收分析	更好地控制支付拖欠	多个行业，如金融服务业	加强风险管理，降低成本
犯罪管理	增加社会福利，优化服务	警务行业	加强风险管理，降低成本

高级分析不仅会影响我们的工作方式，还不可避免地会影响我们的社交生活和私人生活，比如：

- 读什么书和听什么音乐。

- 观看或者录播何种电视节目（当然，这样做的前提是点播观看的形式还没有完全成型）。

- 选择哪家餐馆或咖啡店。

- 选择什么样的路线回家。

- 为父母购买什么样的生日礼物。

- 谁将对我们造成伤害，尤其是通过网上接触。

- 家里的冰箱什么时候会坏，坏了以后怎么处理。

- 到哪里去度假。

奇怪的是（如果它确实奇怪的话），我们很快就会把这种影响视为理所当然。在上面列出的八个相对随机的项目中，只有一个是推测性的：家中的冰箱什么时候会坏。但这种技术能力早就存在，并已在商用冷冻机中得到了应用。它可以检测故障问题并做出所谓的剩余寿命预测。除了这个检测功能外，它还可以诊断问题，并预测需要做些什么来延长设备的使用寿命。通过将冷冻机（或其他设备）的性能与外部行业数据（竞争性信息）进行对比，冷冻机制造商不仅能够根据行业基准管理其设备，也可以利用这些信息来提升产品的竞争力。

信息和分析相互独立非常重要，但也许更重要的是利用这种洞察进行比较。这种将信息置于背景之中的比较过程（语境分析），会成为分析发展的下一个热点吗？

回到冷冻机的问题上，如果有客户在网上联系我们，预警可能出现的故障，并建议采取措施来防止故障发生，我们会有怎样的感受？会采取行动吗？究竟需要提醒多少次我们才会采取行动？预测性分析可以对可能发生的事情提供一种概率性的洞察，但我们实际采取的行动会不会更多地取决于我们自己的行为特质？如果我们从冷冻机保险公司那里收到消息——因为我们没有采取适当的措施，所以任何因货物解冻而导致损失的索赔都不会被受理，那么我们有没有可能改变态度？如果超市拒绝向我们出售冷冻食品（因为有无法存储的风险），那么我们会有什么感受？

因此，在本质上，这个新时代所涌现的数据工具——集联通性、可预测性和洞察力于一身，不仅可能对我们的工作方式产生影响，也可能对我们的生活方式产生影响（其影响的方式目前还无法想象）。我们的社会应该坐等这种情况发生，然后才做出反应吗？更好的做法无疑是，我们不仅要了解正在发生的事情，而且要了解发生的原因，以便我们所有人（关键利益相关者）能够参与讨论并最终引导事态的发展。

规范性分析

规范性分析通常被认为是分析法发展的第三个阶段（继商业智能和预测性分析之后）。如果预测性分析能够从数据中预测可能发生的事情，那么规范性分析就是在此基础上更进一步——提出应对之策。

规范性分析的核心问题是，这种情况为什么会发生？通过对这个问题的了解，我们就有可能通过预测来开展一个积极的或是应急性的行动。"规范性分析"一词最早出现在 2010 年《分析》（*Analytics*）杂志的一篇论文中。规范性分析被称为"一套数学技巧"，这些技巧在一组给定的复杂目标、需求和约束情况下，通过计算确定一组高价值的解决方案或决策，用以改进企业绩效。[8]

文章认为，规范性分析是对两种选择的追求，作者将其命名为"最优化"和"随机优化"。它涉及以下两个问题：

- 我们怎样才能达到最好的结果？
- 我们怎样才能解决数据中的不确定性问题，从而做出更好的决定？

"随机"是一种概率表述，用来确定变化随着时间的推移而演变。说得更具体些，它是一种关于过程的数学模型，这种模型的其中一个变量受另一个随机变量的影响。这个模型用以解决以下两个方面的问题：

- 分析一种投资组合如何根据单只股票收益的结果（概率分布）

做出反应。

- 对稀有物种存活率进行建模，研究不同策略如何影响存活率。

规范性分析的解释权归得克萨斯州的阿亚拉公司（Ayata）所有。该公司成立于 2003 年，目前主要从事油气生产、保险业务和可再生能源开采。该公司把规范性描述为"……一种秘方，即一系列为改善未来结果而采取的时间依赖性行动"。[9] 规范性分析被称为下列项目的组合：

- 模型。一种数据组合方式，通常与一定程度的标准化相联系。
- 数据。分析的原始成分，包括定量值和定性值。
- 商业规则。通常是执行生产环境中关键商业决策的一种计算机软件。

另外，阿亚拉公司称规范性分析由一系列关键元素或功能组成。这些元素和功能包括以下方面：

- 机器学习。
- 应用统计学。
- 运作研究。
- 自然语言处理。
- 模式识别。
- 计算机视觉（计算机如何理解数字图像）。
- 图像处理。
- 语音识别。

如果预测性分析和规范性分析之间的区别已经让读者感到云里雾里，那么阿亚拉公司对规范性分析的描述就更令人困惑了。在预测性分析和规范性分析的基础上，实现认知分析和人工智能究竟还要补充多少功能？

也许这是技术进步带来的问题之一——专业人士试图通过用不同的名称来描述不同形式的分析法，他们创造的行话术语给读者制造了更大的理解障碍。

尽管随着时间的推移，有些术语和表达的使用频率自然会降低，但要取消已经存在的词是不可能的［例如，谁还记得 snoutfair（一个带着可爱面容的人）这个词？］。或许管理信息最终也会归入这类词，即使一些院校仍然把它作为一门课程来推广。

管理信息这一术语通常包括连接人员、技术和组织的系统研究，以及它们之间的关系。管理信息在何处结束，而商业智能又从哪里开始，它们又如何发展为高级分析和认知分析？随着时间的推移，我们可能会开创出一种全新的、有意义的商业领域，并在这种复杂的领域中找到表达自我的新的方式。

图 1-1 对分析法的线性演进历程进行了简单的描述。

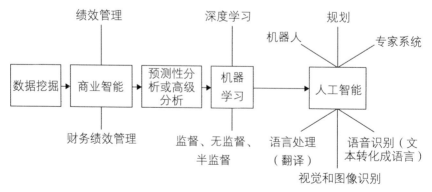

图 1-1　人工智能的发展路径

商业规则

预测和规定的一个本质区别在于商业规则的应用方面，它们通常以某种形式的商业规则作为引擎。

所谓的商业规则引擎通常被称为运营决策管理（operational decision management），早在20世纪90年代初就出现了，当时由佩格系统公司（Pegasystems）、规则引擎公司（Ilog，现在是IBM的分部）和菲尔埃萨克公司（Fair Isaac）等率先使用。实际上，公司采用的规则（可能与运营、风险管理、供应链或其他管理政策有关）是通过系统中的执行代码投入运行的，也就是让系统根据编码指令执行某些任务。

商业规则引擎可以构成更大的商业规则管理系统，该系统具有以下功能：

- 保持关键决策的一致性并加以管理。
- 对某些客户群体进行优先排序。
- 记录规则的变化情况。

商业规则引擎通常独立于数据系统，并允许用户在IT部门不参与的情况下进行更改。例如，在保险索赔调查方面，如果出现理赔要求突然激增的情况（如因恶劣性天气发生的重大事故等），那么理赔部门可能会改变界限额度，也就是高于这个金额的理赔要求都要接受调查。

深入挖掘后，商业规则引擎通常还具有下列两项功能：

- 检测某种能够触发告知的业务情况。
- 检测进程中的超载情况，并进行某种调整。

这两项功能是基于工作流而产生的。工作流实际上是指将劳动力、原材料和其他资产转化成消费品或服务的活动序列系统化。工作流以时间和运动为研究基础，随着时间的推移，它以全面质量管理（Total Quality Management）、六西格玛（Six Sigma，一种改善企业质量流程管理的技术）以及业务流程再造等各种形式出现。

展望未来，这些相对传统的工作流的潜在弱点之一是，它们在本质上是线性的，并且依赖于一系列线性事件。线性工作流的传统方法会过时，这是大势所趋。在某些情况下，现有的工作流可能已经包含了所谓的循环，也就是说流程中的第一步是由流程中的最后一步发起的，而未来的工作流可能会更加随机或者更加复杂。

例如，在传统上，供应链被认为是线性过程，因此有了"链"（chain）这个术语。未来的供应链可能是一种供应商生态系统，它在本质上不再是线性的，而是完全依赖于双向连接与协作。[10] 在这种非线性的模型中，智能系统会持续评估多重约束和各种备选方案，并最终让决策者模拟各种行动过程。

物联网的影响日益扩大，这必然会对传统的线性思维产生影响。分析人员已经发现，交互管理（interaction management）是未来成功的关键因素。交互管理包括处理多种交互活动并进行协调的能力。高德纳公司把它描述为"少考虑流程，多考虑交互"。[11]

与许多技术部门一样，工作流的各个方面都对应着专业机构及组织。总部位于美国的 BPM［业务流程管理（Business Process Management）］研究所确认了在 BPM 中取得成功所需的一系列关键技术和关键能力（见表 1–3）。[12]

表 1-3 BPM 从业者的关键技术和关键能力

BPM 从业者的关键技术	BPM 从业者的关键能力
使流程与业务策略保持一致	系统思维能力
开发和建模流程	流程开发和建模能力
测量和改进流程	协调能力
搜集策略和规则	性能测试能力
协调文化变迁	流程分析和设计能力
管理和制定决策	规则制定及决策管理能力
技术调度	变更管理能力
	项目管理能力
	技术能力（需求收集、设计用户体验、优化和模拟）
	管理和建立卓越中心能力

　　然而在许多方面，上述技能相对于分析行业似乎是通用的。可能有人会说，这些技能可以用来构建一个更广泛的高级分析、人工智能或认知分析研究机构的框架（事实上它们已经存在或很快就将诞生）。

认知分析

　　技术恐惧（Technopedia）理论认为："认知分析指一系列不同的分析策略，用来了解特定类型的业务功能，比如客户拓展。"某些类型的认知分析也会被称为预测性分析，其中数据挖掘和数据的其他认知可以引发对商业智能的预测。[13]

　　专业咨询服务公司德勤已经注册了"认知分析"（cognitive analytics）一词的商标。商标是一种标志或符号，用来同竞争对手的产品或服务进行区别。德勤称，"认知分析"这个术语可用来描述组织如何运用分析法和认知计算技术来帮助人类做出更明智的决策。[14]

这些认知分析都是相对宽泛的描述，可以说是概念性超过了明确性。我们或许可以把认知分析理解为一个系统，它允许用户访问结构化和非结构化数据，组织内部和外部数据，并通过这些数据达到以下目的：

- 用自然语言与用户进行交互。
- 理解用户试图解决的问题。
- 使用某种形式的推理或基础智慧。
- 从答案和反馈中获得启发。

认知分析最常被引用的案例之一是，备受推崇的 IBM 的沃森电脑出现在美国的游戏节目《危险边缘》（*Jeopardy*）中，储备认知系统的"沃森"击败了以前的冠军。"沃森"延续了 IBM 在游戏领域的传奇：1996 年 IBM 的电脑深蓝（Deep Blue）击败了当时的国际象棋世界冠军加里·卡斯帕罗夫（Garry Kasparov，很多人认为他是有史以来最伟大的国际象棋冠军）。

这一事件本应是对科技力量的登高一呼，但不幸的是，它最后在恶语相向中结束。卡斯帕罗夫指责深蓝的制造商存在作弊行为——在六次一组的独立比赛中进行了人为干预。后来裁判蒙蒂·纽曼（Monty Newman）说，卡斯帕罗夫有但电脑没有的，是脉搏。[15] 回想起来，如果这是唯一的区别因素，那么"深蓝"真是一个里程碑式的发明。

IBM 沃森计算机以托马斯·J. 沃森（Thomas J. Watson，1874—1956）的名字命名，托马斯·J. 沃森曾任 IBM 的董事长兼首席执行官。

"沃森"通过一系列相互连接的应用程序界面来展示认知智能，而这些界面可以独立提供分析功能。如前所述，应用程序界面是一组定义、协议和工具，支持将不同的功能连接到系统上，就像一系列构建块一样。应用程序界面改善了执行的易用性，从而提高了执行速度。"沃森"可用的应用程序界面包括以下功能：

- 语音转文本。
- 文本转语音。
- 视觉识别。
- 个性观察。
- 音调分析。
- 其他功能。

应用程序界面通常被认为是不同系统彼此间共享信息的方式（支持当前通用的日常网络应用程序）。创建或编写一个应用程序界面究竟有多难，人们对此众说纷纭。根据专家的描述，其难易程度既可能是毫不费力的（"只写几行代码"），也可能是痛苦、缓慢而乏味的。

这本书不是为技术专家而写的，而是为那些对编写代码可能充满恐惧感的行业外人士而写的。简单地说，代码就是将一系列指令通过 0 和 1 转换成二进制信息输入计算机，让其执行特定指令。

二进制编码的概念至少可以追溯到 17 世纪中叶。有种说法称，它可以追溯到公元前 9 世纪，甚至与中国的哲学思想有某种联系。中国古老的阴阳概念被称为一种二元性（duality），因为每一方都代表了一种独立于另一方的相反的力量，但双方又是互补的、相互联系的，并通过相互作用形成一个单一的动态系统。

微软的认知解决方案科塔娜（Cortana）在定位和语境意识方面相当出色。它在营销上的卖点是比竞争性方案"更具个性"。开发人员不仅让科塔娜具备了性别特征，而且还具备了歌唱能力。[16]

本章开头部分引用的电影《2001：太空漫游》，在结尾部分展示了电脑哈尔9000"濒死"（如果这个词适合用来形容电脑停止运作的话）的场景。当哈尔系统的"生命力"逐渐消失时，电脑慢慢地唱起了1892年的音乐厅老歌《黛西·贝尔》（*Daisy Bell*）："黛西，黛西，给我你的答案……"电影导演斯坦利·库布里克选择这首歌并非偶然。因为这首歌曾被用来纪念1961年的一个历史性事件——当时最早、最大的大型计算机之一IBM 7094，成功地制作出第一首由计算机模拟人声演唱的歌曲，这首歌正是《黛西·贝尔》。

顺便提一下，人们常说《2001：太空漫游》中的电脑的名字HAL是从IBM衍生而来的，因为在字母表中，H、A、L后面紧跟的分别是I、B、M。原著作者阿瑟·克拉克否认了这一点，库布里克也不同意，两人都对这一明显出乎意料的巧合感到有些尴尬。在续集《2010：太空之旅》（*2010: Odyssey Two*）中，克拉克通过影片中的一个角色说出了HAL名字的由来："……我想现在每个聪明人都知道了H、A、L是从启发式算法（Heuristic Algorithm）派生出来的。"克拉克随后在他的小说《2001年失落的世界》（*The Lost Worlds of 2001*）中对此进行了证实。

苹果公司的智能语音助手Siri，具有与第三方应用互动的能力，据说它在苹果智能手表的产品开发中起到了重要作用。与科塔娜类似，Siri似乎也具备深厚的知识底蕴，还有讲睡前故事等各种本领。这让Siri显得非常人性化，非常有亲和力，非常讨人喜欢。[17]

计算机系统中的"个性"问题开始受到更多关注，于是我们开始问自己一些稍有深度的问题。这些问题包括以下内容：

- 认知系统与商业用户进行交互时，用男声还是用女声到底有多大影响？如果这是重要的，人们是否下意识地给计算机系统添加了一些性别因素，以及这种行为会在多大程度上影响人与电脑之间的关系？

- 科学研究表明，人们通常觉得女声比男声更令人愉快。在《对笔记本电脑撒谎的人：关于人际关系，机器教会了我们什么？》(*The Man Who Lied to His Laptop: What Machines Teach Us About Human Relationships*) 一书中，作者斯坦福大学克利福德·纳斯（Clifford Nass）教授写道："人类大脑喜欢女性的声音，这是一个公认的事实。正因为如此，很多技术公司都在避免使用男性的声音，所以我们未来注定要和'女性电脑'打交道。"这种结论靠谱吗？

- 如果存在风险的话，那么用户与他们的计算机系统之间形成某种形式的人际关系会有什么风险？电影《她》(*Her*) 是一部浪漫科幻剧，讲述的是西奥多·通布利（Theodore Twombly）与他的计算机智能操作系统萨曼莎（Samantha）关系融洽，西奥多甚至带萨曼莎去度假。这部电影得到了普遍好评，并于2013年获得了奥斯卡奖最佳影片提名。

- 电影《她》中讲述的故事源于一篇在线文章。该文章表明，用户将来可以与人工智能系统进行在线的实时对话。如今，这种能力如果还谈不上已经实现了的话，那么很可能在不久的将来就会实现。

- 如果我们关心的是认知系统的性别以及我们对认知系统的个人依附关系，那么这种关系可能会发展到丧亲之痛的程度吗？对我们而言，计算机系统崩溃仅仅是某种不可修复的故障，还是意味着更多？

- 我们经常说电脑"死机"，而对于"死机"的理解，人们有着截然不同的想法——死亡的状态？生命系统的永久性终结？事物的永久性终结？

这些想法仅仅是无稽之谈吗？毕竟我们只是在谈论机器，不是吗？但是，和我们一起向前发展的不仅仅是技术，还有技术创建更具吸引力的角色模型的方式，以及系统更好地理解用户个性的能力。难道我们不需要与时俱进地处理自己与机器的关系吗？

1982 年的经典电影《银翼杀手》（*Blade Runner*）由年轻的影星哈里森·福特（Harrison Ford）主演，影片描述了 2019 年的洛杉矶。这部电影的主角是制作精美、高智能但寿命有限的人形机器人。科学家蒂雷尔博士（Dr Tyrell）不仅创造了一种一次性机器人雷切尔（Rachael，其体内嵌入了一个代孕母亲的记忆），还教会了"她"如何去爱，或至少不要"欺骗感情"。影片结束时，福特饰演的里克·德卡德（Rick Deckard）和雷切尔远走高飞了，去共度他们所剩不多的时间。

马塞洛·戈里瑟（Marcelo Gleiser）在 2011 年的文章《机器会恋爱吗？》（*Can Machines Fall in Love？*）中邀请我们（以一种半开玩笑的方式）重新评估人与机器之间的本质关系。在日本，人们已经发明了陪伴老人的机器人。正如戈里瑟所说："如果人们愿意退而求其次，而机器人也变得更像人类，那么人机共乐的景象将会出现。究竟到什么时候，机器将不再被称为机器呢？"[18]

分析输出的准确性

到目前为止，这段学习之旅已经带我们从众所周知的管理信息的山谷起步，来到了商业智能、预测性分析和规范性分析的洼地，最终登上了认知分析的顶峰。在这个过程中，我们被诱入了一个技术陷阱，它告诉我们，分析结果是毋庸置疑的，但是真的是这样吗？

我们称商业智能为描述性的，它的关键原则之一是真理只有一个。换句话说，花时间在董事会讨论谁拥有正确的数据集，现在可能已经成为历史。现代的描述性分析嵌入了更改控制，可以确保所有更改都会存入整个数据集。

我们不能以同样的眼光看待预测性分析和规范性分析。顾名思义，预测就是对一系列事件或情形的预想。预测具有一定程度的准确性，但不应被视为具有绝对的确定性。也就是说，如果预测性分析识别出了某位客户可能会更换供应商，那么这个预测不过是一个关于改变倾向的假设，而不是绝对的保证。

预测无处不在，从体育博彩到团队绩效管理，甚至能决定我们未来的政治选举。由于采用的算法或输入模型的数据量不同，预测的准确性可能会天差地别。对于个人而言，这种情况可能会令人担忧：我们对预测结果的依赖性越来越强，并用这些预测来作为自己行为的依据。

预测也经常应用在科幻小说里。菲利普·K. 狄克（Philip K. Dick）等作家对未来可能发生的事情进行了奇妙的猜测，例如，他的文学作品中的预测人（precogs）可以预知犯罪，并在 2002 年的电影《少数派报告》（*Minority Report*）中得到了展现。这类猜测当然不是真正意义上的数学预测，而是存在于幻想领域的推测。

作家艾萨克·阿西莫夫（Isaac Asimov）创造了心理历史学

（psychohistory）这个虚构概念，它融合了历史、社会学和统计学，对大群体进行虚构性的预测，并促成了他的《基地》（*Foundation*）系列丛书于 1951 年出版。他采用的方法是把人类行为和气体运动进行比较，因为预测一个气体分子的运动是不可能的，但预测大量气体运动是可能的。这种所谓的分子运动论（kinetic theory）通过考虑气体的压力、温度、导电性和其他关键属性来预测气体运动行为。分子运动论并不是新鲜事物。瑞士数学家和物理学家丹尼尔·伯努利（Daniel Bernoulli）早在 1738 年就做过相关论述，他发表的论文《流体动力学》（*Hydrodynamica*）为流体力学确立了基本规则。

看看政治民意调查以及它将如何影响个人行为，也是很有意思的事情。当民意调查中出现明显领先的候选人时，它通常会导致投票率下降，甚至导致所谓的抗议性投票（抗议者想要表明态度，却不能影响选举结果）。当民意调查结果模棱两可时，选民投票可能会影响选举结果，否则他们可能不会白费力气。

越来越多的组织依赖所谓的民意调查的民意调查，这些调查来自聚合民意调查公司（Poll-aggregator）。这些公司提供综合性预测，考虑了多种不同的算法和数据集。聚合民意调查这个概念也不是新鲜事物。与此同时，在美国的政治民意调查中，还存在一个额外的分析因素，即所谓的邻州行为（或那些与被调查州位置相似的州）。为了提高调查的准确性，必须将这个因素考虑在内。

民意调查的开展方式也很重要，它可以采用面对面接触、电子邮件或固定电话的方式进行。采用何种方式在很大程度上取决于调查的性质、受访的年龄群组或者投票社区的影响力，这种方式可能与特定的地方事务有关。聚合民意调查消除了方法的差异和数据集的变化。

预测所涉及的不是简单的民意调查的统计结果，而是这种结果是如何被解释和传播的。如果数据是原材料，分析是获得洞察力的方法，那么这种洞察所及的目的就是最重要的。博客或文章的读者很少会仔细检查博文结论所依据的结果是否正确。在某些情况下，一篇公开发表的新闻报道依据的是某个人的观点，只是简单地加工了一下而已，这实际上是对不准确或误读性解释的鹦鹉学舌。

天气预报也同样是个棘手的问题。即使性能优越的超级计算机也难以确定明年 6 月是否是办婚礼的好时机，有时甚至连两周后是否适宜举行游园会都很难说准。天气预报通常以概率（百分比）来表示，例如，"明天降雨概率为 80%"。80% 的概率当然比 50% 的概率更有用，换句话说，如果某事发生的概率为 50%，那么等同于你抛硬币的概率。但是80% 的降雨可能性，并不意味着你的花园会有 80% 的降雨量，或者在你的花园里有 80% 的时间会下雨。简单地说，它表明当天气条件（如云量和温度）符合降雨条件时，有 80% 的可能会下雨。[19]

概率的概念是表示某事发生可能性的一种方式——在上述例子里，指的是下雨的可能性。这几乎没有确定性，除非预测的可能性为 100% 或 0。

在预测客户忠诚度方面，我们也很难确定客户忠诚度的绝对值。然而客户忠诚度已经有了很大的提升，这主要得益于客户忠诚度计划——一种定向的以奖励为基础的激励方案。甲骨文公司称："航空公司飞行常客计划"全球注册会员超过 2 亿；76% 的具有 50 多家分店的美国杂货零售商提供常客购物计划；40% 的维萨卡（Visa）和万事达卡（MasterCard）发卡银行提供奖励计划。[20]

客户忠诚度计划能够帮助公司实现如下目标：

- 分析成员数据，查看各种层次的人口构成，找出不同会员类别购买模式的影响因素。

- 确定新注册人数和成员的增长率。
- 分析成员收益和赎回情况。
- 了解不同的忠诚度促销活动对客户交易和行为的影响。

通过使用分析法，公司得以更全面地理解忠诚度计划的整体表现，并能衡量它的影响和价值。有人可能会说，衡量忠诚度计划的影响和价值在本质上并不具有真正的预测性，但分析行为和商业行动的结合将最终产生效果。

那么，我们如何确定预测和概率模型的准确性呢？考虑所有情况之后，我们发现至少有三个关键的限制性因素：

- 数据的充分性和准确性。
- 分析工作的质量和适宜性。
- 假设的准确性。

当前，市场、经济和客户行为充满了变数，对于管理者和商业领袖来说，决策变得更加困难。传统上受人尊重的经验和直觉仍然具有价值，但可能已经有所贬值。经验和直觉越来越需要得到分析能力的支持。

预测模型，无论是通过高级分析还是认知分析，仍然具有不确定性，但有足够的证据表明，这比抛硬币要靠谱得多。绝对正确是不可能的，认识到这一点，用户就需要接受这样的事实，即预测中的错误仍然会在系统和流程中出现，至少在短期内是这样的。这些错误和由人为错误导致的预测失败相比，将会更严重还是更轻微？

也许到最后，一些算法所犯的错误根本无关紧要。错误的严重性难道不是取决于究竟是生日礼物的选择不当还是给无人驾驶飞机发送错误指令吗？

随着系统越来越可能取代人类活动，我们需要考虑的一个重要问题是，我们在更加高级的人工智能领域可接受怎样的错误程度？更加复杂的系统必然要求更高的准确性吗？这些错误会在多大程度上危害公众利益和商业信心，并危害实施过程？

结　论

本章已经带领读者学习了分析学的基础知识，从相对基本的商业智能主题，到更高级的认知分析概念，其间还考虑了分析结果的准确性。虽然单凭一个主题就能够填满一本教科书，但本章的主要目的是对关键组成元素进行概述，而这些元素最终演化成了先进的智能系统或各种形式的人工智能。

人们很容易认为，许多行业都会走上渐进式改进的道路，但也许同样可能的是，它们会跃过这些基本步骤，直接使用更高水平的人工智能。这是完全可行的，但组织衡量这种变化的经济效益的能力仍然非常重要。因此，商业智能的基本工具——财务绩效管理在实施过程中仍然具有重要地位。

同样重要的是，我们要克服数据质量低劣带来的潜在障碍，并避免使这个问题成为转型的障碍。在我们的个人生活和商业活动中，到处都是低质量信息，所以我们需要对所获信息的价值或真实性进行判断和权衡。分析系统和智能系统没有理由不采取同样的方法。

在下一章中，我们将在本章已经构建的基本知识的基础上，更详细地探讨人工智能。

第二章

人工智能

摘　要

本章更详细地探讨了人工智能和机器学习的含义，介绍了图灵测试（Turing test）、达特茅斯会议（The Dartmouth Conference）及哪些因素导致了人工智能的冬天。除此之外，本章还介绍了奇点（singularity）的概念和人工智能的关键要素。最后，本章探讨了电脑是否具有创造性的问题。

简　介

在通向人工智能的旅程中，我们从管理信息起步，经过预测性分析和规范性分析，然后迈向认知分析。认知分析和人工智能可以通过它们各自的代表性功能来进行区分：

- 认知分析是见多识广的顾问，为决策制定者提供更多洞见。
- 人工智能实际上是系统做出决策的过程。

关于人工智能，有很多洋洋洒洒、五花八门的长篇大论，但达成共识的情况却很少见。包括斯坦福大学的约翰·麦卡锡（John McCarthy）在内的很多人提出了我们所说的"智能"到底是什么的问题，并由此开始了相关研究。[1]

麦卡锡对智能的定义是"实现目标的能力中涉及计算的那部分"，但这也只是一家之言。事实上，理解智能的构成问题至少可以追溯到古希腊时期，甚至更早。

古希腊人认为智能包括以下方面：[2]

- 实践智慧（Phronesis），即实用智慧（常识）。
- 弗戎提斯（Phrontis），即关心别人。
- 美逊斯（Metis），即狡猾。
- 知识（Episteme），即理解或认知（而不是照搬照抄）。
- 箴言（Gnome），即深刻的洞察力（包括情商）。
- 技艺（Techne），即技能。

在大约公元前360年写成的《理想国》（*Republic*）一书中，古希腊哲学家柏拉图（公元前427—公元前347）描绘了一个未来的国家："拥有关于科学、艺术、青春和整个人生的高等教育，智慧而又美好。"这是一种约翰·列侬（John Lennon）式的"想象"，但它诞生于2 000多年前。

在《理想国》的一则洞穴寓言中，柏拉图用洞穴来代表人类的处境——被锁在黑暗的洞穴中，只能通过墙上的影子来感知外面的世界。柏拉图探讨了如果洞穴中的一个人被解除了桎梏，结果会怎样。他会惊恐万状，还是茅塞顿开？如果他回到洞中，向洞里的人解释他看到了什么，那么他会不会被人嘲笑或被认为是疯了？

如果将这一想法推而广之，应用到人工智能领域，那么我们会受到惊吓，还是会受到启发？

接下来的4个部分将更详细地介绍人工智能这个概念在过去50年里的发展状况。如果一个快速应用的时期即将到来，那么我们将试着思考一下在未来10年里人工智能将如何得到应用，以及谁会应用它。

图灵测试

图灵研究所（Alan Turing Institute）于2015年成立，是英国的国家数据科学中心。它以发明家和先驱者艾伦·图灵（1912—1954）的名字命名。艾伦·图灵是英国首位计算机科学家，在解密敌军信号中发挥了关键作用。据说，他的间接参与加速了二战的结束进程。

解密敌军信号是通过一种名叫"炸弹机"（bombe）的解密设备来完成的。炸弹机这个名称来自波兰的一项名叫"密码学炸弹"（bomba kryptologiczna）的发明，它也被用来破译德军情报。有种说法称，在炸弹机被盟军使用之前，波兰人已经使用了大概6年。然而，历史通常是由胜利者书写的，破译德军恩尼格玛（Enigma）密电的荣誉记在了图灵和他的布莱切利公园（Bletchley Park，位于伦敦北部约50英里[①]）团队的功劳簿上。

在2014年的电影《模仿游戏》（*The Imitation Game*）中，本尼迪克特·康伯巴奇（Benedict Cumberbatch）饰演的图灵，在二战后不久的几年里，一直致力于自动计算机（Automatic Computing Engine）的设计，在位于伦敦郊外的国家物理实验室（National Physical Laboratory）进行研发。在1950年的论文《计算机器与智能》（*Computing Machinery and Intelligence*）中，图灵探讨了"机器会思考吗"这个问题。在论文中，图灵纠结于机器和思考这两个概念，因为他认为这两种表述都含有不确定性。后来，他用"模仿游戏"对探讨的问题做了形象的比喻。模仿游戏这个词是基于一个三人参加的派对游戏：一个男人、一个女人、一个独立法官（他既看不见这个男人，也看不见这个女人）。这

---

① 1英里≈1 609.34米。——编者注

个游戏需要独立法官（男性或女性）来辨别另外两个人谁是男性谁是女性。[3]

在这个游戏的升级版中，其中一个人（男性或女性）被计算机替换，独立法官的任务就变成了指认哪一个不是人类。如果法官不能做出正确的鉴定，那么计算机赢得游戏。在这种方法中，计算机并没有故意设法欺骗法官，只是证明了其具备认知操作的能力。

接下来，图灵提了一个问题：一台计算设备需要具备什么能力才能进行认知操作？他还提出了一种非常民主的理念：所有的数字计算机在某种意义上都是等同的。这意味着一台计算机与其他计算机的区别仅在于系统特性和存储能力。

如果我们采用《牛津英语词典》的定义，民主即"社会平等的实践或原则"，那么意味着民主可以扩展到计算机领域。我们中有多少人愿意进一步考虑民主的第二个原则，即代表性——它能够适用于计算机系统吗，以及如何将它应用于独立的数字生态系统？

图灵还探讨了如下对智能计算机的常见异议：

- 宗教异议（Religious）：思考的功能是凡人灵魂的一部分，而灵魂是活着的人的精神实质。

- 不承认事实异议（Head in the Sand）：如果人工智能真的出现，对人类的影响将是灾难性的。这是系统开发的一种情感论证，而不是理性考虑人工智能在技术上是否可行。

- 数学异议（Mathematical）：人工智能只不过是一组容易出错的算法（第一章探讨了算法是否仅仅是概率计算，其中的误差因素是与生俱来的）。

- 无感觉异议（Lack of Consciousness）：机器可能无法拥有情感，

而图灵说这尚未得到证实。

- 能力异议（Disability）：计算机在技术上是有局限性的。图灵认为，有了足够的计算能力，一切皆有可能。如果图灵的这种理念延伸到自我意识领域，就意味着电脑可以从自己的错误中吸取教训。

- 与神经系统缺乏连续性异议（Lack of Continuity with a Nervous System）：因为大脑本质上不是数字的，而是模拟的，所以无法像数字计算机那样进行复制。

- 缺乏随意性异议（Absence of Informality）：真正的大脑能够随机应变，也就是说具有不可预测的功能。

- 无法创造、无法带来惊喜异议（Inability to Create and Surprise）：所谓的洛夫莱斯夫人论点（Lady Lovelace Argument），它认为计算机只会做我们命令它做的事情。

洛夫莱斯夫人论点是以洛夫莱斯的名字命名的。洛夫莱斯女伯爵（1815—1852）是19世纪浪漫主义诗人拜伦勋爵（Lord Byron）的女儿。据同龄人说，拜伦"疯癫、邪恶而危险"。[4]洛夫莱斯与查尔斯·巴比奇（Charles Babbage，1791—1871）一起工作过，巴比奇于1822年发明了第一台机械计算机。巴比奇请洛夫莱斯翻译了一本由意大利工程师和数学家路易斯·蒙布里（Louis Menebrea）用法语写的回忆录。除了翻译之外，洛夫莱斯还添加了一系列详细的注释。这些注释显示出洛夫莱斯对原著的深刻理解（在这个方面，巴比奇自愧不如）。

她理解穿孔卡片法（punched-card method），以及它如何被用于机器设计（这些机器不仅能驾驭数字而且还能处理符号）。她在注释中详细介绍了通过分析引擎计算一系列伯努利数（三角函数中重要的有理数序列）的方法。因此，人们普遍认为她是第一位计算机程序员。

图灵探讨的异议甚至可以作为某类检查清单的基础。计算机科学家可能会说，对随机性编程获得分析性结果是可能的。然而，战胜情感或宗教上的异议可能是一个更加棘手的问题。

尽管如此，宗教派别并没有完全无视人工智能这个话题。2016年，梵蒂冈教皇科学院（Pontifical Academy of Sciences）举行了为期两天的会议，主题为"人工智能的力量和局限"。会议吸引了来自多个学科的主题专家，包括斯蒂芬·霍金（著名的剑桥大学教授，自称无神论者）。除了技术问题之外，会议还探讨了许多不同的伦理及社会问题。在这次会议上，法兰西学院的认知神经学教授、教皇科学院成员斯坦尼斯拉斯·迪昂（Stanislas Dehaene）评论说："人工智能是一个极其重要但尚未实现的目标……我们（不希望）创造一个充满机器的系统……这与我们直觉中的那个更加美好的世界并不相容。"[5]

1954年，图灵辞世，据称他是服用氰化物自杀的（尽管有些人对这一观点提出了疑义，认为中毒是意外事故）。毫无疑问，他的贡献是巨大的。1999年，他被列入《时代》杂志"时代100人：本世纪最重要的人物"。

达特茅斯会议

对许多人来说，人工智能起源于1956年在美国新罕布什尔州的达特茅斯学院（Dartmouth College）召开的一次会议。这次会议的主题为"达特茅斯人工智能项目夏季研究"（the Dartmouth Summer Research Project on Artificial Intelligence）。这次会议实际上是一个关于控制论、自动控制原理和复杂信息处理方面的头脑风暴会议。

1948 年，诺伯特·维纳（Norbert Wiener，美国麻省理工学院数学家和哲学家）将控制论这门学科定义为"一项关于动物与机器之间控制和交流的科学研究"[6]，但最近它被认为包括了对任何使用技术的系统所进行的控制。这些系统不仅包括机械、物理、生物和认知系统，还包括社会系统，比如个人与群体之间的关系。维纳认为："信息就是信息，不是物质，也不是能量。"这种认知可能意义非凡。这种科学和社会关系相互作用的理念必然会成为我们关于未来的大部分思考的基础。

就出席人数而言，达特茅斯会议是个规模很小的会议。在许多方面，它可能类似于在现代创业环境中运作的小群体。登记出席的与会者总共有 47 名，但只有 10 名核心成员（也许是 11 名）全程参与了为期 8 周的会议。

50 年后，达特茅斯会议的后续会议召开了，名叫 AI@50。最初的 10 名核心成员中，有 5 名带着最初的设想出席了这次会议。这次后续会议不仅对比了人工智能实际取得的进展，还展望了未来 50 年的情况。约翰·麦卡锡是参与者之一，他被认为是人工智能这个术语的发明者。会议现场的纪念牌匾上写道：人工智能这个词就是在这次会议上第一次被使用的。

当你看到参加 AI@50 会议的 5 名达特茅斯元老的照片时，你不仅会对他们经年的智慧心悦诚服，也会对他们须发皆白的长者风范肃然起敬。那些重新聚会人员的简历值得一读，然而会议内容似乎更多是技术性的，而不是实用性的（例如，讨论以逻辑为基础的人工智能与以概率为基础的人工智能的对比优势），同时与会者还反思了更广泛的问题。例如，帕特·兰利（Pat Langley）认为，如果要实现达到人类水平的人工智能，就有必要回归"心理根源"。从本质上说，这意味着为了有效实现人工智能，我们必须更好地了解自己的大脑。

在 AI@50 会议上，达特茅斯会议元老雷·索罗门诺夫（Ray Solomonoff）表示，人工智能"并不遥远"。另一位元老雷·库兹韦尔（Ray Kurzweil）说，在不到四分之一世纪里，我们就会对图灵测试充满信心。就未来展望而言，2011 年去世的麦卡锡曾说，到 2056 年人工智能"很有可能成为现实"。[7]（1979 年麦卡锡就曾表示过，可能有些人认为这是荒唐的——就像恒温器有信念一样，大多数具有问题解决能力的机器共有的一个特征就是它们也有信念。）[8]

对经典图灵测试和麦卡锡风格所进行的创新，会在保持经验和技术卓越的同时，变得令人难以容忍或惹是生非吗？

后达特茅斯时代，人工智能的冬天、奇点

如果说达特茅斯会议是为了确立人工智能领域的雄心壮志，那么这个众所周知的泡沫就是因为现在人们所知的人工智能的冬天（AI winter）而破裂的。"人工智能的冬天"这个术语首次出现在 1984 年美国人工智能协会（现在是人工智能发展协会）举办的一次会议上。

"人工智能的冬天"这个表述反映了人们对人工智能的热情已经暴涨到了一个失控的程度，任何带有人工智能标签的项目实际上都在劫难逃。人工智能的冬天通常被认为是一个资金不足和活动停滞的时期，这个时期通常伴随着技术创新活动（如导致了互联网泡沫的创新）。人们通常认为人工智能有两个冬天：第一个发生在 1974—1980 年（这比定义的产生时间还早），第二个发生在 1987—1993 年。

如今，人工智能、机器学习和认知分析已经变得足够主流，许多人便担忧下一个人工智能的冬天的到来，毕竟它距离上一次结束已经比较久远了。[9]这种观点是由未来主义作家雷·库兹韦尔在他的著作《奇点

临近》(*The Singularity Is Near*)中提出的。在书中，库兹韦尔描绘了一个人工智能技术呈指数级增长的未来世界。

奇点〔有时被称为技术奇点（technical singularity）〕的概念最初由数学家约翰·冯·诺伊曼（John von Neumann）提出。他说："技术的加速进步和人类生活方式的变化显示出，人类正在接近自身种族历史上某个重要的奇点。当超过了这个点时，人类的很多事务就难以为继了。"[10]

换句话说，奇点是指在机器智能与人类智慧交汇时可能发生的时间或时间序列，也就是在这个时期，人工智能先与生物智力势均力敌，并最终超过生物智能。[11]

奇点理论指出，人工智能系统不仅会向前发展，而且还会自我完善。有种观点认为，到 2045 年，技术的自我完善将产生某种形式的失控反应，这将引发智能爆炸，并导致一种优于人类智慧的超级智能的出现。库兹韦尔也特别指出："在奇点之后，人类和机器之间不会有任何区别。"

库兹韦尔这一观点的基本前提是出现于 50 多年前的摩尔定律（Moore's Law）。摩尔定律表明，晶体管的数量每两年就增加一倍，这将引发指数级增长。人工智能研究员雷·索罗门诺夫提出了算法概率（algorithmic probability）的概念，将相同的定律应用到了智能机器上（它们自身的运行速度每两年翻一番），因此他指出了奇点会在一定的时间内到来。

这引起了人们的担忧。一个非正式的奇点研讨团体已经成立，它参与了"关于技术、人工智能和指数级增长"的讨论。需要注意的是，我们不要把预测或推测与科幻小说混为一谈，或者只接受一种观点作为未来的决定性预兆，因为这种观点可能在性质和时间框架上都是错误的。在科技发展史中，已经出现过一些所谓的观点，其中一些是具有现实意

义的，而另一些却没有。阿瑟·克拉克最喜欢的观点包括以下几种：[12]

- 如果一个著名的但上了年纪的科学家声称某事是可能的，那么这件事肯定会发生。而当他说某件事不可能时，他很可能是错的。
- 发现可能的极限的唯一途径就是对不可能的领域进行探索。
- 任何足够先进的技术都与魔法无异。
- 任何一个专家都会找到与自己势均力敌的对立面。

尽管库兹韦尔一再保证不会出现另一个人工智能的冬天，但花点时间来反思前两个人工智能的冬天的形成原因，考虑一下它究竟是否会再次发生，还是值得的。如果人工智能的冬天再次来临，那么我们可以采取什么样的应急措施呢？

关于人工智能的冬天的成因，存在各种说法，综合来看主要包含以下因素：

- 制度因素。大型机构往往因为预算收紧不会进行合作，这会导致知识转移的速度减慢，以及共享发展的能力降低。
- 经济因素。在经济低迷时期，很多被认为是投机性的且没有确定收益的项目的风险会增加，因为需要削减开支。
- 研究管道空缺（empty research pipeline）。如果组织或机构不能从项目中看到有形的研究产出，这个项目就有被搁置的风险。
- 现有系统适应故障。面对新系统和新流程，现有技术显得冗余过剩，但是用户抵制从现有系统向新系统的转移。
- 炒作。不切实际地吹嘘夸大一项技术的效益和可能的产出，会导致人们对其前景感到悲观。

夸大效益的问题尤其有趣。高德纳公司 2016 年的报告《新兴技术的炒作周期》(*Hype Cycle for Emerging Technologies*)称,机器学习正处于炒作周期的顶峰。在炒作周期中,它被描述为"预期峰值"。与"预期峰值"对应的是"幻灭低谷"(典型的过分承诺而没有兑现的情形)。此外,高德纳评论称,人工智能和认知智能还有许多其他子功能,它们都是创新的触发器。[13]

一个重要的问题值得我们深思,即在不久的将来,是否会有另一个人工智能的冬天?如果这个冬天真的到来,那么它将如何影响专业人士使用人工智能?

就像气象周期在北半球和南半球正好相反一样,如果人工智能的冬天真的出现,那么它可能在不同的时间、不同的地方出现,而不会是全球现象。特别是在市场经济背景下,当考虑到成熟的和新兴市场国家的经济特征时,情况更是如此。

新兴国家需要发展先进的分析系统来支持它们迅速发展的金融服务行业,从而弥补本土人才相对缺乏的短板(就数量而言,而非质量而言),这种需求将促使人工智能在这些国家得到快速发展。在市场遭受相对停滞、过度保守或犬儒主义影响的其他国家和地区,现有状况可能还没有发展到需要改革的程度。

人工智能的春天来了吗

尽管人们担心会出现奇点或人工智能的冬天,但似乎仍有人怀着乐观的态度。谷歌的机器学习主管约翰·詹南德雷亚(John Giannandrea)在 2016 年表示:"我们正在走近一个人工智能的春天。"[14]他指的是当时语音识别和图像理解的最新进展，它们都属于机器学习程序。我们无须成为气象专家，就能分辨出春天和夏天之间存在很大的区别。到目前为止，似乎还没有人声称我们正在接近人工智能的夏天，但有很多专家认为，我们已经受到人工智能工作环境的实际影响了。

2015 年，一封名为《健全有益的人工智能的研究重点》（*Research Priorities for Robust and Beneficial Artificial Intelligence*）的公开信发布。在这封公开信中，人工智能专家提出了人工智能三个短期和四个长期的影响。[15]

短期影响

- 优化人工智能的经济影响，涉及劳动力市场的影响以及对不利影响的管理策略。
- 法律和伦理研究，包括与自动驾驶汽车、自主武器、机器和职业道德相关的法律思考。
- 有关健全的人工智能在验证、有效性、安全性和控制力方面的计算机科学研究。

长期影响

- 验证。系统建立得正确吗？
- 有效性。建立的是正确的系统吗？
- 安全性。对故意操纵如何进行管理？
- 控制力。如何保持有意义的控制？

这封公开信的主要作者包括斯图亚特·罗素（Stuart Russell，美国加州大学伯克利分校计算机学教授）、丹尼尔·杜威（Daniel Dewey，牛津大学马丁学院未来人类研究所机器超级智能和未来人工智能研究员）和马克斯·泰格马克（Max Tegmark，未来生命研究所教授兼所长，该研究所致力于健全有益的人工智能研究）。

这些学术界的重量级人物可能是当今人工智能发展狂潮中的摇滚巨星。尽管他们声名卓著，但他们的观点或许应该得到其他非学术领域的利益相关者（他们可能会有不同的、更加商业化的观点）的制衡或者支持。

另一个可以称为行业摇滚巨星的人物是微软的首席执行官萨蒂亚·纳德拉（Satya Nadella）。2016 年，他提出了他自己的 10 条人工智能法则，规定人工智能必须做到以下方面：[16]

- 其设计目的是向人类提供帮助，尊重人类的自主性，重点是由机器承担危险性工作。
- 具有透明度——了解机器是如何工作的，考量相关伦理性问题。
- 在不破坏人类尊严的前提下，实现效率最大化，同时保留文化多样性。
- 设计时考虑智能隐私（安全论点的延伸）。
- 具有算法问责机制，以免人类受到意外伤害。
- 防止偏见，确保计算中不带有歧视。
- 支持教育，因为创新需要人们接受不同形式的教育。
- 承认机器具有创造力。

- 运用判断和问责机制，理解机器可以进行决策，但人类必须承担责任。
- 具有同理心，也就是说，人类和机器能理解彼此的想法和感受。

第 10 条法则暗示人类需要理解机器的思想和情感。我们是否可以认为，当 IBM 的沃森计算机在《危险边缘》中被另一名选手打败时，它可能会感到心烦意乱？

很显然，萨蒂亚·纳德拉的部分观点是有效的和有价值的。然而，其他专家在对这 10 条法则研究后表示，人工智能面临的困难不在于表述本身，而在于这些表述的执行过程。还有人认为这些法则的依据是我们目前对人工智能的认识和理解，而未来可能会出现新的问题和挑战。

澳大利亚新南威尔士大学人工智能教授托比·沃尔什（Toby Walsh）说，制定这样的法则就像制定驾驶规则一样。他说，就像驾驶汽车一样，没有任何一套规则能够成功地预防所有的意外事件，但是一套驾驶规则确实能提供一种衡量标准，用来判断驾驶行为是否合规。

规则也会因地而异并受市场成熟度的制约吗？独裁政府会对这 10 条法则有不同的看法吗，以及会因为人工智能系统的自由思想与社会思潮不一致而对此施加限制吗？

我们对人工智能的这 10 条法则应该保持一些合理的怀疑。为了在轻松的氛围中引发思考，我也提出人工智能 10 条戒律。

- 不要像崇拜某种宗教一样崇拜数据。
- 认知分析和人工智能都是由用户来定义的。
- 认知计算是用来补充人脑功能的，而不是用来取代人脑的。

- 不要相信营销炒作，因为技术解决方案不能总像精美的包装那样有用。

- 不要觊觎竞争对手的系统，除非你打算兼并那个系统或竞争对手。

- 不要满嘴术语，它只会暴露你不能正确地使用正常语言进行交流。

- 算法只产生大致的概率，因此要有针对性地处理计算结果。

- 计算机需要知道它在社会等级中的准确定位。

- 没有所谓的"万能"电脑，它只是一台机器。

- 尊重科幻小说作家，人工智能可能源于他们的想法。

人工智能如何工作

在本章的开头，我们探索了分析学的演变历程——从管理信息到预测性分析和认知分析，最后发展到我们现在所称的人工智能。这个演变历程好像是某种形式的自然演进。这种演进的前提是，分析学的进化是一个达尔文式的线性过程。但是，正如我们从科幻小说和 60 多年前的会议中了解到的那样，人工智能的概念似乎在财务绩效管理和风险分析等更基本的形式之前就已经被构想出来了。如今，人工智能已经拥有了自己的生态系统（见图 2-1）。

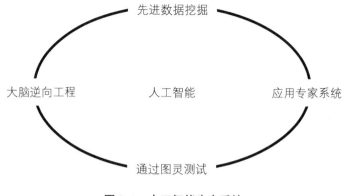

图 2-1　人工智能生态系统

有关人工智能的各种解释似乎总集中于人工智能是什么，而不是人工智能是如何发生的。以下两种人工智能的研究方法可谓人工智能领域的基本指南。

- 基于算法的方法（algorithm-based approach）。这种方法包括一系列高级分析学所拥有的功能（如行为树和统计方法），它实际上是为了解决某个特定的问题或创建一个期望的行为而进行的功能集合。这种方法通常应用在针对声音或面部识别等特殊任务的计算模型中。总的来说，这种方法类似于人的中枢神经系统——不同的神经元处理不同的信息，然后结合起来形成认知。

- 机器学习方法（machine learning approach）或人工神经网络（用来模拟大脑工作机理）。人工神经网络有许多神经元（像大脑那样），与许多其他部分相连接。现代人工神经网络有几千到几百万个神经元，以及数以百万计的连接路径。

机器学习是计算机科学的一个分支，机器有能力自建分析模型并自我改进，不需要进行显式编程。学习过程主要是操作性的而非认知性的，也就是说，学习是通过一系列重复的反馈回路进行的，这些回路为自我修正算法提供支持。

为执行特定任务，如识别网络犯罪与黑客入侵等，需要创建特定的算法，如果遇到困难就需要机器学习了。

机器学习主要有三种任务类型：

- 有监督学习。系统由"老师"提供数据和要求的结果，需要计算一组规则。
- 无监督学习。系统的任务是在未标记的数据中查找规则，如神经网络是如何连接的。
- 加强型学习。系统在动态环境中学习，例如在玩游戏时，根据游戏等级对算法进行升级。

纯粹主义者可能会提出第四种任务类型的机器学习：半监督学习。

人们很早以前就拥有了机器学习算法的开发能力。来自社交媒体等渠道的可用数据的增加，使得创建算法更加普及。这种算法在自动驾驶汽车、网上音乐和推荐购书方面很常见。

随着设备数量的增加和互联互通程度的提高，机器学习的作用不可小觑。芬兰制造业咨询师米卡·坦斯卡宁（Mika Tanskanen）说："运用正确的算法，系统就可以逐渐学会识别任何与生产相关的内外部因素，从而优化商品功能并提高生产效率。"[17]

神经网络有各种不同的类型。例如，动态神经网络能够根据规则创建新的连接并取消现有的连接。通过在神经网络上叠加神经网络，我们就可能创造出人工智能的一种形式——即便出现局部信息丢失的情况，网络的最终功能并不会受到影响。

这种方法表明，我们实际上是在用技术手段创造一种大脑的复制品，即全脑仿真（whole brain emulation）。事实上，我们并不能完全掌握大脑的工作原理，尤其是它已经经历了很多个世纪的有机发展。学习是一件复杂的事情，它融合了神经科学和心理学的知识，并以所谓的加强型学习反馈回路的形式进行。

计算机科学家的主要目标之一是人工复制加强型学习的过程。这样的目标必然要求我们思考记忆这个概念。在 2011 年《认知心理学杂志》（*Journal of Cognitive Psychology*）的一篇论文里，研究人员认为，人的记忆系统包含三个区域：[18]

- 核心区，关注对象为一个活跃项目。
- 周边区，至少关注三个以上的活跃项目。
- 扩大区，包含被标记的用于日后检索的被动项目（暂时搁置项目）。

通过一系列颜色和形状的测试，研究人员发现核心区的任务就是将注意力导向指定的项目，它受输入模式的可预测性影响。也就是说，在该领域，大脑在执行一种生物统计数据的质量评估任务。

然后，大脑检索到这个项目，在需要时对它进行更新。如果我们继续学习大脑是如何工作的，那就不得不提出这样一个疑问：机器学习的最终目标是复制大脑的工作模式，还是创造一种不同形式的大脑？任何一种所谓的思维引擎（thinking engine）的新类型或新模式，在某种程度上都需要考虑计算机目前和未来的数字存储能力。

谷歌的围棋机器人 AlphaGo 拥有神经网络，涉及计划能力的深度加强型学习，以及对记忆形式的创造。戴密斯·哈萨比斯（Demis Hassabis）和他在谷歌的深层思维（Deep Mind）团队正试图将上述三类区域整合起来。[19] 他们的工作是基于人工通用智能（Artificial General Intelligence，简称 AGI）的概念，这种智能被认为是（也可能被定义为）机器做任何人类所能从事的工作的能力。人工通用智能也被称为强人工智能或完全人工智能。

强人工智能的概念可以追溯到 30 年前，其根源在于以下哲理性问题，即电脑是否有思想，是否认为自己有思想，或者只是表现得像它认为自己有思想一样？第三个问题主要涉及如何对特定行为进行编程。

哈萨比斯等专家认为，人类的思想有三个层次：

- 感知层，可用统计方法进行模拟。
- 概念层，似乎还没有人破解过。
- 符号逻辑层，以逻辑和数学为基础。

除了技术能力，吸引我们的还有人工情绪（artificial emotion），因为它和机器学习相关。人工情绪在机器中拥有四个关键功能：

- 知觉——理解、识别外在对象和内在情形的状态或特性。
- 自我意识——用来理解自己性格和行为的状态。
- 感觉能力——一种感知、理解和拥有情感的能力。在现代西方思维中，感觉能力是一种体验感觉的能力。东方思维认为，关心他人并集中注意力是人类的特质。有感觉力的思维是道德考量的基础，就像那些争取人类和动物权利的运动所表现的那样。

- 智慧——系统拥有才智或洞察力的能力。这个词及其引申含义起源于古法语和拉丁语的 sapere（有智慧的，有品位的）。

未来的电脑应该感情用事吗？有人认为，如果一台自我学习型电脑要生存下来，那么拥有一些情感能力是很关键的。另一些人则认为，电脑是否有情感无关紧要，只要用户（人类）认为它有情感就可以了。

也许计算机情感的表观真实性（apparent authenticity）将取决于它们如何对人类做出回应，或许是采用的语言或语调类型。我们不应该忽视这样一个事实：绝大多数人都不容易被情感暗示欺骗。作为一个物种，我们已经进化到了能对微妙的语言和非语言信号进行敏锐感知的程度，所以我们可能会对人工创造的情感无动于衷。

这些问题远远超出了计算机纯技术能力范围，延伸到了神经系统科学和进化心理学等领域。人工智能系统的有效应用越来越明确地显示出，我们正在研究复杂的、适应性强的、灵活的、有感情的以及一些类似人类的技术形式。跨学科合作变得十分关键，但它不只是一种学术实践。我们需要不断地退回到"燃烧的平台"，也就是发明这些人工智能系统的初衷。如果人工智能的创造仅仅是一种学术实践，那么研究和发展资金必定会枯竭。发掘它的商业价值是一个至关重要的成功因素。

在深入理解人工智能的过程中，充斥着各种计算机科学术语，作为普通人或专业人士的我们，必须学会从海量信息中披沙拣金，提取出科学和技术的真正价值。在本书中添加一些常用术语的纲要并提供一些定义是很容易做到的，然而这样做不仅会分散读者的注意力，而且可能会使行之有效的方法变得困难重重。我们负担不起陷入专业术语泥潭的后果，因为人工智能太重要了。

我们将分析描述为从结构化和非结构化数据中"提取"价值。此外，我们需要不断地提醒自己，并从最新流程、最佳实践和客户策略的角度来看待分析。分析归根到底不是目的，对分析的处理才具有意义。同样，我们也必须认识到，创建人工智能系统固然重要，但这并不是目的，它更是一种促进有益变革的工具。

电脑有创造力吗

也许电脑只有在具备创新和创造能力的时候，才真正拥有智能。电脑不具有艺术性的观点正在遭到越来越多的质疑。那么，什么是艺术？

弗兰克·劳埃德·赖特（Frank Lloyd Wright）说："艺术发现并发展大自然的基本原理，把它们变成适合人类使用的美丽形式。"[20] 这句话也许说明了艺术能够成为某种过程的形式。

奥斯卡·王尔德（Oscar Wilde）说："艺术是世界上已知的最强烈的个人主义模式。"他的这番评论发表于 1891 年，当时正值工业时代的黎明。他在《社会主义制度下人的灵魂》（*Soul of Man Under Socialism*）一书中思考了艺术的概念，并对个人主义和自由与独裁主义进行了对比和反思。他认为，艺术拥有这样一种创造力，它"干扰"人类活动并把人的认知降低到机器的水平。[21]

在王尔德所在的时代，人们担心的是工业化把人变成机器。现在我们关心的是机器能否以某种方式提升到人的水平。如果存在某种中间状态，那么它会是什么？

如果是否具有艺术性是人与机器（或电脑）的本质区别，就不可避免地会出现这样的问题：电脑是否真的能创造艺术？根据本书的情景设定（本书考虑了人工智能对不同行业的影响），艺术家和设计师显然处在受影响的范围之内，因为他们同属设计行业。

除了单纯的设计功能之外，美学（关注美的本质和对美的欣赏）也成为人工智能的重要组成部分。如何向用户传达信息，是一个关键的成功因素。视觉化的力量（含蓄地说，是美）对我们理解数据和接收数据具有最重要的影响。从最宽泛的意义来说，美是对形式、形状和颜色的欣赏，它能愉悦感官，尤其是眼睛。在设计边缘创作的有创造力的美学艺术家有没有可能开辟一条道路，帮助人工智能在更大程度上被人们接受？

在纯粹的功能性之外，还有一种论点指出，无论从风格还是内容方面来说，如果一件由电脑创造出来的艺术品与人类创造出来的艺术品是一样的，它就是满足图灵测试原理的。如果电脑设计了艺术品，但由人来完成（实际上，是人在为电脑服务），那又会如何呢？

2016 年，计算机专家与纽约时装公司玛切萨（Marchesa）合作，设计了一种"认知礼服"。礼服（或者更准确地说是舞会袍）上面嵌入了与社交媒体相连接的 LED（发光二极管）灯。灯的颜色根据推特交流版（Twitter feeds）捕捉到的社交媒体舆论而进行变化。[22] 这件礼服被称为设计与科技的融合，它的颜色能够反映社交媒体用户的情绪。"系统"根据玛切萨的内置芯片选择颜色。这些颜色反映了人类想要表达的五种情感，例如，红色表示自信，灰色代表未来主义。毋庸置疑，这是技术，但这真的是艺术吗？机器真正的创造力在哪里？

至于电脑是否真的能创造艺术这个问题，谷歌公司在 2015 年推出了一种软件，它先获取现有照片，然后将它们转换成具有迷幻色彩的图像。智能算法被用来优化和重新设计图像，使它们看起来更加生动。这些"复活"的图片后来在 2016 年旧金山的一场慈善拍卖会上被卖出，其中最贵的一张拍卖价为 8 000 美元。[23]

这些图像用以下四种算法进行了重新设计。

- 深度梦境（Deep Dream）。多次（以万次为单位）运行并创建一个新的但可识别的图像。
- 深度梦境迷幻分形。与深度梦境具有相同的过程，但它具有用来创建分形图像的不同大小的模板。（分形是几何对称的一种形式，它可能相当于技术上的万花筒。）
- 类可视化。专注于某个特定的单一图像（如一张脸）的能力。
- 风格转移。基于特定风格［如凡·高的《星空》(*The Starry Night*)］创建新图像。

有趣的问题是，这些图像未来是否仍然会被认为是艺术作品，尽管目前的答案是肯定的？

计算机化的音乐也在向艺术领域进军。伊阿摩斯（Iamus）是一种计算机集群，它是西班牙马拉加大学（University of Málaga）科学家的创意。伊阿摩斯的音乐完全由计算机生成，在与20世纪早期的法国古典音乐进行比较时，它更受欢迎。这种音乐甚至被伦敦爱乐乐团（London Philharmonic Orchestra）演奏过。伊阿摩斯似乎满足图灵测试原理，因为很难说这类音乐是由电脑还是人类创作的。

伊阿摩斯的孪生兄弟叫 Melomics 109，它的音乐在本质上更加平民化。类似于艺术中的某些原理，它的音乐进程包含固定公式框架下的随机性和重复性的组合。Melomics 109 的作品有种20世纪70年代德国发电厂乐团（Kraftwerk）音乐的感觉。

这种人工智能创作的音乐，其作曲方法基本上是中规中矩的。例如，在赋格中，首先采用了一个简短的乐句或主题。然后，通过异步方式——对主题进行变化处理，"作曲家"能够构建一个复杂的且最终令人满意的架构。奏鸣曲和协奏曲也是通过清晰的能够被人工智能捕捉到的音乐规则创作而成的。如果这样的话，那么音乐为什么不能在不受人类干预的情况下被人工智能创造出来呢？

这个问题与独特性有关。在描述作品的时候，是将以前人作品为基础的音乐视为原创更合理，还是将仅以重复算法为基础的音乐视为原创更合理？同样的问题再次出现：什么是原创性？电脑为什么不能拥有原创性？

对此，我们不应该过于纠结。总部位于英国的摇滚乐队现状乐团（Status Quo）自 1962 年以来，因创造了一整套基于"三和弦"的现代摇滚音乐曲目而成为传奇。然而，计算机能不能重现滚石乐队（Rolling Stones）或齐柏林飞艇（Led Zeppelin）在其全盛时期的辉煌呢？此外，音乐会在相比之下会不会显得很无聊呢？

结　论

本章旨在对智能系统和人工智能进行介绍，参考了图灵的早期工作成果，以及 60 多年前的达特茅斯会议关于这个话题的讨论。

技术纯粹主义者一定会发现，本书对人工智能的工作原理探讨得较为简单。本书无意对这种高度复杂的系统的工作原理进行事无巨细的描述，而是通过考虑创造性问题，提供一定程度的既关于组成要素又涉及未来潜力的认知。

在增强意识的过程中，我们需要更细致地思考这些系统对不同行业的影响到底会是什么。智能系统的影响程度究竟有多大，目前尚不明确。正因为如此，读者在展望未来的时候，可以尽情地放飞自己的想象。

有迹象表明，智能系统可能不仅受到技术的限制，还会受到其在商业中的应用速度及社会需求的限制。

本书的核心目的是要把智能系统的概念放在特定行业的背景下去考虑。在第三章中，我们将思考人工智能对金融服务业及其他优势产业的影响。

第三章

人工智能对前沿产业的影响

摘　要

本章讨论机器学习和人工智能对一些关键性前沿产业的影响。尽管重叠之处不可避免，但这些产业与个人职业毕竟有所不同。这些前沿产业包括金融服务业、汽车行业、电信行业等。

社会发展日新月异，然而目前对整个市场或单个行业进行全貌展示是不可能的。未来的出版物可能会展现特定行业的完整风貌。本章旨在为人工智能在领先产业中的应用广度和深度以及它对整个商业世界将产生的更加广泛的影响，提供一个有效的指南。

简　介

随着人们日益走向认知分析和人工智能时代，产业革命将在所难免。这种革命并不是什么新事物，自工业革命以来，产业始终处于变化之中。今天，变革的动力和必要性或许会让我们的先人无所适从，尽管对于很多像福特和卡内基这样伟大的企业家而言，快速跟上潮流并不是什么难事。

当前，绝大多数行业都日益受到了云计算、移动互联、社交媒体和分析法等技术趋势的严重影响。金融科技（FinTech）运动不断刺激着金融领域的颠覆性创新，也越来越被视为一种大趋势。此外，我们正处于一个全新的影响周期的大潮中。用不了多久，所有行业都会受到新的趋势的影响。

萨旺特·辛格（Sarwant Singh）在他的《新大趋势：对人类未来生活的影响》（*New Mega Trends: Implications for Our Future Lives*）一书中，列出了他认为将主导未来行动议程的大趋势。[1] 辛格没有用晦涩难懂的专业术语来定义这种大趋势，而是用它们的特征来定义的：

- 大趋势是全球性的。
- 大趋势是可持续的。
- 大趋势是变革性的。

辛格指出，尽管所有行业中将会出现 200 个潜在的大趋势，但它们可以浓缩成 12 种关键的可能性。为简洁起见，本书将它们进一步浓缩到了 6 个方面：

- **智能**。未来的互联性以及它将如何影响能源消耗。
- **出行**。所谓的电子移动浪潮——交通运输从依赖碳氢化合物（石油）转变为电力驱动，高速旅行将变得更加舒适，甚至铁路将取代飞机成为主要的交通方式。
- **进程变化**。新商业模式的影响——它们如何使工作从传统的线性模式转变为更加注重协作的模式，以及向零创新的概念。
- **社交互动**。社会转型趋势的影响，包括地理定位的重要性——这将在产生其他影响的同时，导致地理社会化（系统了解人们所在的物理位置，并根据这些位置向他们推送购物中心、机场等信息）。
- **医疗和福利**。该领域的大趋势将帮助人们应对医疗成本不断上升和人口老龄化的挑战。

■ **数据拥塞和安全**。基础设施面临的挑战，以及如何保护安全和隐私。

这些潜在的未来大趋势都不是彼此孤立的，它们都相互依存，不分行业。与此同时，这些趋势在某种程度上都是推测性的。谁能真正确定未来人们的出行方式会从航空旅行转变为高科技铁路旅行呢？这些转变如果真的出现，那可能也需要几十年的时间，因为我们要建设适用的基础设施，并处理好政治及既得利益问题。

这本书主要是关于分析学、机器学习和人工智能的。尽管实施时间表尚不确定，但相比上面提到的那些大趋势，这三个方面可能会更早、更快地影响人们的生活。人工智能发展空间的扩大可能会波及一些关键领域，比如过程改善领域和管理领域。在这两个领域，人工智能将得到快速应用，因为人工智能对它们造成的影响的政治色彩相对较重，而这种影响主要受到降低成本等商业考量的驱动。

人工智能将对相关行业和人们的工作方式产生巨大的影响，所以在某种程度上，我们或许应该从政治角度来探讨一下。归根到底，政治难道不是一场关于国家或社会如何运行的争论吗？个人对这些变革的抵触可能是徒劳无益的，尽管本书将探讨一些应对策略。总体而言，各个产业、职业和个人对即将发生的变化见微知著是至关重要的，这样至少能够对变革的方向加以引导，从而避免成为变革大潮下的牺牲品或攻击目标。

那么这种变革的指导从何而来？也许来自专业机构，但这也是存在争议的。这些机构是学习和资格认证的场所，而不是能够代表其成员劳动权益的准工会。事实上，总体而言，专业人士中的工会成员人数少之又少。这些机构可能会进行合理的争辩，表示涉入这样的政治争论并不在它们的业务范围之内。然而，这种类型的机构的确提供了一个有效的环境，方便人们在相对非政治性的氛围里讨论这些潜在的对抗性问题，尤其是伦理层面的问题。

专业机构在这场争论中也有既定的经济利益。如果它们的成员将被机器取代，那么这些机构不是要遭受学员人数减少、最终盈利下降的风险吗？而且无论如何，有了人工智能，谁还会真的需要这样的专业机构？

并不是每个人都向往着变革的发生。那些抵制变革的人往往被称为卢德分子（Luddites）。卢德派是 1812 年以一个来自诺丁汉的学徒工奈德·卢德（Ned Ludd）的名字命名的团体。当因工作不够努力而将遭到鞭打的威胁时，卢德愤怒地打碎了他的针织机（织袜机）。这是一次对纺织行业工业化的反抗，反抗的风潮蔓延到了英格兰北部——那里的纺织工人放火烧毁了他们的工厂。

卢德分子的抗议针对的不是机器设备本身，而是雇主拒绝接受新的雇佣条款和工作条件。最近，这种抵抗引发了新卢德主义运动——本质上是一种反科技运动，是"一场群龙无首的消极抵制消费主义和计算机时代日益怪诞可怕的技术的运动"。[2]

在第一批卢德分子出现 200 多年后，另一个群体也开始效仿这种思路。卢德 200 组织论坛（The Luddites200 Organising Forum）针对技术变革的后果提出了很多疑问（见表 3-1）。[3]

表 3-1 卢德 200 组织论坛对技术变革的反对意见

一般性问题	
	■ 谁受益，谁亏损？
	■ 谁应该负责：是人类还是机器？
	■ 新技术预示着一个什么样的世界？

（续表）

劳动力问题	■ 会造成失业吗？
	■ 控制和监视工人
社会经济影响	■ 真的有需要吗？
	■ 市场力量的集中度
	■ 去技能化，创建依赖关系
社会问题	■ 对平等的一般性影响
	■ 技术带来的高价格阻碍了穷人的使用
	■ 权力集中还是更加民主化？
	■ 加快还是放慢生活节奏？
环境问题	■ 能源或资源消耗、碳足迹
伦理问题	■ 操纵自然是可接受的吗？
	■ 是要把人体变成商品吗？
健康问题	■ 是预防疾病还是治疗疾病？

资料来源：Adapted from Luddites200 Organising Forum (n.d.). 21st century technology debates & politics. Luddites200 Organising Forum website. http://www.luddites200.org.uk/TechnologyPoliticsNow. html。

　　这个论坛的成员并不孤单。打破框架组织（Breaking the Frame）对奈德·卢德捣毁织袜机的行为亦步亦趋，其成员对自己做了如下描述："我们认为存在一种潜在的政治机器，它关联着各种政治问题——从我们的食物是如何生产的，到互联网自由，再到核能和其他许多问题。目前，这些问题似乎是完全独立和毫无关联的。我们的目标是改变这种状况。"[4]

　　2014 年，打破框架组织声称已获得了 200 个机构的支持，但很难想象这些善意的机构集合起来，除了表达一种小众的观点，还能代表着什么？这种说法也许对它们有些不敬，因为它们似乎有一些久负盛名的支持者，至少原则上是这样的。

著名科学家斯蒂芬·霍金本人已经表达了一些担忧：

如果机器能生产出我们所需要的一切，那么结果的好坏将取决于产品如何分配。如果机器生产的财富是共享的，那么每个人都可以享受奢侈的休闲生活；而如果机器所有者成功地阻碍了财富的重新分配，那么最终大多数人将会穷困潦倒。到目前为止，趋势似乎正朝着后者发展，因为技术进步正在日益加剧不公平现象。[5]

霍金的言论反对的不是科技，而是财富的分配和资本主义的影响。他的评论似乎是在重申技术、资本主义和政治之间存在着明显的连锁反应。

然而，对技术变革的抵制和紧张不安不仅仅局限于这些小众的施压团体——它们的成员将自己与英国历史上的事件联系起来。就像卢德不反对技术变革本身但担忧工人的权利一样，新卢德主义表示，它是面对公众对技术影响的反应大潮中的一匹特洛伊木马。

例如，2001 年，在美国科学促进会（American Association for the Advancement of Sciences）上，弗朗西斯·柯林斯（Francis Collins，当时是人类基因组计划的负责人）声称："到 2030 年，美国和其他地区将会出现大规模的反科技运动。"作家卡罗琳·格雷戈尔（Caroline Gregoire）2014 年的一篇文章引用了此说法，也提到孟诺教派（the Amish）和改革卢德分子是抵制变革的典型代表（她解释称，改革卢德分子对技术持批评态度，但并不是要断然抛弃）。[6]

这些抵制变革的事例既令人兴奋又令人不安。显然，对于一个人工智能终将融入生活的技术化未来，有些人总表现出好奇和恐惧并存。作为社会成员，我们似乎越来越重视自己的创造力并对自动化颇有微词，然而与此同时，我们也享受着自动化技术生成的各种推送信息——看什么电视节目，哪条路回家最快。

大型科技公司由于专注于技术，而对关键利益相关者所受到的影响考虑不够。我们该怎么办？通过理解技术的含义并用门外汉（包括非技术领域的合格专业人员在内的外行）的话来表达这些含义，更广泛地参与商业组织将有助于实现利益相关者期望的结果。

难道连最基本的项目管理方法也没有认识到，关键利益相关者管理是变革管理成功的关键因素之一吗？

随着技术与商业的日益融合，我们有可能通过加深对商业问题的理解，以及提高人工智能解决方案的商业适配性，来缩小甚至消除人工智能与商业发展之间的差距。如果商人没有对人工智能进行深入了解，那么技术和商业之间的历史性鸿沟会不会在 21 世纪初期再次出现呢？

正是本着这种精神，我们试图在人工智能的背景下考虑个别行业。根据定义，预测只不过是预测而已。但这些预测是基于对现在的理解，以及基于这个理解而进行的对未来的预期。

在 2017 年的一份报告中，麦肯锡公司指出 20% 的具有人工智能意识的公司集中在金融服务业、汽车行业和电信行业。[7]我们将主要探讨这三个行业，目的是理解我们可以向它们学习什么。

金融服务业

金融服务业在高级分析、认知分析及人工智能应用方面处于领先地位。在本节中，我们将讨论三个领域：银行业（零售银行、商业银行和投资银行）、财富管理和保险业。

零售银行

根据埃森哲（Accenture）公司 2017 年对 600 名顶级银行家和专家的调查，人工智能将成为"未来三年银行与客户互动的主要方式"。[8]

一项"倡导银行业从'移动优先'转向'人工智能优先'"的报告显示，人工智能与其他关键技术能力都被列为重要进展。

- 嵌入式智能解决方案（获得 40% 的受访者的支持）。
- 计算机视觉（获得 40% 的受访者的支持）。
- 机器学习（获得 38% 的受访者的支持）。
- 自然语言处理（获得 37% 的受访者的支持）。
- 机器人过程自动化（获得 34% 的受访者的支持）。

79% 的受访者表示，他们相信人工智能将创造一种更"人性化"的客户体验。埃森哲公司的银行业务主管及这份报告的作者之一艾伦·麦金太尔（Alan McIntyre）表示："人们认为技术将使银行变得越来越自动化，越来越没有人情味，但我们看到的景象却是技术实际上将帮助银行业变得更加个性化，这是一个很大的悖论。"

这份报告指出，虽然银行网点或客服电话的人际互动数量已经下降了，而且有可能继续下降，但是客户仍然需要某种形式的网点以进行线下接触。调查结果还显示，客户对银行分支机构的使用呈现出持续减少的态势。例如，英国汇丰银行宣布，由于客户使用率下降 40%，2017 年该行又关闭了 62 家分行。[9] 愤世嫉俗者可能会说，零售银行客户使用量的下降，在一定程度上是前台服务质量下降导致的。

Finextra（英国互联网金融垂直媒体）对富裕用户（最富有的 10%~15% 的人）使用的银行服务进行了一项调查，调查结果大致可以

分为以下四类：[10]

- 更喜欢通过应用程序办理银行业务（占比 24%）。
- 更喜欢使用网上银行（占比 29%）。
- 更喜欢通过电话客服进行人际沟通（占比 21%）。
- 更喜欢到银行分支机构办理业务，尤其是复杂或高价值交易（占比 26%）。

就零售银行市场而言，在前三项前台服务中，直接应用人工智能的时机已经成熟。与此同时，某种形式的人工智能顾问也可以用于支持第四项服务。

在 Finextra 的调查中，超过四分之三的受访者预测"大多数银行机构将配置人工智能界面，作为与客户互动的主要方式"，71% 的受访者相信"人工智能将有能力成为机构或品牌的代言人"。

银行的主要意图之一似乎是让员工转型为"具有更多判断力和更高附加值的角色"。员工人数减少是不可避免的事情，难怪英格兰银行（the Bank of England）行长马克·卡尼（Mark Carney）曾警告称，多达 1 500 万个英国银行业工作岗位可能被机器人取代。[11]

在已经使用机器人技术的地方，银行的成本得到了有效的控制。高知特公司（Cognizant）2015 年的一份报告称：

- 26% 的银行声称成本节约超过 15%。
- 55% 的银行预期在未来 3~5 年达到类似的节约水平。

除了节省直接成本外，商业用户还在以下方面获益良多：

- 错误率降低。

- 可重复任务的优化管理。

- 工作流程标准化程度提高。

- 完成一项流程所依赖的屏幕数量减少。

- 流程摩擦减少。[12]

那么，零售银行的前台工作人员正在成为濒危物种吗？三菱东京日联银行（Bank of Tokyo-Mitsubishi UFJ）已经在其东京旗舰店里运行了一个人形机器人银行柜员。这款名为 Nao 的机器人是日本软银（SoftBank）和 IBM 两家公司的合作成果。它可以用 19 种语言工作，并能"记住"550 万名客户和 100 种产品的详细信息。

Nao 的孪生兄弟名叫 Pepper，身高约 1.2 米，目前含软件成本的零售价大约为 1 600 美元。Pepper 有一个所谓的情感引擎，能识别人类的情感并进行模仿，这种装置也用在了医疗行业中。开发人员说，Pepper 可以"与数千个同款机器人进行交流，从云端学习新的技能"。[13]

那么，零售银行业的未来会是怎样的呢？也许分支机构会以某种形式继续保持，虽然可能并不是我们所知道的那样。我们看到，咖啡馆银行已经出现，它提供了非正式的工作空间，将同样重要的银行业务、工作和喝咖啡融合在一起。这似乎让我们想起了金融科技初创企业，它们就是通过小组合作的方式在公共场所办公的。一些更聪明的咖啡馆银行甚至允许客户从网上订购打折咖啡，以避免不必要的排队麻烦。那么，有什么能阻止这里出现机器人银行顾问吗？

商业银行

相对于与个人打交道的零售银行，商业银行主要为机构或大中型企业提供银行服务。

此前，人工智能的应用主要集中在零售银行业务上，但在商业银行领域，它的应用前景又将如何呢？在许多方面，需要解决的问题仍然是相同的：银行如何从关键数据中提取相关信息，然后为商业客户提供最优建议？另外，如何确保这个建议在数字环境中得到最有效的传播？

各大银行目前都在关注数字平台，而且越来越关心它在商业银行领域的应用。即便如此，人工智能的应用主要集中于零售银行业务，商业银行业务只能屈居第二。

虽然我们把银行业分为零售和商业两个部分，但毋庸置疑，商业银行内部还有进一步的细分领域——主要有较大的法人银行和提供专门服务的中小型银行。就像保险公司将业务分拆成零售保险和商业保险一样，银行业内部也存在着零售业务和占主导地位的商业业务的分类。

图 3-1 显示了银行业的复杂性和广度，尽管在印度等国家，银行业存在着截然不同的产业特征。目前，银行的零售业务是人工智能应用的重点领域，但很明显，这种人工智能可以很容易地被应用到商业银行板块，特别是为中小企业（SMEs）提供服务的相对简单的市场——一个可以从创新中获益的大市场。比如，英国有 520 万家企业，其中 99% 是中小企业（员工人数少于 250 人）；[14] 加拿大有 100 多万家中小企业。然而，中小企业市场发展困难重重：英国有一半的初创型中小企业在 5 年内倒闭，该国的税收制度和银行贷款支持不力是主要原因；近三分之二的中小企业没有信心实现连续三年经济增长。[15]

由于金融科技创新受到的重视程度越来越高，这些数据似乎对初创企业来说不是个好兆头。商业银行可以通过人工智能的附加功能为客户提供更多的增值服务吗？以下是一些需要考虑的问题：

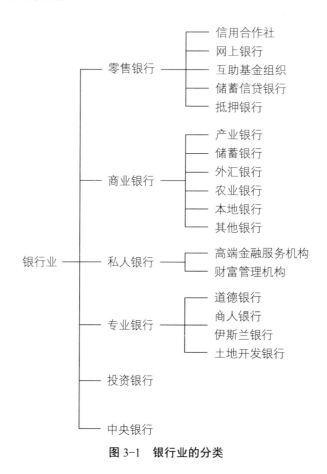

图 3-1　银行业的分类

- 零售银行对人工智能的应用，商业银行可以仿效到什么程度？
- 通过帮助商业客户创造出更多更符合他们目标市场需求的可持续产品，人工智能可以促进"馥芮白经济体"的发展吗？
- 通过增加金融产品价值，如运用金融数据提供相关建议，商业银行能支持更大的商业客户吗？
- 通过现有的金融产品提供嵌入式分析即服务，商业银行能够继续把自己打造成值得大型机构信赖的商业伙伴吗？

和许多行业一样，商业银行在激烈的竞争环境中运营。有些商业银行难免会认为人工智能是获得未来竞争优势的最佳途径。

渣打银行（Standard Chartered）的戴维·林奇（David Lynch）说："过去，公司之间的竞争是人才的竞争。未来，最聪明的大脑可能会成为竞争优势的主要来源，但很难确定具体的时间。"[16]不难想象，"最聪明的大脑"并不一定是人类的大脑。

投资银行

人们会在多大程度上投资于机器人研发？毕竟，正如我们经常看到的那样，投资的价值或高或低。尽管如此，向个人、企业和政府提供金融服务的投资银行，仍然可能是最适合应用高级分析的行业之一，虽然对于某些投资银行来说应用人工智能目前或许还为时过早。

投资银行帮助客户筹集扩张、合并和收购所需的资金，通常包括两种截然不同的交易类型，即卖方交易和买方交易。

卖方交易是将证券交易为现金或其他证券。证券具有有形的、可交易的价值，它可以代表公开交易的公司的部分所有权（股票）、政府或公司的借贷关系或所有权（期权）。

买方交易为购买投资服务的保险公司、对冲基金、养老金和互助基金等机构提供建议。

这两类交易都很复杂。买方交易的关键是确定投资可以为投资者赚钱。保密是必不可少的，因为任何透露市场活动的信息都可以影响价值。买方交易分析师通常从事市场走势研究工作，并为商业银行的资金经理们提供建议。

投资银行的关键业务之一是投资组合管理，即管理一组资产和负债，用于优化投资组合或基金归集。投资银行是受到高度监管的行业，其分析师会考虑风险敞口限制、风险权重和各个资产类别的回报。这项工作本质上是分析性的，通常使用基因演算法（genetic algorithms）寻找精确或近似的解决方案，以满足优化组合的目标。基因演算法是一种特殊类别的进化算法，受到进化生物学遗传、突变、选择和杂交等技术的启发，复杂程度很高。[17]

投资银行业务存在很大的潜在风险，并受到个人行为的严重影响。它特别适合于高级分析，尤其是考虑到市场的波动性。投资银行在管理退休金方面起着极其重要的作用。

在这样一个分析驱动的商业环境中，直觉是否还有作用？在2010年发表的论文《银行与金融中的直觉决策》（*Intuitive Decision Making In Banking and Finance*）中，作者安·亨斯曼（Ann Hensman）和尤金·萨德尔-韦尔斯（Eugene Sadler-Wells）对银行业进行了评估，并提出了以下观点：

- 在不确定且时间紧迫的决策环境中，由于替代性方案的信息不可用、不完整或过量，理性的决策制定既受到任务复杂性的限制，也受到决策者信息处理能力的限制。
- 在业务环境中，理性选择的相关技巧有时很难或者不可能适用。[18]

我们生活在一个充满压力的世界里，移动互联的随时可及性使情况变得更糟。由于市场波动和不确定性，决策是不是会变得更难？另外，有些人可能会认为，做出不理智的决定（我们称之为直觉）难道不比根本不做决定好吗？在一个完全自动化的环境里，直觉式决定还会出现吗？

银行业和金融业是相当重要的行业，其影响之大使得其他领域相形见绌。一个糟糕的决定可能会产生重大的连锁反应。在苏格兰皇家银行（RBS）收购荷兰银行（ABN Amro Bank）后，为了避免大规模的行业性金融崩溃，英国政府不得不出手收购苏格兰皇家银行 58% 的股份。这笔支出高达 370 亿英镑，合每个英国公民承担 617 英镑。越来越多的金融机构显示出在分析洞察力方面的标杆风范，但即使是现在，这种洞察力在某种程度上仍然依赖于直觉，这可能受到了个人经验的限制。

直觉受到以下因素的影响：

- 任务的性质（如时间和不确定性的因素）。
- 个人因素（如参与者的经验和信心）。
- 组织情境因素（如约束和规范、问责制与等级制度、团队动力和组织文化）。

亨斯曼和萨德尔-韦尔斯的论文结论与管理学理论（尤其是有关直觉的理论）先驱者之一的切斯特·巴纳德（Chester Barnard）的论点不谋而合。这位前美国电话电报公司（AT&T）高管对以下两种管理思维进行了区分：

- 逻辑思维，即可用语言和其他符号表达的有意识的思维。
- 不合逻辑的思维，即不能用语言表达的思维，或者是"由无意识的、又快又复杂到无法被思维主体分析的过程所支撑的推理"。[19]

如果我们承认这种不合逻辑的思维是人类整个决策过程的一部分，

那么难道没有必要考虑一下它如何在人工智能环境中进行复制（如果对过程而言必不可少的话）的问题吗？在人工智能系统中是否存在不合逻辑的思维？不合逻辑的思维会不会毁掉程序？

另外，我们是否有必要要求所有的决策在本质上都必须合乎逻辑？回想一下电影《星际迷航》（*Star Trek*）中的斯波克（Spock），大家可能都还记得，他在每一个决定中都要寻找逻辑。虽然他是个虚构角色，却树立了用小说来预示未来或反映现实（或仅仅是为了引发进一步的思考）的先例。我们也可以回想一下另一个更早些的虚构角色哈尔9000（见第一章）。

如果我们认同最好的决定是完全理性的，没有掺入任何情感因素，那么个人偏见一定能被摒弃。这对重大金融决策，尤其是在高度监管环境中的决策而言，岂不是重磅利好？人工智能在这种环境中难道不是特别适用吗？

财富管理

个人财富管理的方法与投资管理的方法相似，尽管它是一种与个人更相关的业务。分析法已经被纳入财富管理工具包。在针对个人的投资决策中，我们首先要确定投资者的风险偏好，这个步骤通常是通过一个简单的问卷调查进行的。当然，通过使用（经同意）其他相关信息（如社交媒体资料等），问卷调查方式后续会得到显著改善。

个人财务相关分析认为，不同的人接受风险的程度不同，风险舒适度因个人情况的变化而变化。因此，一个人的风险偏好本质上是动态的，即使当前的分析似乎表明它是相对静态的。FinaMetrica（专注于研发销售风险容忍度测量工具的公司）与新南威尔士大学心理学院合作设计了一种它们所称的"风险容忍度测试"。它们表示，在风险容忍能力方面并不存在"绝对的测量",只有一个相对的尺度,"它和 IQ(智商)的测量方法差不多"。[20]

如果我们接受风险偏好随着个人情况的变化而变化的观点,那么我们也应该认识到,投资需求可能也会随着时间而变化。最称职的基金管理人会不断地衡量投资收益,并定期为客户提供合适的投资建议。现在市场上出现了越来越多的认知财富顾问(cognitive wealth advisors),它们实际上是为坐在桌子对面的人类顾问提供支持的智能系统。

在什么情况下,智能咨询系统会变得比人类顾问更加重要?换句话说,人类顾问具体给决策增值多少?人类有没有可能只不过是在计算机支配下的一皮囊?如果计算机变得更像人类,我们会不会认为真正的人类已经过时了?

尽管大部分后台决策已经被分析驱动取代,但凡事都有另一面——投资者个人对于只跟机器打交道到底有多大的信心?当人们把投资和养老金完全交由一台机器打理时,会不会担心自己把整个未来都交到了"它们"的手上?

除了情感问题,还有经济方面的问题需要考虑。金融咨询是一项有利可图的业务,咨询顾问的年费收入约占投资资产的 1%。越来越多的人从网上或自动化电话销售渠道寻找建议,这为更低成本甚至零成本获取咨询建议打开了大门。

自动化不仅能够降低消费者的成本,而且可以打开通往更广阔的市场的大门。这将如何影响美国 4 000 多家投资咨询公司?这些公司每家管理资产都超过 1 亿美元,总计达到 5 万亿美元。[21]

这就是问题所在:人们在用自己的钱做投资的时候,更愿意相信有逻辑的机器,还是直觉性的、有感情的人类?坦率地说,在动荡和不确定的环境中,机器看起来难道不是一个更好的选择吗?

无论如何，赋予系统在设定的范围内一定情感和保持非理性不是很快就能实现的吗？这样的话，最终我们是不是根本就注意不到人和机器有什么区别？

保险业

与银行业一样，就所代表的行业内容而言，保险也是一个领域广泛、业务品种丰富的行业。保险业主要有两个子行业：商业保险和零售保险。此外，还有许多其他细分领域，如再保险、专属保险，以及为海运和航空等专业领域提供保险的专业保险。图 3-2 显示了保险行业的广度和复杂性。

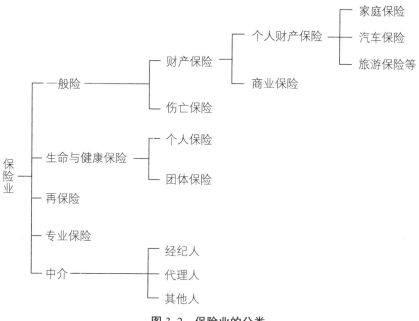

图 3-2 保险业的分类

迄今为止，保险行业的人工智能应用主要集中在零售市场。这对大多数用户来说是有意义的，因为零售市场的保险业务是最容易理解和消化的，用户可以切身体会到人工智能的利好。然而，有些人可能会认为，人工智能在保险业最大的价值体现在其他三大保险类别中：商业保险、再保险和专业保险。

很明显，保险行业的交易非常活跃。埃森哲公司发现，2016 年，英国通过人工智能和物联网技术达成的保险交易量增长了 79%，占全球保险科技（保险公司使用新兴技术）交易的 44%。埃森哲英国金融团队（UK financial team）数字与创新主管罗伊·加布拉（Roy Jubraj）表示："在过去的 12 个月里，我们看到对智能自动化及物联网初创公司的投资和交易量迅速增长。"[22]

要完全理解人工智能的潜力，保险公司需要关注保险行业的三个关键性驱动因素。

- 风险管理。
- 提高客户留存率及忠诚度。
- 运营优化。

风险管理

对保险公司来说，风险管理最优化是指，不仅对风险的性质有全面的了解，而且能对风险进行准确评估。风险可能主要是物质性的，如发生洪水或地震，但也可能是其他类型的风险，比如由法律责任（产品责任、过失、滋扰和专业失误）引起的损失。保险公司还必须确保保险费用的计算是否正确。

保险费用主要是通过一个基于统计的保险精算函数进行计算的。分析系统不仅能让结构化和非结构化的信息聚合起来提供更细化的风险视图，同时也能让风险得到更准确的评估。

当然，还有一些更加复杂的风险可能不太容易通过函数来进行计算，例如，朱莉娅·罗伯茨（Julia Roberts）的微笑（保额 3 000 万美元）或玛丽亚·凯莉（Maria Carey）的腿（保额 10 亿美元）。但这些都是例外情况，而不是一般通例。智能系统如何处理这类非标准化的保单，还有待进一步观察。[23]

提高客户留存率

提高客户留存率是保险零售业面临的一大问题，就像银行业的零售业务一样。进一步一说，更好地了解客户潜在行为已经变得越来越容易。这有助于保险公司通过预测客户想换投保公司的意图来制定提高客户忠诚度的措施，以便现有的保险公司及时提供更有吸引力的条件。

在某种程度上，预测性分析工具已经提供了这种功能，但保险公司的目标是利用更优的智能系统来改善信息传送路径和提高信息准确性。此外，其他的利基市场依然存在。例如，一家西班牙初创企业提出，可以使用人工智能为公共或私人娱乐活动的参与者提供一种一次性的协作保险。

保险公司可能会更多地应用聊天机器人来与客户直接接触。这种数字技术创造了新的入口，并能（在征得客户同意后）用于分析非结构化内容，例如在移动设备上进行沟通交谈等。未来情绪分析将有助于保险公司提供更多的个性化产品。

运营优化

保险业务中的许多后台功能已经提高了自动化程度。其中一个关键功能是防欺诈，它既可以用在索赔提起的时候，也可以用在保单生效或续期产生虚假描述时。虽然，按实值计算，单体欺诈案件的规模可能很小，但整个行业的合计成本却很高，据说可以占到所有索赔费用的10%。

以下调查结果来自欧洲保险行业的一份名为《保险欺诈的影响》（*The Impact of Insurance Fraud*）的报告。[24]

- 德国保险协会（German Insurance Association）的一项研究显示，在所有因智能手机和平板电脑的丢失或损坏而引起的索赔案件中，有超过一半实际上可以不发生，因此肯定存在欺诈。
- 行业组织金融芬兰（Finance Finland）2012 年对 1 000 个成年人进行的一项研究发现，27% 的人承认他们认识的人中有人欺骗了保险公司。
- 英国保险协会（Association of British Insurers）估计，欺诈行为平均每年给每位投保人的保险账单额外增加了 50 英镑（大约 58 欧元）。

虚假描述被定义为个人或企业错误描述自己的情况，保险公司根据这些描述来评估待付保费的准确金额。这些描述包括年龄、性别、职业、历史索赔情况、身体状况等。为了解决虚假描述类欺诈行为，似乎可以采取将投保人的社交媒体活动与其声明进行对照的方法，假设隐私问题可以解决的话（只要能将披露此类信息作为获取保险赔付的前提条件即可）。除了社交媒体活动，在某些保险类别中，保险公司还可以获取更多信息（例如，驾驶记录或生活方式等）以深入了解投保人的行为。但即便如此，除非明确给予信息访问权限，否则隐私问题仍然让保险公司感到头疼。

越来越多的保险公司在欺诈管理领域应用高级分析技术。一些保险公司已经表示，对于人工智能，它们势在必得，因为它的商业利益无比丰厚。

一个需要解决的问题是，在没有任何人为干预、基于系统自动收集整理事实的情况下，保险公司如何拒绝理赔主张（如果有的话）。至少在目前，大多数欺诈案件调查都是依靠人类分析和分析法分析的结合。在某种程度上，技术被认为是认知性的，它的作用是增加而不是取代人工决策。然而，欺诈调查的相关技术很可能会继续发展直至成熟。

设定保险准备金很可能会成为智能保险应用的一个潜在的重要方法。准备金是保险公司应对潜在负债的拨备金额，既有短期的（例如遇到重大天气事件），也有长期的（如人寿及退休金储备）。

准备金的算法很重要，因为这种算法有助于保险公司进行正确的利润预测，了解生意是否成功（或失败）。例如，在一个重大索赔引发短期负债的情况下，事件的处理在很大程度上依赖于专家在执行、认可或纠正初步评估方面的经验。这时，保险公司可以应用更复杂的人工智能方法，以提高评估的准确性。保险精算模型传统上用于长期负债计算，它也可以被纳入更复杂的损失评估系统。

目前，保险公司的风格越来越倾向于主动出击，而不是被动反应。这不仅关系到生活方式管理（或者至少是生活方式建议），而且也关系到重大风险管理。重大风险管理指的是诸如预测重大天气事件，以及可以采取哪些缓释措施以避免损害或减轻损害程度等行为。投保人有义务采取措施防止或减轻可能发生的损失或损害，保险单和保险合同法均对此进行了规定。如果投保人没有采取上述规定行为，其保险理赔的申请将被视为无效。

在合适的时候，系统不仅能够识别可能发生的特定事件（如暴风雪等），还会建议投保人个人采取相关行动。下一层级的智能系统还可以判断投保人是否已经采取了适当的应急措施。未来的智能系统将自动激活远程系统以减少或避免损害。

智能住宅的概念正日益受到青睐。创新程序开始嵌入新的工作流，比如当管线突然爆裂时，供水系统会自动关闭。

智能工厂可能会紧随其后。许多商业政策已经设定了所谓的"担保条款"，它要求企业客户采取某些措施，如将货物储存在地面以上一定高度，以避免水患。具有空间感知能力的远程设备可以很容易地检测出目标对象的位置，并且可以发送保单或索赔无效的警告，或自动告知存储设备。

既然我们能关心智能住宅和智能工厂，为什么不能关心一下智能员工呢？雇主责任和工人赔偿是主要的保险敞口，因此必须考虑雇主掌握员工工作情况以及明确指示员工行动的能力。更危险的工作可以由机器人来承担，比如无人机在危险环境中执行检查任务。

问题的关键在于实施。要广泛应用智能系统，保险公司必须激励客户，对不使用的行为加以处罚，或使用激励和惩罚相结合的方式。保险营销人员（或其系统）需要考虑用胡萝卜还是用大棒会产生最大的效果。

不难看出，90%的零售和人寿保险业务都具备了自动化的能力。这样一来，只剩下复杂的和非标准的决策需要一定程度的人为干预。是用机器来增强人类功能，还是实现全面自动化？关于这个问题，存在很大的争议，但它已经超出了保险业的范围。

主要的商业保险公司和专业保险公司在自动化方面可能会落后，主要原因在于其客户的性质，以及客户端本身实现自动化的速度。尽管如此，商业保险公司和专业保险公司仍会受到人工智能系统应用于监管环境的影响，例如，资本要求或承保决策必须与保险公司的风险偏好保持一致。

保险风险可能会出现新类别或新级别。目前，网络安全是重点风险领域，特别是关于数据丢失及其后果的网络安全风险。随着各个行业日益跨入数据驱动的新时代，新的风险将层出不穷：不仅会出现运营风险，还会带来重大的长期声誉风险。

保险公司特别需要考虑与人工智能环境中的自动决策相关的风险。例如，自动驾驶汽车应该配套什么样的保险，如果发生事故，责任如何认定？虽然设想了这些新型保险，但是如果需要创新的话，还是少不了人类的干预，而我们在多大程度上可以依靠机器的帮助呢？自动化系统能够准确地评估另一个自动化系统的故障风险吗？如果这种评估是可行的，那么一个系统能不能以某种方式与另一个系统实现交互来降低故障风险呢？

人工智能有潜力改变一个拥有 300 年历史的行业，尤其在发展中国家（如亚太和拉美地区）。那里的保险业渗透率比欧洲和北美等成熟市场低，而且还可能面临人才短缺问题。

对于保险公司来说，人工智能一定可以打开新的市场，而且市场增长潜力很大。人工智能的成本将低于传统方式，数字分销将产生更高的效率。尽管不确定性可能会增加，但对于保险业来说，人工智能毫无疑问会未来带来一线希望。

汽车行业

1964 年，美国科幻小说家、波士顿大学（Boston University）生物化学教授艾萨克·阿西莫夫（Isaac Asimov，1920—1992）做了一个预测："要设计具有'机器人大脑'的交通工具需要投入很多精力，它们可以设置特定的目的地并向前行驶，不受人类驾驶员反应迟钝的干扰。"[25]

汽车制造商及其主要技术合作商的持续投资，极有可能使认知分析和人工智能在移动车辆领域获得应用。在这方面构成障碍的主要是法律、文化、信心和保险，而技术则越来越不可能构成一种障碍。

人工智能实施时间轴

总部位于英国的萨彻姆研究中心（Thatcham Research Centre）是一家汽车研究机构，它描述了汽车人工智能的五个阶段（见表3-2）。

表 3-2　汽车人工智能的五个阶段

第一阶段	第二阶段	第三阶段	第四阶段	第五阶段
驾驶员控制	辅助驾驶	部分自主	高度自主	完全自主
司机完全控制但具备自动化系统	自动转向、制动和加速，但司机可以控制	自动转向和制动，司机有限干预	车辆可以完成部分行程，但司机能够控制	车辆在不受人为干预的情况下完成行程
恒速操控	自动制动	保持全速行驶	路径跟踪	确立技术和公众信心
自动制动	自适应巡航	交通拥堵援助	岔路决策	
电子稳定控制	停车及行车辅助		危险探测和规避决策	
			伦理决策	
			车辆交互	

资料来源：Andrew Miller，The road to autonomy：driverless cars and the implications for insurance. *Thinkpiece* 118（July 2015）. Chartered Insurance Institute. http：//www.cii.co.uk/media-/6321203/tp118_miller_thatcham_driverless_cars_vf_july2015.pdf.

专家称，汽车人工智能目前处于第二阶段（自动转向、制动和加速，但司机可以控制）和第三阶段（自动转向和制动，司机有限干预）的交叉点上。

然而，据称第三阶段和第四阶段之间的步骤（车辆可以完成部分行程，但司机能够控制）代表了人和汽车的关系发生了一个质的飞跃。

人们预测到 2020 年左右，汽车人工智能将达到第四阶段，2040 年将达到第五阶段（车辆在不受人为干预的情况下完成行程）。

这些预测的时间轴不仅适用于私家车，也适用于卡车等商业运输车辆。2015 年，德国汽车制造商戴姆勒公司（Daimler）发布了名为灵感（Inspiration）的自动驾驶卡车。里约热内卢矿业集团已经运营了 50 辆自动驾驶卡车；在西澳大利亚的私人采矿业中，每辆自动驾驶卡车可运载 500 吨铁矿石。[26]

汽车制造商越来越相信，司机们渴望汽车和移动设备实现互联。开放汽车联盟（Open Automobile Alliance）成立于 2014 年，由汽车制造商和科技公司组成，其成立目的是在汽车上使用安卓系统（安卓系统是谷歌公司开发的一种移动操作系统，通常用于智能手机和平板电脑。大多数人认为，它是苹果公司的竞争对手）。大多数大型汽车制造商都是该联盟的会员。汽车行业的商业模式似乎效仿了开放手机联盟（Open Handset Alliance）的做法，该联盟是由硬件公司、软件公司和电信公司组成的联合体。

汽车自发明以来，已经取得了长足的进步。1886 年，卡尔·本茨（Karl Benz）发明了现代汽车。后来，卡尔·本茨还研究了奔驰专利汽车（Benz Patent-Motorwagen）。20 世纪，汽车成了大众交通工具。过去 50 年汽车发展的历史都反映在重要技术诞生的时刻。在许多情况下，这样的时间是有争议的，因为同样的功能可以用不同的名称来表示，而且还常常会出现多人主张所有权和开发权的现象，但以下时间大致上反映了汽车发展的历程——电子燃油喷射（1958 年）、安全气囊（1953 年）、防抱死制动系统（1969 年）、导航（1981 年）、电子稳定程序（1995 年）、制动援助（1996 年）、被动夜视辅助装置（2002 年）。

汽车现在变成了一个移动电脑。专家估计，现代汽车的代码数量超过了 1 亿行。相比之下，2013 年的 Microsoft Office（微软办公软件）只有 4 400 万行代码。[27] 高德纳公司曾在 2009 年预测，到 2018 年汽车成本中电子元件的占比将达到 30%。高级分析软件包斯蒂斯塔（Statista）的创造者预测，2020 年这个成本占比将提高到 35%，2030 年将提高到 50%。[28]

关键性进展

高德纳公司发布的 2015 年汽车电子趋势报告，描述了汽车行业的关键性进展。（高德纳用炒作周期来代替趋势，这个炒作周期用一系列趋势图来表示现代技术的成熟、接受和应用的状况。尽管它提供了一个有用的指南，但一些批评人士认为，图中的内容不成体系，因为它不是技术变革的自然流动，而只是一种观点。即便如此，炒作周期概念还是受到了青睐，它能告诉人们如今什么最热门，什么已经风光不再了。）[29]

表 3–3 摘自 2015 高德纳的《车用电子设备炒作周期报告》（*Hype Cycle for Automotive Electronics*），其关注重点是具有认知或人工智能元素的车用电子组件，而不是动力系统和电池等。

互联互通性将成为未来汽车发展的基石。这不仅涉及卫星导航和智能手机的移动应用，还包括车辆、驾驶员、其他驾驶员和道路基础设施之间的关系。更好的联通不仅有助于改善交通拥堵，也将优化道路安全驾驶环境。

表 3-3　高德纳《车用电子设备炒作周期报告》关于人工智能的摘录

炒作周期	说　明	解　释
提速	驾驶状态监测系统	通过观察眼球运动来测量驾驶员的注意力
	神经形态硬件	深度学习能力，将分析功能嵌入硬件中
	802.11p（对车辆通信系统相关标准的修订）	信息将通过路边传感器与其他车辆进行无线通信
	ISO26262《道路车辆功能安全》国际标准	汽车设备和系统功能安全的工作守则
	自主汽车	—
	物联网	—
	嵌入式虚拟机监控程序	所谓的虚拟机管理器，确保每个操作系统间不会发生冲突
	注视控制	汽车识别人的目光以便选择一种特定动作
	生物识别驾驶员	基于生理特性自动识别驾驶员
	车道保持系统	车辆使用摄像头确定汽车是否在漂移
上坡	Genivi 联盟	专注于车内娱乐技术平台的联盟
	近场通信（NFC）	改善手机和汽车之间的通信
	电动汽车	—
	挥手感控	手势激活控制
	汽车触觉技术	触摸屏
	夜视增强系统	黑暗、恶劣天气中增加司机可视距离

资料来源：James F. Hines，Hype cycle for automotive electronics. Gartner report ID G00277793（29 July 2015）. https://www.gartner.com/doc/3102919/hype-cycle-automotive-electronics。

交通拥堵仍然是一个愈加严重的大难题，而真正的挑战在于优化整个交通过程。人们真的需要坐车去上班吗？在家办公难道不是一个更好的选择吗？

人们还要继续乘坐汽车，而交通堵塞问题一定会继续存在。虽然在家工作可以提高工作效率、改善工作与生活的平衡，但它的好处会被感觉上的遥远、孤独或沮丧等心理问题抵消。一些雇主也已经叫停在家办公，更加支持在单位办公。拥有私家车将依然是一种社会特色，但或许更多是作为一种地位象征，而不是为了追求实用性。2011 年 Progenium（位于慕尼黑的一家企业咨询公司）的一项调查对各种车辆及电器进行了排序。不出所料，它明确肯定了高档车比普通车地位更高。在这个排序中，1 分表示高级别，4 分表示很低级别，保时捷（Porsche）和奔驰（Mercedes）的得分分别为 1.8 分和 2.0 分，而欧宝（Opel）的得分则低至 3.5 分，比洗衣机得分还要略低一些。

这项调查还进一步指出了影响车辆地位象征的几个因素：制造商品牌、性能、设计、制造商财务状况、个性表现。[30]

不同年龄群体的步调并不一致。例如，中国就有世界上最年轻的高档汽车购买者。他们对联网汽车的高端技术需求使车载系统的使用量快速增长，而且已经超过了西欧和美国。研究表明，高达 60% 的中国司机（相比只有 20% 的德国司机）仅仅为了升级车载数据及应用程序而更换汽车品牌。[31]

向零创新

萨旺特·辛格在他的《新大趋势：对人类未来生活的影响》[32]（本章简介中已提及）一书中，列出了一系列大趋势，其中一个被他描述为"向零创新"。作为这个广义概念的一部分，他提出了一种"零"思维，这种思维最终将导致下列现象：

- 零时合同，雇主方面不对雇员承诺最低工作小时数。

- 零浪费，或在一个绿色环境中进行文明操作，适用于碳平衡城市。

- 现有流程零摩擦，这意味着将不增加价值的功能（也许包括人）从系统中剔除。

- 零事故，特别是在工作场所。

向零创新的概念在汽车行业中推广并不是什么难事。托马斯·科勒（Thomas Koehler）和迪克·沃勒施莱格（Dirk Wollschlaeger）在他们的著作《汽车的数字化改造》（*The Digital Transformation of the Automobile*）中也提出了类似的观点。在他们的设想中，到 2025 年，人类将实现零交通事故、零拥堵、零失败（零故障）。[33]

随着认知分析和人工智能概念在汽车行业的渗透，这些问题可能需要更详细地加以考虑。

零交通事故

根据世界卫生组织的数据，全球每年有 127 万人死于交通事故。其中将近一半的受害者是行人、骑自行车者和摩托车驾驶员。[34] 到 2020 年，道路交通伤害预计将成为继疾病和伤残之后的第三大元凶。[35] 零事故环境除了能给人类带来显著影响之外，也将对医疗和保险业产生重大影响。

降低交通事故率不仅在于智能车辆的开发，还必须综合运用一系列手段，如安全规划和道路设计、制定道路安全规则、更大的合规性保障、优化交通政策等。

零拥堵

在合伙用车、交通规划和优化旅行多管齐下的同时，经济学家们认为，交通拥堵是由于多重经济因素引起的。

- 开车成本降低，就算考虑到通胀因素，按实值计算的汽车和燃油成本也不高。

- 很多人认为公共交通是一种低效的出行方式，故不愿意乘坐公共交通。

- 道路使用限制较少，通行费威慑作用不大。

- 驾车成本固定，鼓励司机尽可能多开车。

- 司机在孤立状态下驾车，无法真正了解其个人行为对外界造成的影响。[36]

人工智能本身不太可能成为缓解拥堵的灵丹妙药，但它可能会有所帮助。未来，我们必须考虑减少对驾车出行依赖程度，改变工作模式，优化协作流程，并对汽车的作用进行重新定位。

零故障

人们发现，汽车厂是一个自动化的避风港，那里人为干预的程度被降到了最低。汽车行业里的制造领域难道不应该成为展示自动化好处的窗口吗？但即使自动化及所谓的智能应用程度提高了，汽车仍然不是绝对安全的，有些车甚至更糟。为什么会这样呢？由于电脑控制取代了手动控制，汽车正变得越来越复杂。而导致不安全的因素不止一个，设计缺陷、材料质量、流程及工程故障等，都会导致汽车的不稳定性。

也许在我们的控制范围内，零故障的概念可以通过人工智能环境加以改进。下面我们将更具体地讨论人工智能与汽车制造的关系。

人工智能及汽车制造

专家指出，汽车制造以及整个汽车生态系统，未来将会被人工智能改造。这些改造通常体现在制造过程和维修过程中。

制造过程

汽车制造过程将越来越自动化，并采用更多新的技术和商业模式。应用高技术含量的方法，比如使用视觉引导工具（VGVs），将对工作流产生更大的影响。这些视觉引导工具（实际上是移动传感器）将测量所有的关键数据点，不仅包括实际性能，而且还涉及预期的车辆故障。汽车零部件将通过智能供应链被持续跟踪。[37]

2016 年，毕马威（KPMG）对 800 名汽车高管[38] 进行了调查，结果显示，其中 80% 的人相信到 2020 年年底，这种数字化趋势将严重影响他们所在的行业。尤其有趣的是，这个调查结果反映了快速发展的汽车行业逐年的变化趋势。毕马威表示，互联和数字化终于超过了"新兴市场的增长"和"替代性动力传动技术"，并将于 2025 年成为主导高管战略议程的关键性因素。

毕马威的调查还显示，汽车制造商对自身产品在消费市场的历史支配地位存在担忧，认为 ICT（信息和通信技术公司）很可能会让它们的市场地位岌岌可危。五分之一的受访者担心，汽车制造商可能会变成科技公司的外部供应商。

到 2030 年，汽车电子元件的成本将极有可能达到总成本的 50%。实际上，这意味着一种重新定位，即从车辆具有高科技功能转变为计算机拥有乘客及货物的运载功能。如果是这样，那么消费者应该期待的是一个更加以技术为主导的汽车市场（目前，该市场每年的市值为 8 亿美元）。

《麻省理工科技评论》（*MIT Technology Review*）2015 年的一篇文章《苹果如何制造汽车？》（*How Might Apple Manufacture a Car？*），也指出了苹果等公司具有复制汽车制造领域现有商业模式的能力。这篇文章的作者建议，汽车制造业务可以外包给第三方公司来完成，苹果公司则可以将重点放在软件上。[39]《华尔街日报》(*The Wall Street Journal*)也发表了一篇文章,指出苹果汽车很可能会在 4 年之内上市。[40] 老牌汽车制造商靠吃老本已经难以为继了,这实在不足为奇。

埃森哲公司也持类似观点。在一份调查报告中,该公司指出了它认为汽车制造商应该拥抱的六大趋势。

- 更加自动化,特别是在延长资产寿命方面。
- 更加灵活,不仅在商业模式方面,而且在不同位置之间的工作移动方面。
- 卓越的运营,包括提高生产力和减少停机时间。
- 可见性,38% 的受访者承认绩效管理是一种"领先主动"。
- 合同制造,在不增加资本成本的情况下,增加生产能力和灵活性。
- 技能管理,包括使用预测模型、六西格玛(Six Sigma)模型和人才分析模型。[41]

从字里行间,我们能感受到什么?

- 增加生产分析。许多汽车制造商仍处在生产分析的第一和第二层次(我们分别称它们为描述性分析和预测性分析),尽管这些功能已经延伸到了资产管理和人才管理方面。
- 外包而不是资本投资。汽车行业可能不会造成工作岗位的消失,但必定会造成工作的转移。剩下的那部分劳动力需要更高程度的适应性。
- 供应链实体的重要性增强。随着合同工作和外包工作变得更为重要,供应商管理将在价值链中扮演越来越重要的角色。供应商还需要提高分析能力，因此毫无疑问的是，更多的"超级供应商"将会出现。

汽车工业朝着自动驾驶和更大程度的自动化方向发展，但它在生产过程中对分析法的应用仍然处于较低水平。如果这个行业仍然专注于工作流程中的绩效管理这种相对初级的分析法，那么要过多久才能在运营决策中应用到更高级的分析法（如人工智能）呢?

至少，自动化系统应该通过将自动化的六西格玛思维应用于工作流和组件供应中，以改变汽车行业的供应链管理方式。

工业 4.0 表示的是一种极度精益的生产环境。精益制造并不是一个新概念，它诞生于汽车工业，其前身为丰田生产系统（Toyota Production System）。概括起来，精益制造包括五个关键要素或原则。

- 价值——对客户需求有清晰的理解。
- 价值流——管理从原材料获取到最终完成的整个流程系统。
- 流动性——如果缺乏流动性，就会产生浪费。
- 延迟——在客户需要之前，不制造任何东西。
- 完善——从生产过程中系统地消除质量低劣的因素。

六西格玛是一套用于过程改进的工具。它来自统计学中的过程控制，旨在创建生产过程。它的目标是在既定的规格标准中，获得高比例的产出，例如每百万个产品中有 3.4 个残次品。

精益六西格玛（Lean Six Sigma）是一种结合了精益生产和六西格玛以减少浪费的系统方法，主要用于管理以下几个方面：生产过剩、等待时间、运输传送、不当处理、过量库存、非必要动作、瑕疵缺陷。

精益六西格玛在很大程度上依赖于数据驱动的分析方法，并且倾向于扩大自动化的应用。一些公司已经将精益六西格玛纳入了日常业务流程，并提出独立的精益六西格玛程序已经不再是可有可无的了。[42]

不同于原始电子表格记录方式，现在的软件工具有助于六西格玛的实施，其中代表性的工具有以下几种：

- 测试和测量实施过程的工具。
- 质量控制监控包。
- DMAIC（设计、测量、分析、改进、控制）六西格玛过程优化工具。
- 模拟流程的产品管理工具。
- 项目优化和仿真工具。

这些工具大多得到了高级分析的支持，而且应用更高水平的人工智能和先进的自动化也是可行的。鉴于人工智能将被用来模仿人类的思维过程，建模和优化复杂过程的可能性很大。

六西格玛应用者已经意识到了人工智能的潜力。《六西格玛手册》（*The Six Sigma Handbook*）的作者托马斯·匹兹德克（Thomas Pyzdek）认为，人工智能是六西格玛专家可以使用的工具之一，尽管到目前为止人们还是觉得它又贵又复杂，并且存在其他工具可供选择。[43] 随着人工智能成本的下降和云解决方案的升级，人工智能驱动的精益六西格玛融入生产过程只是一个时间问题。

维修过程

维修过程也应该转型，能维修更精密车辆的修理厂越来越少。维修过程是否转型将影响到制造商的分销渠道，毕竟它们只能在有足够支持设施的地方进行销售。现在，机动车故障已经可以通过连接带有诊断功能的笔记本电脑来进行诊断了（"是你的自动变速箱出现问题了吗？你可能需要下载最新的软件。"）。

这种情况无疑将对汽车保险行业产生重要的影响。保险公司不仅需要重新考虑保险种类，还要认识到事故可能会减少，尽管每起事故的成本可能会更高。

这种趋势将对保险需求以及保险索赔过程产生什么样的影响？保险需求减少可能导致保费收入降低，造成保险业进一步产能过剩。另外，汽车行业的自动化程度提高将对汽车保险市场的就业状况产生怎样的影响？简而言之，汽车设计方面的升级会不会最终摧毁汽车保险业？

汽车保险行业中必然会出现一种新的职业，即汽车保险估价师，他们一定会掌握移动电脑维修工的技能，甚至能远程完成保险估价。在过去，汽车车身的损坏是很容易看出来的，而现在撞击或事故造成的最大损害将隐藏在电线、小配件和系统之中。汽车损失评估这个职业的前途难以预料或将进一步发展，或将彻底消失。

综上所述，所有专家都认为汽车制造行业必定会经历持续的变化，而且在许多方面，它已经向全自动化迈出了实质性的步伐。很难弄清楚，到现在为止有多少汽车行业的传统生产岗位已经被自动化取代，也很难确定还有多少工作岗位会消失。这个行业受到的经济影响在新车销售领域尤为明显。

然而，我们不可能忽视加大技术应用对消费者购买力的影响，以及在该领域连带引发的失业问题。据说，美国有 10% 的劳动力直接或间地受雇于汽车行业。[44]

尽管目前自动化程度很高，尽管多年来工人们的技术和能力已经发生了变化，但是汽车工业仍然是一个以人工为主的行业。汽车行业的岗位变动在本质上是一个很好的指示器，标志着劳动者具有自我转型的能力，可以胜任技术主导型岗位。

例如，在一项对 11 家美国汽车制造商从 2016 年 1 月到 2017 年 1 月发布的 10 万份（非重复的）工作描述的调查中，近 10% 的数据涉及 3 个职位：设计工程师、软件工程师和系统工程师。[45] 排名前 10 的职位依次为：设计工程师、软件工程师、系统工程师、质量工程师、项目经理、研究专员、经营分析师、调度工程师、程序工程师、销售经理。

这项调查所称的硬技能（相对于技术而言）仍然为行业所需，但即便如此，这些技能也发生了变化。汽车制造商宣传的硬技能岗位主要集中在动力传动系（发动机和传动元件），其次是设计故障分析，然后才是工程——在 3D（计算机辅助三维交互式应用程序）设计和制造业之后，冲压或传统金属加工才出现在列表中。

在同一项调查中，研究人员确定了 13.45 万员工的工作可以归属为这 6 项硬技能中的一种。然而，这些工人不仅可以在汽车制造商中找到，而且还存在于其他制造业中［比如波音（Boeing）、康明斯（Cummins）和其他数千家公司］。这些非汽车公司中的大多数都使用了与汽车制造商相同的岗位名称，显示了一定程度的职业流动性。

就像古代的石匠穿越欧洲去建造教堂一样，在这个人才短缺的新技术环境中，流动性人才将成为关键需求。而如果真是这样的话，那么拥有先进 IT（信息技术）技能的技术人员，或者掌握了传统的硬技能的工人岂不是也将实现行业流动？

媒体、娱乐和电信行业

第三个被称为前沿行业的是高新技术和电信行业。该行业中发生的变化可以在媒体和娱乐行业中找到端倪。

我们越来越多地生活在一个媒体随选的环境中。传统广播公司在提供订阅服务方面的压力日益增大，为了保证更好的节目，它们必须投入更大的预算并配以更有效的营销方案。与其他行业一样，传媒业正日益被划分为富人和穷人两个阶层。富人能够负担得起更高品质的收视，包括最好的体育直播节目，而穷人则不得不滞后追看已经出现的结果。

媒体意味着什么？当思考媒体的意义时，我们想到的要么是传播渠道，要么是传统的纸质形态，要么是电子形式。大众传媒是指把资讯传达给大众的传播方式，现在它已经形成了一对多的模式。

大众传媒与人际传播的区别在于以下方面：

- 全方向，从信息生产者到信息消费者，通常需要跨越空间距离。
- 以技术为基础，信息的传递和接受都需要某种形式的设备。
- 涉及规模。
- 准商品，人们需要为此付费。[46]

我们现在日益生活在一个多对多的环境中，信息通过社交媒体进行流通，信息生产者和消费者之间的区别变得越来越小。数字救助（Digital Deliverance）的总经理文·克罗斯比（Vin Crosby）把这个环境描述为：个性化，虽然消息被传递给了大量的人；共同控制，每个消费者都有机会对信息进行重塑。[47]

如今，在线新闻用户大多认为这是理所当然的——他们会收到头条标题，从中选择那些最令他们感兴趣的话题。内容供应商也会向读者推送他们可能感兴趣的新闻栏目。这与我们选择阅读材料、音乐和消费品的模式相似。系统给了我们选择，来帮助或强化我们的决策。

媒体、营销和广告之间有着千丝万缕的联系。广告不仅帮助消费者更好地理解产品，更重要的是能将产品置于场景之中。在商界，这被称为情感调节作用。情感调节通过把产品和消费者喜欢的东西放在一起，以提高产品的受欢迎度。与此相似，那些销售价格远远高于生产成本的名牌产品总是想方设法地提升用户体验，它们会利用技术来达到以下目的：

- 制造对时尚的狂热追求，什么时髦穿什么。
- 创造光环效应，让消费者趋之若鹜。
- 价值增值，提供某种了解内幕的能力。
- 增强可视化，刺激大脑边缘系统的情绪，吸引合理化购买决策战胜纯粹的情感驱动的人。[48]

这种将上述概念与娱乐媒体联系起来的技法早就有了。在 1962 年的电影《诺博士》（*Dr. No*）中，詹姆斯·邦德（James Bond）有一次外出度假。观众记得的是厄休拉·安德丝（Ursula Andress）出现在加勒比海的蓝色海域，而腕表专家却认出了演员肖恩·康纳利（Sean Connery）戴着的劳力士潜航者型腕表（Rolex Submariner）。康纳利在 7 次邦德银幕形象中都戴着这块表，其他的邦德造型也是如此，一直到 1989 年。这就不能说是巧合了。

作家伊恩·弗莱明（Ian Fleming）在 1953 年出版的《皇家赌场》（*Casino Royale*）一书中提到了詹姆斯·邦德："他可不是戴一只手表那么简单。那只手表必须是劳力士的。"[49] 但在 1995 年，欧米茄（Omega）赢得了广告竞标从而成为邦德的新手表，让 007 银幕形象焕然一新。

人工智能的应用将在广告和媒体行业获得长足的进步。在这些行业中，主导型的商业模式是 B2C（企业对消费者）。与其他行业相比，广告和媒体行业的市场潜力非常可观。人工智能的应用可能在两个特定领域产生最大的影响：应用程序和广告。未来，越来越个性化的广告将会出现。

此外，人工智能或许会对互动游戏产生深度的影响，但这将特别具有挑战性。游戏是能最先测试智能系统如何满足人类娱乐需求的领域之一。游戏开发涉及以下关键内容：

- 具备创建可信的对手和伙伴的能力。
- 互动故事讲述，这种讲述方式没有预先设定的故事情节。
- 过程内容生成。
- 玩家建模。
- 路径规划。
- 开发工具和表述模型，帮助设计师实现构想。[50]

媒体和广告的有效性最终将严重依赖于通信的有效性。电信产业从一开始就依赖自动化。美国发明家阿尔蒙·史端乔（Almon Strowger）发明了史端乔开关，这是一种自动的电话开关装置，可以防止接线员错误调度来电。这只是一个自动化早期应用的例子，而需求的增长导致了电信产业自动化程度越来越高，并将成为人工智能驱动环境下的受益者。

自动化可以增加可靠性，提供更大的安全性，也显示出了大规模应用的能力。在后台，自动系统连接电话，计算成本，发送发票，对人类工作进行简单模仿和复制。随着行业的发展，大规模拓展并应用这些技术也将面临更多的问题。

电信行业发展迅速，对自动化系统的需求也在不断增加。下一代移动网络已经在计划使用人工智能技术，以确保为消费者持续提供可靠的服务。一个被称为自我组织（或自我优化）的网络，需要更高程度的自动化以保证对移动网络进行更加简单快捷的规划、配置、管理、优化和自我修复。这些网络的性能参数由用户设计，系统则用来自动构造网络本身以满足设计要求。

专家指出，随着物联网的出现，网络需求将会扩大 10 000 倍或更多，达到人类管理无能为力的程度。[51]

考虑到客户满意度对提高客户留存率十分关键，人工智能直接与客户打交道，以满足客户需求并应对客户投诉的能力变得至关重要。电信行业的目标是利用人工智能创建一个动态的移动网络，为数据和信息提供一个有效的通道，同时与客户需求和服务要求保持一致。

这是一项艰巨的任务，但可能是最关键的任务之一。如果缺乏有效的网络，那么由物联网、自动化和人工智能等构成的整个概念体系将会土崩瓦解。在总的发展背景下，有效的网络是一个关键的成功因素。

零售业

虽然本书第五章将会讨论零售业的话题，但在考虑分析型先行者（analytical first-movers）的时候，不能忽视零售业。

零售业是一个复杂的、层次繁多的行业，它与销售、营销、生产、供应链管理、资产管理等其他行业或职业有着千丝万缕的联系，同时还对金融服务等其他行业有着显著的依赖性。

说起零售业，一定离不开消费或消费者的话题。就本义而言，消费是一件坏事，其最初的意思是挥霍或毁坏。它曾经被用来描述一种呼吸系统疾病（肺结核病）。最近，这个词被重新定义为使用由人类劳动生产的物品，尽管现在越来越多的产品是自动化的产物。

在亚当·斯密、卡尔·马克思等人的诸多政治读本和经济论述中，消费话题被赋予了很高的权重，它激发了关于消费比生产更重要还是生产比消费更重要的辩论。在《国富论》中，亚当·斯密认为，生产的繁荣促进了经济的发展，并导致了消费的扩大，正因为如此，国家有理由投资基础设施建设。

然而，消费仍然是一个富有争议的话题。当人们提及消费社会和消费主义兴起的时候，它们多被定义为坏事。甚至人们在麦当劳等连锁店吃东西，这种最低限度的生存行为似乎也要被归结为消费者行为。正如托马斯·海恩（Thomas Hine）所说，"现在人人都是购物者"，人类作为一个物种可以被定义为"购物的物种"。[52]

在思考零售业时，更好地了解一下消费者是很有用的。马尔科姆·格拉德威尔（Malcolm Gladwell）在 1997 年为《纽约客》（*New Yorker*）杂志[53]撰写的文章中，试图定义我们所说的"酷"是什么，以及零售业将如何适应新兴趋势。他说，"酷"有三大法则：

- 酷是无法定义的，只能被感知。
- 酷只能被那些自认为酷的人观察到。
- 酷是无法被制造出来的。

马尔科姆指出，那些酷酷的消费者该穿什么不是广告商能左右的，他们自己会引领潮流。因此，"很酷的营销人员"到访"正确的场所"，去了解现在的潮流风向标，是很有必要的。营销人员的话语体系是传统的创新扩散（DoI）模型，也就是说，营销人员要明白一个想法是如何流行起来并扩散到全社会的，以及市场要如何关注先行者和后来者。

除了关注"酷"之外，零售业还应重视人对事物的占有欲。由于在一定程度上受到市场营销的影响，人们不断受到诱惑并通过占有物品来改变自己的生活。这种占有行为让人们误以为自己获得了新的或更优的社会地位、职业和个人特征。我们的这种心理反应是如何实现的呢？赋予物品超过其实际用途或价格的价值。换句话说，就是创造某种形式的感知价值，帮助自己达到马斯洛需求结构中的自我实现层级。

然而，正如我们在前文中讨论过的那样，如果马斯洛具有历史意义的需求层次对于社群中较年轻和较年长的成员来说已经不那么重要了，那么是否也会影响他们对物品的占有欲？促销信息是不是一定要进行差异化，如果是这样，那又该如何做呢？

除了这种复杂性之外，移动技术和云技术等也会给零售业带来影响，而我们在前文讨论过的城市化、地理社会化等新的大趋势也发挥着越来越大的影响力。

我们还需要在更广阔的视野下考虑消费的地理和季节性特征。公共空间（如街道和购物中心等）仍然在传统市场模式的基础上，为消费者提供自然的场景。事实上，在很多情况下，购物中心都在试图复制这一传统市场模式，并提供其他基于位置的属性（如餐饮和聚会地点，以增加价值并优化购物体验）。未来，购物中心将更多地以体验为导向。在增加商品和产品的季节性特征等外部属性之外，还要考虑圣诞节等消费事件的节庆需求，这是一个"业绩为王"的极其复杂的行业。

这种多变量因素的管理难度很大。如果处理恰当，它就适用于自动化和智能方法。在合适的时间，对于合适的购买者来说，什么产品是适合的？最好的销售地点在哪里？什么价格合理？这些都是新时代里的旧思维。

在数字消费出现后，人们通过建立可以收集信息的数据点，促进了零售业人工智能的进程。在线购物的发展将有助于零售商和中介机构追踪消费行为——什么人在什么地方在什么时候做了什么。反过来，这种购物方式也通过"成本/价格"指标来反映价格弹性等因素，提供了对供应链和物流需求（例如，在真实或虚拟的货架上放置什么）的更深入的洞见。

从根本上说，对数据和分析的有效使用不仅有助于零售商了解成本和服务问题，也将有助于优化对消费者的产品供给。最优化本身就是一个有趣的话题，它因观察视角的不同而不同。考虑到其他一切因素，最优化并不一定意味着某个产品以最低的价格提供给消费者，而是以客户愿意支付的最高成本提供的。

提高供应商的赢利能力和把消费成本降到最低并不是相互排斥的。如果管理得当，两者完全可以避免冲突。二级供应链管理也是如此，供应商以及供应商的供应商都会成为影响因素，整个供应链可以更多地了解市场需求并做好相应准备。

但这其中存在一种风险，那就是成本削减或价格优化沿着食物链转嫁到最底层，而最底层又会通过牺牲质量来获取利润。到头来，我们买的东西还能物有所值吗？许多购买者都是在参考了社交媒体上的客户评价之后，才最后决定是否购买。

可以看到，监督采购过程的供应链和商品经理人（通常被视为购买过程中的霸主）通常会发挥关键作用。我们没有在第五章详细讨论零售业中的采购过程，但其中的相互依存关系不能也不应该被忽视。在高级分析和智能系统应用环境下，这种关系会如何展现目前尚不明朗，但采购者不仅需要理解智能系统，而且要熟练操作这种系统，这是至关重要的。

展望一下未来，也许我们所理解的采购角色可能会消失——作为供应链的一部分，商品买卖可能逐渐被准拍卖程序取代。

在新的供应链模型中，高度自动化的生产过程可能会更充分地与预期中的终端消费者行为接轨，从而确保供需失衡的状况一去不复返。怀疑论者可能会提出另一种看法，即维持或增加商品成本可能会导致生产受到人为限制（这种可能性很大）。这种情况会使我们会陷入伦理性问题，只能寄望于监管层能为这类问题提供某种解决方案。

需要考虑的问题还有很多。高级分析、智能系统和人工智能将会对人们的购物体验产生越来越大的影响。

系统是否会更加了解我们与商店的距离，并通过吸引眼球的手法向我们推送产品信息，或者做得比这还要复杂？在某种程度上，信息推送服务已经出现了。为了获得优惠卡或者其他形式的奖励，人们愿意分享个人及位置信息，来接受这种推送服务。各年龄群体对于信息共享抱有不同的态度，但总体趋势是只要通过信息共享能得到一些有价值的东西，比如实实在在的折扣等，人们越来越愿意分享个人及位置数据。

另外，我们不仅需要考虑人工智能对购物体验本身的影响，还需要考虑人工智能对购买者可支配收入的影响，因为他们可能面临失业问题，或者工作环境发生了变化。我们在前文中也曾提道，传统的日常工作将会因为机器人的介入而消失，但这些工作可能会被新的与休闲相关的职位所取代。零售业会不会成为一种休闲产业，从而获得更大的主导地位呢？如果是这样，那么这些新的岗位会是什么样的呢？

有人可能会说，购物已经是一种休闲方式。在各大购物中心，各类时尚及高端店铺鳞次栉比，但它们不过是陈列室而已——消费者在这里浏览商品，然后到网上去购买。这种趋势会持续下去吗？

人工智能在零售业的实施进度将会是一个问题。2011 年，高德纳公司预测："到 2020 年客户将管理自身与企业之间 85% 的关系，不需要与人类进行互动。"[54] 几年过去了，这种预测似乎仍然没有成为现实（虽然对预测嗤之以鼻是很容易的）。毕竟，我们与企业之间的关系到底意味着什么？

这种关系可能不过是一种在线对话或反馈的形式。在这种模式下，零售商不再以创造双向对话的方式来进行被动响应，就变得越来越重要。比如，许多旅馆特别善于回应客户评论。

通过发布在线评论或所谓的"消费者生成内容"进行互动的购物者，选择这个零售商的可能性比不通过上述方式进行互动的购物者高97%。[55]

除此之外，一项调查揭示了美国消费者具有以下消费行为：

- 先浏览在线评论再进行电子商务消费的人数占比为 54%。
- 先浏览在线评论，再到实体店购买的消费者占比为 39%。
- 在实体店内浏览在线评论，并立即进行购买的消费者占比为82%。
- 浏览量最大的评论为电子商品评论。58% 的消费者会在店内购买这类产品之前查看相关评论。[56]

零售业显然是了解消费者的前沿阵地，而且越来越多地利用消费者日益增长的数字行为。但这很难让人马上接受这是人工智能最纯粹的形式，而不是预测性分析或高级分析。即便如此，零售业的知识水平和发展程度也足以让其他行业羡慕不已，并吸引其他行业寻找零售人才加入其队伍。毕竟，行业可能有所不同，但消费者的个人行为却具有一致性。

在零售业，人工智能的应用机会远远不只是智慧销售。如果加以完全利用，它可能扩展到整个供应链及分销领域。在 2016 年的一项调查中，47% 的供应链经理人认为，人工智能具有颠覆现有供应链商业模式的潜力。[57] 通过有效使用分析和智能技术的标记系统，可以改善库存控制，减少存货冗余并且提高效率。

北欧的网络忠诚公司 Webloyalty 的总经理盖伊·奇西克（Guy Chiswick）说："人工智能的各种应用实践表明，零售商正在努力改变客户发展路径。它们跳出固有的思维模式，创造性地满足客户对便利性和即时性的需求，并寻求解决方案以改善供应链的每一个步骤。"[58]

零售业不仅对商贸活动很重要，而且对提高人们的生活水平及认知水平也很重要。很显然，这种影响一定会长盛不衰。

结 论

本章关注的是专注于高级分析并积极应用人工智能的前沿产业。如何规范地识别这些行业是一个艰巨的任务，有些人可能会通过行业对比发表不同的观点。例如，与教育行为相比，预测性分析在警务工作中的应用更加先进吗？

实际上，这些行业之间不存在直接的竞争，也无法区分谁是分析法或人工智能的应用之王。然而，交叉区域和连锁效应是存在的。比如，消费者在购买金融服务时的行为不太可能与他在购买实物时的消费行为存在实质性的差异。

由此可见，在一个人才短缺问题趋于严重的劳动力市场，拥有关键技能的人有可能从一个前沿行业转移到另一个前沿行业。这种迁移也可能发生在前沿公司或组织与后起之秀之间，这样就会产生拉平效应。也许后起之秀的出现恰恰是因为先行知识拥有者把经验推广到了别处，决心不让任何曾经的失利场景再度出现。

金融服务业处在分析技术应用的最前沿，这是不容置疑的，然而零售业列入前沿行业名单却存在一些争议。在特定情境下，零售业能被列为前沿行业，是因为广泛应用预测性分析和其他形式的高级分析（通常被误认为是人工智能）。

我们还注意到了人工智能在不同前沿行业的不同用途。金融服务业可以使用人工智能和分析法来辅助风险管理。风险管理对零售商而言不太重要（尽管某种风险的确取决于零售商），它们更关注的是客户反应。交互现象在所难免，比如零售商需要考虑供应链和监管风险等问题，与此同时，零售商和金融服务业都需要更好地了解数字客户。

我们应该更多地探讨一下交互现象。交互是否意味着产业融合的潜力？例如，当更深入地研究保险业时，我们会发现分销是价值链中的一个关键环节。那么，金融服务可不可以得到更有效的分销，比如让一个零售商来做？

在本章的开头，我们探讨了新的大趋势，例如城市化和地理社会化。传统的商业模式是否还能适应这些新趋势，或者发展会不会催生变革，就像应用高级分析技术可以为中国城市里劳累过度的医生减轻负担一样？

我们已经说过，高级分析和人工智能不是目标，人类要运用它们来做什么才是最重要的。人类的洞见被用来创造新的商业模式，这意味着不仅传统模式的碎片重组（或分解）是可能的，而且新的商业模式的融合也是大势所趋。这种融合会在先发行业中曙光乍现吗？

我们知道先发优势通常需要三个条件：

- 学习-成本曲线为后发者的追赶设置了障碍，导致它们无法获得先发者的投资能力及规模化能力。
- 资源的稀缺性，尤其是人才等资源。
- 转换成本高，因为先行者会锁定客户。[59]

出于这些考虑，是不是还存在一些能将所有先行者联系起来的共同特点，无论是作为一个行业，还是在单个组织层面？这些共性有没有可能演化出新的融合型商业模式（将在后面章节进行讨论），或者演化出在技术驱动下的并购新模式？

总的来说，汽车制造业、金融服务业和保险业之间存在一定的共性。高级分析和人工智能能否催生出更大的变革，并成为产业融合的黏合剂？新的产业会不会出现，如果会的话，它们将以什么形式出现？如果人们有了更多的时间，那么这些新兴产业或许将成为以休闲为导向的产业。最后，是由人类通过聚合数据和系统来创造变革，还是在将来的某个时候由计算机自己为自己找到变革方法？

在第四章中，我们将看到技术变革对二线及二线以下行业（无意贬低）的影响。

第四章

人工智能对后发产业的影响

摘　要

第三章讨论了高级分析和人工智能在前沿产业的应用，特别是金融服务业、汽车行业、电信行业。第四章讨论的是一般意义上的后缘或后发产业所受到的影响。

在附录 B 中，我们列举了一大批行业中的 700 多个不同的岗位可能会受到人工智能的影响。在本章中，我们将特别关注 8 个领域：建筑业、公用事业、公共部门、教育行业、警务行业、医疗保健行业、农业和科技行业。

所有这些行业似乎都处于技术进步的不同阶段。本章将探讨在人工智能的环境下，一些创新技术是如何有效地结合并呈现新貌的。

简　介

"后发"一词可能用得并不恰当。有些人甚至认为，这么称呼这些行业是不公平的，但所有行业难免都会以最适合自身市场动态的节奏向前发展。

对许多行业来说，做跟随者不一定是劣势，尤其是在不稳定的、存在风险的及不确定性的行业中。商业界存在很多公司，它们认为自己不是创新者，而是善于利用其他公司的成功经验，并因此而成为所谓的"后起之秀"。

在人工智能方面，其他行业提供了很多可资借鉴的经验。一个行业的客户服务与另一个行业是相通的，虽然捆绑的产品销售方式各不相同。正因为如此，保持思想的开放性，对商业环境进行 360 度无死角的了解，而不是只盯着同伴的进步，对各个行业来说都是非常重要的。

技能人才（比如技术从业者或者那些能够理解并善于应用操作系统的人）可能会出现短缺，这是一个需要关注的问题。拥有硬技能的员工有可能从一个行业跳槽到另一个行业，这在汽车行业是可行的，而人工智能员工从一个行业流动到另一个行业也将大有市场，虽然他们缺乏特定行业的专门知识。

在下面将讨论的行业中，技术水平参差不齐。其中部分问题与特定的行业需求密不可分。然而，这些行业都有一个共同点，就是越来越重视数据和分析法。这些行业需要解决的问题是，了解人工智能如何能够最好地适应所在领域的特定规则及市场需求。

建筑业

人们随处可见各种土木工程和结构工程，建筑业是无处不在的。土木工程是公路、铁路等各类基础设施的基础，而结构工程是用于设计建筑的骨架的。与那些石匠之类的古老职业相比，土木工程师和结构工程师是相对现代的，并且拥有较高的社会地位。总部设在伦敦的英国土木工程师学会（Institution of Civil Engineers）成立于 1818 年，是世界上第一家专业工程公司，目前拥有成员 88 000 名。该学会致力于以下方面：

- 对土木工程专业人士进行资格认证，为其提供职业发展所需的工具。

- 搜集并分享行业知识，以便人们维护自然及建筑环境。
- 促进土木工程师在全球的社会贡献。[1]

美国土木工程师学会（American Society of Civil Engineers）相对年轻一些，但也有些年头了。它于 1852 年在纽约成立，并于 1999 年编制了一份最伟大的现代土木工程标志性建筑名单，例如：

- 美国科罗拉多河上的胡佛大坝（The Hoover Dam）。
- 大跨度建筑的典型代表——旧金山金门大桥（The Golden Gate Bridge）。
- 连接英国和法国的欧洲隧道（Eurotunnel）。
- 水利工程的典型代表——巴拿马运河（The Panama Canal）。[2]

英国土木工程师学会的早期理念一直与维多利亚时代的保持一致。它说："土木工程师就是为人类福祉而驾驭大自然的人。"在那个时候，工程师所征服的大自然主要是物质性的，通常包括重力、水力学和自然物。[3] 因此，该机构的成员是世界各地的公路、铁路、运河和水坝——为一些国家或地区的经济发展做出了贡献——的建造者。

工程和政治从来都是穿一条裤子的。实际上，英国土木工程师学会的总部被有意安排在英国议会所在地威斯敏斯特附近，其用意就是方便主要的工程代表穿过马路向已经当选的议员建议如何最好地发展英国的基础设施。

数据和分析时代的到来并没有让机构成员放弃"驾驭大自然力量"的渴望，而且还为这一雄心壮志补充了能量。土木工程，就像许多其他形式的传统工程一样，自我改造的需求越发强烈，以便反映业内成员的需求。

这是一个充满挑战的市场——在这个数字时代，工程专业的日子并不好过。在最近的一项调查中，44%的工程公司表示它们很难招募到有经验的员工。这种状况威胁到了它们到2022年再招募256万工程师的目标，尤其是考虑到目前工程师的缺口仅在英国就达到了66 000名（2016年）的现状。[4]

这是一个正在重塑的行业——"除了专业技能之外，还有三个明显的需求——技术技能、社交技能和商业技能"，而技术技能才是最重要的。智能交通咨询顾问公司Zipabout说，有一种特别的风险在于"很多工程师都认为自己对技术都很了解，但实际上有点跟不上节奏"。[5]

土木工程专业正处于转型之路的起点。最流行的技术应用之一似乎是建筑信息模型（BIM）。它用数字将位置细节融入公路、铁路和其他基础设施的设计之中。它在很多方面都与土木工程师的核心活动联系在一起。但业内有一种观点认为，在这个新技术时代，更大规模的投入在所难免。

英国土木工程师学会的资深成员建议，学会应该更加开放，甚至应该欢迎心理学家和人类学家。行业之间传统的界限正在变得越来越模糊，从中可见一斑。

接下来，我们将介绍建筑行业的几大应用程序（如增强现实、无人机和遥感影像）的一些特殊用途，包括预防性维修等。这些应用程序被一些所谓的位置分析金线联系在一起。这些新兴的程序中的某些功能可否解决特定的行业问题（如员工安全所受的威胁），或者是否存在更深层次的文化问题需要解决？建筑业进入转型时期，可能需要哪些新技能？在技术型人才的竞争中，我们还要做些什么？

增强现实技术

增强现实虽然不是完全在人工智能的范畴下，但土木工程师越来越多地使用这种功能。增强现实一词由波音公司的托马斯·考德威尔（Thomas Caudwell）于 1990 年创造，但增强现实理念可以追溯到更早时期——《绿野仙踪》（*The Wizard of Oz*）的作者莱曼·弗兰克·鲍姆（L. Frank Baum）早在 1901 年就提出，可以将数据叠加到现实生活中。增强现实是一种可以将未来结构的图像叠加到现有位置的技术，从而帮助工程师更好地了解生产力、健康问题和安全问题。

增强现实包括四个关键功能：

- 显示功能，可在平板电脑、计算机、安卓系统或增强现实眼镜上进行显示。
- 视觉呈现引擎，用来创建增强现实。
- 内容管理系统，将增强现实发送给设备。
- 定位跟踪能力，定位与现实世界相关的增强现实，包括与建筑信息模型以及图像识别系统的交互。

工程师们已经现场测试了增强现实，但接受度相对较低，因为土木工程通常被认为是在创新方面相对滞后的行业。[6]工程师们在使用增强现实时存在五个方面的障碍。

- 联通性匮乏。
- 可视化质量——一个站点的用户在所谓的区块中喜欢更简单的可视化效果，甚于完全的现实可视化。
- 站点实用性，例如，在处理电子设备的同时需要佩戴防护手套和护目镜。

- 定位精度和与 GIS（地理信息系统）交互。
- 成本与收益。

无人机和遥感影像

普华永道（PriceWaterhouseCoopers，简称 PWC）的一份报告显示，2015 年无人机市场规模达到了 1 270 亿美元（见表 4-1）。这是一个了不起的成绩，毕竟在许多人看来，无人机仍然不过是一种玩具而已。

表 4-1 2015 年商用无人机市场规模

行业	2015 年市场规模（亿美元）
基础设施行业	452
交通运输业	130
保险业	68
媒体行业	88
电信业	63
农业	324
安保行业	105
矿业	43
总计	**1 273**

资料来源：PriceWaterhouseCoopers，Global market for commercial applications of drone technology valued at over \$127 bn（9 May 2016），https：//press.pwc.com/News-releases/global-market-for-commercial-applications-of-drone-technologyvalued-at-over--127-bn/s/AC04349E-C40D-4767-9F92-A4D219860CD2。

无人机有许多不同的特征，在做出使用决定时，你需要谨慎评估其规格。典型的评估标准包括以下几种：

- 以平方千米计的覆盖范围（1~20 平方千米）。

- 高度或自主性（通常上至 50 米或 100 米）。

- 飞行条件（一般为刮风及下雨）。

- 精确度（通常在 100 米范围内，精确至 1~3 厘米）。

- 数据质量或建模质量。

- 单位时间的产出（传输效率）。

- 复杂性（包括用户的专业能力，从受训者到专家不等）。

- 价格（最贵的超过 75 000 欧元）。

无人机使用的监管环境也很复杂，而且各地不尽相同。大多数国家要求有飞行执照，有些国家许可低于生理视线（不超过操作者的视线之内）的飞行。

小松智能建筑公司（Komatsu's Smart Construction）利用无人机技术调查建筑工地，创建 3D 地图，绘制蓝图并模拟施工计划。该公司称，以前需要几周时间才能完成的工程现在只需要几天，有时甚至几个小时就能搞定。[7]

承建商工厂及设备

越来越多的人认识到，人工智能可以通过提高现场操作效率来辅助施工过程。2013 年 7 月，小松智能建筑公司发布了它的智能推土机，并于 2015 年在日本正式推出了智能施工工程（Smart Construction）。

智能施工的原理是"连接工地现场从施工到竣工各个阶段的关于设备、人、机器等所有相关信息"。

小松智能建筑公司的品牌产品 KomConnect 是一种基于云技术的服务软件，由一个单一的技术平台连接所有的信息。在同一地点存储所有建筑活动的相关信息，便于主要施工人员分析、模拟和提出建议，而且所有相关人员也能通过互联网随时随地进行访问。通过使用无人机分析工地，并将数据传输到智能推土机，可以使现场的土方工作更有效率（又快又省钱）。更重要的是，这项工作省去了传统的以打木桩来确定高度或坡度等人力干预。

智能施工方法也允许缺乏经验的员工在现场工作。小松智能建筑公司已经针对传统施工方式对其系统进行了基准测试，建筑工人根据经验指挥智能机器开展工作。目前，小松智能建筑公司正试图在KomConnect上"积累这些熟练工"的专业知识并提供给所有运营商。

在这个数据驱动的环境中，设计变更可以通过智能机器快速合并与传输，并在施工现场得以实施。人们还可以对成本进行跟踪，从而得到更精确的成本分析。

制造商说，KomConnect的优势之一是能够将现场信息一直保留到未来，从而提供了维护和介入现场的窗口。比如在应对自然灾害时，用无人机在受损地点上空进行勘查，对受灾前后状况进行比较，救灾人员可以更加快速有效地部署救灾设备。

将智能施工方法与预防性维修及自动驾驶技术相结合，似乎创造了一种更全面的综合方法，可以用于更高程度的分析导向的施工过程。需要考虑的一个重要问题是，这种方法是否具有可扩展性，以及在经济上是否具有可行性。

员工行为

使用数字设备定位员工越来越多地被用来防止施工现场发生事故。建设工地是个充满危险的地方。

- 在美国，每年有 10% 的建筑工人受伤。

- 在长达 45 年的职业生涯中，一名建筑工人的死亡概率达到 0.5%。

- 坠落是致命建筑伤害的最大元凶。

- 在美国职业安全与健康署（OSHA）安全标准中，被违反最多的是坠落保护或足够的防护设施。

- 建筑行业中受伤率最高的工种是钢结构安装工。

- 建筑业是美国 18 岁以下工人受到致命伤害的第二大产业。

- 美国 60% 的建筑工地伤亡事故发生在员工参加工作的第一年。

- 从 2002 年到 2012 年，建筑业死亡人数占到美国工作场所死亡人数的 19.5%。[8]

就建筑事故而言，如果考虑到相对规模，英国的情况也好不到哪里去。虽然在过去 20 年里已经有所改善，但建筑业仍被视为高危行业。建筑业工伤占英国工作场所意外死亡事故的 22%。这个比例是非常高的，因为建筑工人只占英国劳动力人口总量的 5%。

英国建筑工人的致命伤害率（1.62/10 万雇员）达到了所有行业平均水平（0.46/10 万雇员）的 3.5 倍以上。

英国健康与安全管理局（The UK Health and Safety Executive，简称 HSE）记录了 8 万起 2016—2017 年发生在英国的建筑业因公受伤及患病案例[9]，在不同细分领域的分配情况为：26 000 例为房屋建造工人，47 00 例为专业性建筑工人，7 000 例为土木工程工人。

英国健康与安全管理局 2015/2016 年的统计数据显示，每年因英国工作场所的意外伤亡造成的损失达到了 148.50 亿英镑（见表 4-2）。这些损失既包括人力损失（个人生活质量受到影响，致命伤害还将夺走生命），也包括财务损失（如由于缺勤造成的产量损失以及医疗成本等）。

表 4-2　按行业分类的英国工作场所的意外伤亡造成的损失（2015/2016 年）

行业	估算损失（亿英镑）
农业、林业和渔业	2.45
采矿和采掘业，电力、天然气、蒸汽和空调系统供应行业，供水行业，污水管理及治理行业	2.57
制造业	10.02
建筑业	10.24
批发零售业、车辆维修业	14.78
运输和储存业	8.80
住宿和餐饮服务业	4.59
技术行业、金融业和行政服务业	18.34
公共管理行业及国防工业	10.27
教育行业	15.57
健康产业或福利产业	26.25
艺术、娱乐、休闲及其他服务行业	6.53
未知行业	18.09
总计	**148.50**

资料来源：UK Healthand Safety Executive，Health and safety statistics：key figures for Great Britain，2015/16. http：//www.hse.gov.uk/statistics/cost.htm。

越来越多的人呼吁加强对建筑工人的定位监测，以更好地了解他们所处的精确位置，进而确认他们所处的环境是否存在安全隐患。但是考虑到小型承包商的数量众多以及相对较高的技术成本，这种监测设备在建筑业中大规模使用还为时尚早。

或许保险公司应该推动此类设备的应用以减少事故的发生，从而降低理赔支出，而不是等待建筑业主动采取行动。

人们很容易认为，这些数据反映了只有英国和美国的建筑事故频发，但事实并非如此。根据英国健康与安全管理局的说法，在整个欧盟，英国一直是致命伤害率最低的国家之一。2013 年，英国的标准化伤亡率是 0.51/10 万雇员，与法国（2.94/10 万名雇员）、德国（0.81/10 万名雇员）、意大利（1.24/10 万名雇员）及西班牙（1.55/10 万雇员）等其他大型经济体相比处于较低水平。[10]

建筑业文化变迁

建筑业转型和采用新技术的一个根本性障碍也许是因为这个行业相对孤立。英国数字建筑中心（The Centre for Digital Built Britain）已经确定了一个主要目标，即"建设外部关系，从而将传统建筑业打造成一个整体的、外向的和包容的行业"。[11]

这就意味着我们要在新的工程上进行实质性的突破，并要求建筑业不仅要在技能上，还要在更广泛的关系上进行自我重塑。

英国土木工程师学会在《2017 年国家状况报告》（2017 State of the Nation Report）中强调了对数字工程要加以重视。该报告聚焦于智慧城市、综合服务及新金融模式，以及总的或者终身成本（而不是资本支出或运营支出）。

在《新土木工程师》（the New Civil Engineer）杂志上发表的一篇名为《智能技能》的文章中，玛戈·科尔（Margo Cole）认为："传统的角色和技能已经不够用了，因为不断变化的环境设施要求人们能够收集、解释和管理数据，理解系统的思维，并使我们的基础设施更加智能化。"[12]

玛戈·科尔引用了一家智能交通系统专业公司的总经理、英国特许公路及交通学会研究员（研究员是该学会的最高荣誉）莎伦·金德里斯德斯（Sharon Kindleysides）的话："尽管不具备任何会员资格，对于智能系统，你也能略知一二"。

在这篇文章中，金德里斯德斯进一步思考了为什么工程师的传统角色不再像以前那样了。她认为："很多界限正在变得模糊，各自为政的时代已经过去了。道路与车辆之间已经有了沟通互联，交通灯与汽车之间亦是如此。当人们着手研究自主汽车时，就不得不改变现有的规则，而且不再对土木工程、机械工程及建筑学之间进行泾渭分明的划分，等等。"

以下这段对话据说曾经发生在著名的灯泡发明家托马斯·爱迪生（Thomas Edison）和著名化学家马丁·罗沙诺夫（Martin Rosanoff）之间。

罗沙诺夫："爱迪生先生，请告诉我，你想让我遵守什么样的规则。"

托马斯·爱迪生："没有什么规则。我们正在努力干一件大事儿！"

突破行业界限正在越发变得重要起来，因为工程行业一直专注于基础设施，而气候变化让它不得不接受转型。

2016 年 10 月，普林斯顿大学（Princeton University）发布的一份报告预测，由于气候变化和海平面上升，飓风桑迪（Hurricane Sandy，对美国东海岸造成了 530 亿美元的经济损失）再次发生的概率增加了 3 到 17 倍。飓风桑迪不仅造成了 117 人死亡，还造成 800 万人陷入电力瘫痪的局势中，毁坏或损坏房屋 65 万所。据保守估计，到 2100 年，全球海平面将上升 200 毫米到 2 米，海平面上升 10 米的范围将覆盖 4.44 亿人（或全球人口的 6%）。[13]

工程行业没有抵制变革的情绪，而是时刻做好了变革的准备。那么，这个行业将如何面向未来而不是拘泥于现在来进行自我设计和建设？这不仅关系到新的不动产建造，也关系到公用事业及通信业的建设。除此以外，这个行业加强协作的愿望也很强烈，以便做出的决策能为公众服务，而不是迎合既得利益群体。

以下便是一个协作的例子，飓风桑迪重建组织（Hurricane Sandy Rebuilding Force）旨在提出创新的解决方案来应对类似灾难。它的成员意识到，该方案不是一种完全的技术性或工程解决方案，社会响应与技术解决方案相互作用，并最终动员人们参与救灾的方式也很重要。这种协作还包括私营部门和公共部门之间的相互配合。

飓风桑迪重建组织还举办了一场竞赛，将实用的土木工程解决方案与本地社区改善情况进行力量整合。这其中最著名的案例也许要属 Big U 项目了。Big U 这个名字反映出该项目涉及曼哈顿周围的 U 形防护区，该地区不仅使用了护坡和防护堤坝，而且采用了公用场地及艺术装置等形式，来防止洪水的侵袭。[14]

公私部门的资金平衡也将面临挑战。很显然，私人投资者并不愿意为那些在未来某个时候可能发生或可能不发生的事件承担不必要的成本。但鼓励它们这么做是有必要的，因为这样不仅能够避免出现高危区域，也可以防止出现气候移民——那些因为洪水风险而无法在特定地区生活或工作的人。

公用事业和基础设施适应性

从最广泛的意义来说，土木工程也包括煤气、水和排水等公用事业设施的安装和管理，这些设施都越来越仪表化了。仪表化在这里通常也被称为工业控制系统。

控制系统工程师是一种介于工程师和技术人员之间的角色。土木工程师或机械工程师负责安装（并经常维护）系统，然后将其交付给控制系统工程师进行操作使用。在控制系统工程师之上通常存在着一个专家组，负责分析数据和指导资源在公用设施中的流向。控制系统工程师的角色定位是负责公用设施中的某些有形部分，比如管道或水泵上的传感器，或者燃气系统上的阀门。

有些系统很容易受到网络安全问题的影响，因此很自然的是，大型工程公司会努力确保它们的系统具有较强的网络适应力，公用事业设备系统在建设时就会将网络安全因素考虑进去。传统的城市恐怖分子可能会图谋将有毒物质引入供水系统（也许是对水库下手），而现代的城市恐怖分子会蓄意攻击控制系统和流程管理系统，从而达到破坏城市供水系统的目的。

英国政府在位于切尔滕纳姆（Cheltenham）的秘密机构国家通信总部（Government Communications Headquarters，简称 GCHQ）建立了国家网络安全中心（National Cyber Security Centre），旨在用它来收集意见并获取信息，"与英国的各大组织、企业和个人一起，提供权威而一致的网络安全咨询和网络事件管理"。[15]

物理适应性是应对恐怖主义活动（特别是炸弹袭击）的措施之一。美国的国家基础设施保护中心（Centre for the Protection of National Infrastructure）表示，炸弹袭击导致的伤害中有 95% 是由飞行或坠落的玻璃造成的，因此层压结构或炸弹爆炸网眼窗帘等预防措施越来越受到重视。在设计和建造环节，智能系统变得更加关键，以便对建筑物、基础设施及公民加以保护。

建筑业概况

建筑业的发展速度较为缓慢，但它并不排斥变革。我们将阐述建筑业技术方面的一些发展概况，所有这些似乎都在打造一个更加"智能"、更加集成化的建筑业（见图 4-1）。

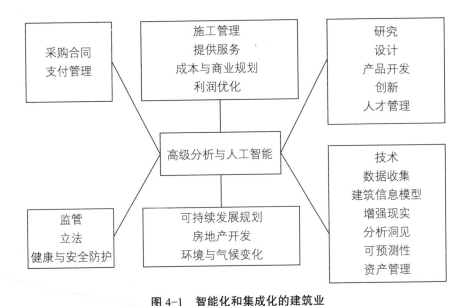

图 4-1 智能化和集成化的建筑业

总的来说，当我们考虑人工智能对建筑业的影响时，这难道仅仅是一个简单的新技术试图获得应用的问题吗？新技术在其大规模应用之前，必然要战胜一些运营方面和经济方面的拦路虎。传统上，建筑业是一个复杂的行业，无论是大型工程还是非大型工程，而成本约束和速度要求导致了越发错综复杂的局面。

从技术角度来看，建筑业并没有什么吸引力，而且尽管有专业机构的加持，仍然难以吸引人才。大学也可以在重新塑造一个古老但重要的产业方面发挥作用。是不是还要考虑一下领导力的问题？在多元化、国际化的市场环境下，谁会先发制人？那些带着半杯水的心态进入市场的人，会发现有些机会明显存在——只待他们慧眼识珠并付诸行动。

公用事业

公用事业已经在前文有了少量涉及，但我们仍然要对人工智能在相关领域的影响给予特别关注。公用事业也与农业部门有关（后面会详细介绍），因为农业依赖于一个关键的公用资源——水。

所谓公用事业，指的是组织和私营公司参与水和天然气等自然资源的制造和分配，也包括其他公共服务，如城市排水、电话服务和电力供应等。

每个公用事业领域都有自己的问题，但也存在共性需求。

- 平衡供给与需求。
- 满足监管要求。
- 管理人口增长，包括日益加快的城市化进程。
- 依赖性增加。
- 应对气候变化和适应可再生能源议程。
- 应对基础设施建设周期长的问题（以年或几十年计）。

在所谓的第一世界和第三世界国家，公用事业呈现出不同的问题。以下我们将简单介绍四大关键的公用事业：电力、天然气、水以及污水处理。

电　力

2013 年，总部位于英国的英国皇家工程学会（Royal Society for Engineering）发出预警，如果严冬来临，由于旧的发电厂关闭，再加上新发电厂建设速度缓慢，那么停电现象将会出现。[16] 在世界的其他地方，停电和断电都是司空见惯的，因为电力公司需要甩负荷。甩负荷这个术语是指能源公司为了避免系统超载，而采取中断电力供应的做法（特别是在极其炎热的日子里，当人们对空调的需求达到最高时）。自然能源，比如风力涡轮机等也可以用来提供电力，但它们必须依靠适宜的风力条件，而风力条件是可遇不可求的。[17]

在理想的情况下，甩负荷可以在选定的地方持续几个小时。最糟糕的情况则是整个国家都会被波及，比如 2016 年南澳大利亚州发生了全州范围的停电（事故原因不是极端炎热的天气，而是暴风雨摧毁了电力电缆和配电塔）。甩负荷是一个可行但有瑕疵的平衡办法。

天然气

天然气的供应也存在问题。美国每天生产 800 亿立方英尺（约 22.65 亿立方米）的天然气，但 2014 年的极寒天气导致了天然气短缺。南加州天然气公司（Southern California Gas）等天然气供应商要求消费者减少使用，蒙大拿州州立大学（Montana State University）停课，得克萨斯和威斯康星州宣布进入紧急状态。[18]

专家说，问题主要是由极端气候和煤转气工程的综合作用引起的。在环境保护机构的附带影响下，燃煤发电量减少，随之而来的就是美国煤炭行业就业岗位的减少。

在欧洲，天然气供应短缺问题的性质与美国截然不同。由于严重依赖国际天然气管道，东西方之间的关系一如既往地敏感。乌克兰问题上的分歧导致俄罗斯于 2009 年中断了天然气供应，6 个欧洲国家受到影响。欧洲的天然气短缺似乎在本质上是一种地缘政治问题，但问题不止于此——天然气供应商和分销商之间的商业关系使得天然气的价格居高不下，一些人担心这会损害公平竞争和行业透明度。[19]

水

2005 年，联合国发起了"生命之水国际行动十年"（Water for Life

International Decade for Action）的倡议。这项倡议的目的是提醒人们注意水资源短缺是全球面临的主要问题之一。用水量的增长速度已经达到人口增长速度的两倍。联合国表示，到 2025 年，"将有 18 亿人生活在绝对缺水地区，地球上三分之二的人口可能存在用水紧张的情况"。联合国还指出，虽然在全球范围内仍有足够的淡水可用，但是它的分布状况很糟糕，而且还存在污染和浪费现象，以及管理不善让缺水问题雪上加霜。[20]

并非所有问题都是人为造成的。降水量的不均衡和气候变化影响了自然水文系统，造成了水资源短缺，以及紧张的政治局势。有些人可能会说，气候变化是人为的，但也有人不同意这种说法。无论如何，水资源短缺都是一个大问题。前加拿大总理、由世界知名领导人组成的国际行动理事会联合主席琼·克雷蒂安（Jean Chretien）表示："未来水资源短缺造成的政治影响可能是灾难性的……我们过去的用水方式无疑会让人类的生存难以为继。"

污水

虽然与水资源、电力不完全相同，但有效的污水及排污基础设施管理也是人类生存的关键因素。在西欧，大部分污水基础设施 100 多年前就已建成。随着城市排水量的上升和城市化进程的加速，这些设施已经不能满足今天的需求了。

在接下来的 10 年里，预计仅在美国就需要花费超过 4 000 亿美元来解决污水处理问题。未来，解决污水处理问题需要考虑的是需求变化、气候变化和交通状况的不断变化。问题的解决方案结合了分析法和资产管理技术（很复杂），目标是以更低的运营成本提供更可靠的服务。

萨克拉门托（Sacramento）是美国第 35 大城市，也是加利福尼亚州的首府，该市的两个主要机构（萨克拉门托排污区和萨克拉门托环卫区）已经在使用高级分析法管理超过 40 万美元的污水处理系统。该系统包括 98 个泵站，3 000 英里的主要管线和 27.9 万个服务连接站，每天处理 1.65 亿加仑 ① 的污水。[22]

在其他大陆，污水问题引发了另一个严重的问题。根据法国非政府组织网络联盟（Coalition Eau）的说法，全世界人口中的 40%（约 30 亿人）没有厕所可用。虽然南亚和撒哈拉以南的非洲地区情况最糟糕，但所有七大洲都同病相怜。饮用水安全与卫生设施紧密相连。联合国儿童基金会（UNICEF）的一份报告指出，每天有 24 万名年轻人死于饮用受污染和不洁净的水。[23]

智能家居，智能基础设施？

目前，公用事业用途的人工智能似乎主要集中于成熟市场。所谓的智能家居正在鼓励更多的消费者安装煤气、水、电等公用设施 App（应用程序）。

这些 App 能让公用设施供应商更好地了解用户的使用情况，同时还具有降低挨家挨户人工计量成本的附带好处。这些 App 也能帮助消费者了解水、电、煤气的使用量，还能鼓励他们改进使用行为。

除此之外，一些供应商还可以采用季节性税率，以辅助需求管理。换句话说，这样的税率阻止了用户在夏季降雨量最少的时候用水浇灌草坪。

至少在目前，用仪器测量污水量的目的不在于管制家庭卫生设施的使用。即便如此，美国环境保护署（US Environmental Protection

---

① 1 加仑≈3.78 升。——编者注

Agency）表示，每天用来冲厕所的用水量比其他任何活动都多，这一点值得关注。据估计，仅在加利福尼亚州每天就有2.03亿加仑经过处理的市政饮用水用于冲厕所。一般冲厕用水量为2.7加仑，而超低冲水马桶的用水量为1.6加仑。与此同时，专家建议只需要将一个包裹着塑料袋的砖头放在水箱里，就可以减少半加仑的冲水量。

未来，我们将生活在一个超级联通的住宅里，享用带着感应功能的暖气、空调、水、电和所有其他服务，远程安全传感器、智能照明、智能家用电器一应俱全。智能系统通过我们的工作性质及娱乐模式，将各种消费建议推送给我们。也许它们还能自动触发，除非我们手动控制让其停止运行。这种互联互通的智能家居模式更容易在成熟市场的家庭中实现。

在工厂里，无库存供应链管理及智能其相关的低成本公用事业收费将越来越有助于进一步降低成本。能源管理及存储将成为制造过程中不可或缺的一部分。

能源管理的一个例子是水电蓄能，例如威尔士的迪诺威克（Dinorwic）水电站就是一座抽水蓄能电站。水储存在高山上的玛奇林莫尔（Marchlyn Mawr）水库中，在需求高峰期被涡轮机送往位于低处的莱恩贝利斯（Llyn Peris）水库。在需求低谷时，水被抽回山上。尽管这个系统需要使用电力将水抽回山上，但在需求低谷时成本会更低，因此这是一种具有成本效益的存储方式。

现在，工厂的位置规划与可用能源及公用事业供应之间的关联性越来越强。制造业中的位置优化将成为降低制造成本的另一种途径。历史上，降低劳动力成本一直是企业的主要诉求之一，然而用自动化代替劳动力一定会让电力等公用事业的成本和可靠性更受重视吗？

互联性、贫穷和饥荒

2009 年，联合国秘书长潘基文（Ban Ki-moon）发起一个名为全球脉动（Global Pulse）的数据项目。该项目旨在建立一个创新实验室，其任务是提高主要利益相关者通过应用数据进行贫困管理的意识。由非政府组织共享数据的想法并不新颖，但大多没有付诸实践，人们并没有充分认识到通过共享数据来解决某个区域中的某一特定问题所具有的价值。

在《贫穷经济学：对战胜全球贫困的根本反思》（*Poor Economics：A Radical Rethinking of the Way to Fight Global Poverty*）一书中，几位作者对 18 个国家的调查结果显示，这些国家的人民并没有饱受饥饿之苦（他们有足够的食物），而是遭受着精神匮乏的折磨。作者建议政府并不需要提供更多面粉或大米之类的食物，而应该提供更多的精神食粮。他们提出了这样一个问题："以某种方式将来自多个公用事业的数据组合起来会不会给我们带来关于整个世界的不一样的认识？"他们还提出了另外一个问题："为什么一个吃不饱的摩洛哥人会去买一台电视机？"[24]

我们需要面对现实。这本书无力提供一副治愈世界弊病的灵丹妙药。但我们或许从中能够看到某种宽泛的高级分析模型的应用潜力，它能帮助我们理解变革的关键驱动因素。这种应用收集和共享了多个数据集，并通过某种方式使这些驱动因素释放更大的能量。其中涉及的变量之多，使得这个任务非人力所能及，因此人工智能肯定有用武之地。

从某种意义来说，互联的、工具化的和智能化的世界在本质上意味着人们努力优化有限的公用事业和服务资源并承担责任。也许最大的风险在于管理地缘政治和商业压力——即使是最先进的人工智能技术系统，也不太可能在没有有效监管的情况下帮助我们应对这个最大的风险。

归根到底，在一个人与资源相对封闭的环境中，通过某种方式管理自然资源并追求共同利益，可能会成为最终的归宿。这些责任必然会被委托给一部分人，而被选择来承担这些责任的人能不能进行有效的管理，最终取决于他们是否有能力说服那些资源方参与合作。而这些资源方的决定和反应必然会受到精确数据和信息的影响。

有人认为数据是这个时代的新燃料，这不是没有道理。传统能源中的水和电是否仍然是世界的主导性能源？

有待解决的问题是：优化的数据和人工智能将在多大程度上帮助我们实现传统燃料的供需平衡（如果可以的话）？

公共部门

在讨论商业的时候，不考虑公共部门（又称公共服务行业），或许会有点不负责任。公共部门关注的不是作为消费者的人，而是作为公民的人，无论是直接关注他们，还是间接关注他们与企业的关系。不同国家的公共部门组成各异，可能包括军队组织、公安部门、基础设施部门、公共教育部门、民选官员，甚至包括非私有条件下的公用事业管理部门。公共部门是一个劳动力吸收大户，英国的公共部门雇用了约 20%的劳动力人口。[25]

公共部门承担着巨大的压力。就像私营部门一样，公共部门的"人民的公仆"也面临着改善成本效率、提高生产力及优化服务的挑战。在城市里，公职人员与私营部门的同人一样，也面临着同样的挑战，比如通勤压力、工作压力及绩效管理压力。

公共部门是一个启动自动化和人工智能的成熟市场。大量的公职人员筛选问题、回复问题，而回复的答案可能已经在某些专业网站的"常见问题"部分存在了（如果提问者有时间或者有耐心去找一找的话）。也许就是因为对这些高频问题的回答是用复杂到几乎无法理解的术语来表述的，或者太过模糊，人们在碰到具体问题时，仍然会不知所措。

系统能够有效响应简单请求，并通过将更复杂的请求进行分类来实现升级。在简单问题的回复方面，这类系统似乎是一个理想的解决方案。这类系统还可以提供更快速的复杂问题查询通道，稳定性较好并能降低成本。但总的来说，政府在技术进步方面似乎没有最成功的案例。无独有偶，商业领域也充斥着失败的信息技术应用案例。以下列出了这两个行业中最糟糕的几个案例。

- 英国国民医疗服务体系（National Health Service，简称 NHS）的系统故障，是世界上最大的系统失败案例，最初估计的损失为 46 亿英镑，但实际支出超过 100 亿英镑。最后，由于数据管理问题、病人隐私问题及上线延期等问题而不了了之。
- 英国国防部招募前线士兵的信息系统崩溃，造成 1.5 亿英镑的损失，后来又付出了两年每月 100 万英镑的额外成本。
- 2012 年 6 月，苏格兰皇家银行（Royal Bank of Scotland）的软件故障，造成了客户在两周多时间里无法登录账户。为解决问题，银行损失了 1.25 亿英镑。[26]

最近，一份报告总结了 2016 年最失败的人工智能案例。

- 一个用来识别重复犯罪可能性的人工智能系统被发现不仅错误，而且还有种族主义倾向，因为系统错误地预测黑人罪犯更有可能再次犯罪。

- 自动驾驶模式的死亡案例——当机动车处于自动驾驶模式时，发生撞车事件，导致驾驶员死亡。
- 一款聊天机器人的语言涉嫌同性恋歧视和种族歧视。[27]

在这些案例中，制造商和设计师都指出，算法错误是问题所在，而问题（不是由问题导致的烂摊子）是可以被纠正的。

很多文献都指出了信息技术应用失败的原因。简单地说，这些原因可以概括如下：

- 采购决策失误。
- 项目管理技能不足。
- 供应商对需求缺乏了解。
- 采购方的抽检频次不达标。
- 太多与工作相关的反馈是从客户那里获得的，而客户往往会夸大其词。
- 范围管理过于激进，采用大爆炸式方法而不是增量改进方法。
- 质量管理存在漏洞。

需要考虑的一个问题是：这些复杂的、先进的人工智能项目是否会出现相同的潜在弱点，或者是否会出现一些新的衰败征兆？新的导致人工智能应用失败的原因可能包括以下方面：

- 算法错误。
- 对人工智能试图解决的业务问题缺乏了解。
- 在应用范围和时间上过于激进。

- 自学或深度学习方法不当。
- 技术供应商过度承诺却服务供给不足。
- 买卖双方的文化错位。

许多失败的案例往往归咎于人为因素，但在一个应用高级分析的环境中，系统本身（或者它的设计者、管理者）是否越来越需要承担过错责任？人们将关注一些重要问题，即责任的起点在哪里，不管它们由公共资金还是私人资金支持，或者在一定程度上有保险覆盖。

我们似乎更关注失败而不是成功，这是因为一旦公共部门在人工智能应用方面操作不当，那么无论是从规模、公共资金，还是对公众信心的影响等方面，都会带来更严重的后果。操作不当还可以被当作一种政治工具。基于这些原因，公共部门失败的后果难道不比私营部门更加严重吗？

推动公共部门变革的关键因素之一是控制或降低成本。值得考虑的是，就业问题的主要保护者之一——工会组织，会对技术变革有怎样的反应。

工会组织并没有对工作环境的变化不闻不问。毕竟，类似的改变早已有之，自动化应用的影响已经在几十年前就被提上议事日程了。早在1981年，在宾夕法尼亚州立大学（Pennsylvania State University）举办的劳动和技术研讨会上，工会组织提交了一篇名为《劳动和技术：工会对环境变化的反应》（*Labor and Technology*：*Union Response to Changing Environments*）的报告。报告提出："到1990年，工厂中将有65%~75%的岗位可能会被自动化替代，2 500万个岗位将被削减。"

这篇有着近40年历史的报告的有趣之处在于，无论是过去还是现在，技术变革带来的问题都是一样的。不同之处在于，现在技术已经成熟了。到汽车制造、消费品工厂访问后，你会发现生产线上已经看不到几个人了。报告指出，即便在当时，"工会主义者不能只关注自己行业内的事件，劳动教育者也不能只同其他劳动教育者交流。如果他们这样做了，劳动进步的声音将变得支离破碎并且毫无效果"。

关于人工智能未来的预测，报告还提出："对于那些保住了工作的人，或者那些工作被机器取代后又找到新工作的人来说，技术的影响很可能使他们的工作变得毫无技术含量。换句话说，他们的工作性质与机器的工作性质如出一辙。"

在这场更广泛的关于人工智能的辩论中，工会应该在多大程度上拥有发言权？如今，工会成员数量已经大量缩减。政客们可能会说，劳工运动就算是没有衰退，也已经不复当年那样众多的支持者了。也许，钟摆朝相反方向摆动的时间真的到了？

该报告还提出，在这种技术环境的转型过程中，工会可以采取的一系列关键性应对措施（至今仍不过时）。这些措施包括以下方面：

- 工会需要理解技术变革对劳资谈判的影响，包括工会谈判代表之间要就何为威胁达成一致。这要求工会谈判代表富有想象力，并重新定义有独立交涉权的工会组织。
- 工会需要在当地和全国进行适当的自我组织，并了解放松管制和产业转移的影响。
- 从狭隘的自身利益和宽泛的解决途径出发，工会需要理解并影响政治策略。[28]

近 40 年过去了，工会是不是需要再次考虑一下如何应对人工智能驱动下的产业环境？当时，人们预料的是妇女和弱势族群将受到最不利的影响，工人们将更积极地守住他们的"饭碗"并维护他们的尊严。技术变革的影响原本可以通过工会力量的复兴而有所减弱，但这种情形似乎还没有出现。

如今，最可能受到人工智能影响的人来自蓝领及白领阶层。对于这些人来说，工会运动似乎与他们绝缘。他们的父母大多生活在工业化时代——工会运动并不是最积极正向的活动。

现在，我们似乎并不把工会看作是社会的保护者，而是看作阻碍列车运行、飞机起飞、邮件递送及垃圾收集的败类，换句话说，是妨碍社会顺利运转的害群之马。不仅仅政客在抗议，还有越来越多的人走上街头呼吁通过立法来确保所谓的基本福利不会因罢工行动而中断。然而，罢工运动难道不正是体现了人们退出劳动的自由，不仍然是保持工会战斗力的主要工具之一吗？如果人工智能将在社会运行中扮演公共服务运营的重要角色，我们是否仍然需要充分并集体地代表工人的工会？

就像旧时的卢德分子一样，他们的首要目标是改善工作条件，而不是破坏生产设备。工会组织在人工智能的进程中难道不应该更多地关注类似的需求吗？

毫无疑问，公共部门将受到人工智能的影响。"智库"改革组织（"Think Fank" Reform）指出，仅在英国，"人工智能就将在未来10年中取代英国政府14万个行政职位中的90%，每年节省27亿英镑的开支。而在英国国民医疗服务体系中，人工智能可能会进一步节省17亿英镑。当英国国债仍是金融危机前的两倍而且依然保持上升趋势时，这些效率性改进是非常重要的"。[29]

公共部门处于一个平稳运行的社会核心，一个存在应用缺陷及工人抵触的环境中，引入一种新的智能方法必然会产生一些涟漪效应。然而，对于我们所有人而言，这将是一段有趣的征程。

教育行业

教学的终点在哪里，学习的起点又在哪里？有些人会相当合理地提出教学携手并进的观点。教育过程似乎已经发生了一种转变，从以教学为基础或以教师为中心转向以学生为中心。与授课老师见面的时间有限的大专院校学生，会立即意识到这一点；那些参加专业考试的人（比如会计人员），也会意识到这一点。这种转向后的模式似乎越来越多地在教育的最早阶段（在小学教育中）得到了印证。

基于学习的教育，也被称为能力本位教育或个性化学习，允许学生根据自己的能力以自己的节奏掌握一项技能或一种能力，不管他们在什么情况下学习。其目标是让学生根据自身不同的学习能力获得最好的结果。

开展能力本位教育活动需要遵循以下主要原则：

- 活动能反映出强劲而有效的能力，并与明确的和透明的学术目标相匹配。
- 学生可以以不同的速度进行学习，并在学习中获得支持。实际上，这为通用的教学过程添加了个性化的属性，并反映了人们不同的学习风格、学习速度和学习能力。
- 有效的学习资源任何时候都是可利用的，所以学习资源需要具有持续的可获得性。
- 进程明确，包括一系列的关键目标和独立稽核流程。
- 评估安全可靠，没有人为操纵，并通过了客观性测试。[30]

能力本位教育似乎并没有特别的吸引力，因为它的教育成本在不断上涨（这和医疗保健行业一样）。能力本位教育也对更加个性化的教育情况做出回应，特别是在传统教育方式无法满足所有需求的高等教育领域。

一些自动化或半自动化的人工智能系统通过了某些关键指标的测试。因此，一个不得不进行前瞻性考虑的问题是：这个新模式中的教师或讲师将承担着什么样的角色？

2016 年夏天，美国亚特兰大的佐治亚理工大学（Georgia Tech）雇用了一位名叫吉尔·沃森（Jill Watson）的研究生课程助教来辅导学生并在网上论坛回答学生们的问题。学生们发现，吉尔·沃森回答问题及反馈的速度比其他助教更快。事实上，吉尔·沃森不是人类，而是教学机器人。"她"与参加游戏节目《危险边缘》出名的 IBM 沃森电脑有一定渊源，还被培生全球教育集团（Rearson Global Education Group）应用在一个实验项目中。学生们没有辨识出这是一个机器人助手，这个现象让我们想起了本书第二章介绍过的一种计算机智能测试——图灵测试。

我们既有理由鼓励这种应用，也有理由反对它。如果人工智能可以用于金融服务业、制造业和零售业，那么为什么像教学这样的职业就能对此免疫呢？或者，一个具有创业精神或创新精神的学生如何才能被算法充分识别出来？

马萨诸塞大学（University of Massachusetts）的贝弗莉·帕克·伍尔夫（Beverly Park Woolf）在她的论文《人工智能与教育：庆祝联姻 30 年》（*AI and Education：Celebrating 30 Years of Marriage*）中提到了对新的"智能系统"（人工智能的另一个名字）的需求——不仅是为了个性化教学，也提供了对学生情绪的反应和响应机制。贝弗莉提醒我们说，学习通常与学生的情绪状态有关。这和经验丰富的教师所见略同。这种具有辅导性的"智能系统"不仅可以识别学生的情绪，也可以定制与那种情绪相匹配的指令（人类教师采用的方法略有不同，他们倾向于运用策略来改变学生的情绪，从而让学生形成正确的学习心态）。

贝弗莉还指出，21 世纪的"智能系统"对于教授如何获得与这个世纪相关的软硬兼备的能力特别有帮助，这说明许多教学机构"看起来就像 19 世纪的机构"，也就是"老师讲授，学生被动接受"。她的这番言论暗示着 19 世纪的教育流程和 21 世纪（或更晚）的教育需求存在一种错位匹配。[31]

在其他方面，专家指出教育中的人工智能应当拥有以下功能：

- 每一个学习者的虚拟导师。它们提供无所不在的支持，将用户建模、社会模拟和知识表达集合起来。
- 交互数据分析。将大量的个人学习数据、社会环境、学习环境和个人兴趣汇集在一起。
- 全球教室机会。增加世界范围内的互连性和可及性。
- 终身融入生活的技术。学习走出课堂，进入学生的校外生活。[32]

一个需要考虑的问题是：教育系统中的人工智能是否会创造出一个贫富分化的教育社会？有些人可能会说，这样一个社会早就已经存在了，英国的私立学校就是一个活生生的例子，它根本不是公立的，而是一种私人教育形式［私立学校一词的概念源于公众资助（付费）而不是政府资助］。根据英国政府的报告，每 20 名符合条件的私立学校学生中就有 1 人进入牛津或剑桥学习。相比之下，政府资助的公立学校的这一比例为 1%。[33]

萨顿信托教育慈善机构（Sutton Trust Charity）的一项调查显示，牛津和剑桥的学生（被统称为"牛桥"机构）代表了美国三分之一的职业精英，英国十大公学（伊顿公学、温彻斯特学院、查特豪斯公学、拉格比公学、威斯敏斯特公学、马尔伯勒公学、德威中学、哈罗公学、圣保罗公学和惠灵顿公学）的学生代表了该国 12% 的政治精英。仅伊顿公学就培养出了英国 4% 的政治精英，其中包括 19 位英国首相。[34]

另外，在教育中使用人工智能会有助于创造公平的竞争环境吗？如果学习目标从长远来看是可以实现的，就可以根据个人需求量身定制教学模式，并配以合适的教学节奏，从而实现更好的机会平等。

自动化教育适合年纪很小的学生，还是年纪大的学生？什么年龄的孩子能从半自动化或完全自动化的毫无人类干预的机器人学习系统中获得最大的收益？人们接受孩子在多大岁数能够在家中自理且不被监督，可能会为这些问题提供一些线索，但这个年龄在全球范围内显示出差异性。普遍认同的基准年龄为十一二岁。从某种程度来说，许多孩子在那个年龄之前就已经可以一个人待在家里了。但是如果没有某种形式的监督，那么孩子能否集中精力学习，而不是玩无关的游戏或沉溺于社交媒体？这个问题还有待解决。

到 2012 年，已有 8 400 万台 iPad（苹果平板电脑）被售出，其中一些被刚过两岁的儿童使用。《个人电脑世界》（*PC World*）杂志在英国将 iPad 列为 2010 年度最杰出的玩具。

美国公共广播公司（Public Broadcasting Service，提供儿童内容及其他产品的广播及网络节目供应商，自称是美国最大的教室）对 3~7 的儿童进行了一次为期两周的研究。研究发现，教育类 App 可以在两周之内将孩子的词汇量提高 31%。美国公共广播公司推出的教育类 App 可以让家长观察孩子的在线活动，并了解读写、科学知识和情感兴趣等关键能力的进展情况。该 App 还设置了一系列学习活动，比如针对 2~5 岁孩子的感谢目标（thank-you goals）活动，目的是帮助孩子们培养表达欣赏能力、创造力、灵巧性及读写能力。

现在越来越清楚的是，我们需要为年幼的孩子们创造教育过程，从而让他们做好准备以应对以后的生活。"给我一个 7 岁的孩子，我会还你一个成人"，这个表达与耶稣会的宗教格言非常相似，但它实际上起源于古希腊的亚里士多德哲学——它指出，关键能力的基础是在幼年时期（教育过程的早期阶段）奠定的。

在全球范围内，定制学习过程的能力可能会越来越有效地创造出更公平的教育竞争环境。教学和学习可能会受到技术可及性的限制。然而，对于一些人来说，获取技术的难度和技术的成本将令他们望而却步，这可能会与教育目标相悖。也许传统教学方式仍然为穷人所需要？

智能系统显然有能力根据学生的年龄、能力和支付能力来创造个性学习模式。电脑化的助教似乎是可行的，它与财富管理行业的机器人财务顾问助理的作用如出一辙。那么，教师和讲师会处于什么样的境地？

未来，各级教师将越来越需要对这些赋能技术了如指掌。在转型的早期阶段，会出现一些中间状态。这些转型必定会给现有的教学人员带来额外的压力。其中许多人已经面临着应对班级规模扩大后的外部审计的压力，另外还有资金约束，教学大纲、课程和教学要求变化，行政负担加大，学生不守纪律等各种压力。对于一些老一辈的教师来说，这种额外的负担可能会把他们逼到绝境，并可能会导致他们行业经验的流失。

与其他职业一样，年轻教师将越来越需要接受这些新的教学方法的培训。大多数人可能更愿意接受转型。有赖于转型的质量与性质，以及教师本人与科技发展、学生的关系，新的教学方法也可能产生额外的吸引力，让更多的人加入这个行业。然而，监控学生-机器互动类比较被动的岗位，可能不会那么吸引人。

警务行业

新的智能警务工作方法已经出现，它可以识别犯罪热点，并能更有效地引导警车巡逻。由于可见性增强而且更加及时，智能警务通过使用高级分析和地理空间分析的结合，使得昂贵的警务资源得到了优化使用。或许智能警务在不久的将来会达到一个全新的水平。

2017 年，迪拜部署了首个机器人警察，并将于 2030 年部署首个完全自动化的警察局。也就是说，这个警察局里不再需要人类。迪拜警方已经计划在应用自动支付处理、虚拟助手、预测和防止犯罪的算法的同时，使用自动化警察局。机器人警察会多种语言，主要在旅游区投入应用，作为威慑犯罪的手段。此外，人们还可以通过这种现代化的机械战警支付罚款。迪拜警察机关未来塑造中心（Future Shaping Centre）的负责人阿卜杜拉·本·苏丹（Abdullah Bin Sultan）准将说，到 2030 年，他希望机器人警察在警察部队中的占比能达到四分之一左右。[35]

在英国，达勒姆（Durham）警方也计划使用人工智能来给罪犯打分，以评估他们未来再次犯罪的可能性。警方的评估工具被称为危害风险评估工具（the Harm Risk Assessment Tool）。在低风险的情况下，该工具的评分准确率可以达到 98%，而在高风险的情况下准确率则为 88%。在高风险情况下，这一工具的评分准确度明显较低，这是由于系统内部存在一种偏见，即对那些更有可能再次犯罪的情况进行"谨慎"加权。[36] 技术纯粹主义者可能会对这种人工智能工具颇有微词，他们认为这种方法更多是一个预测性分析，和营销人员用来识别客户购买倾向的方法基本上没有什么两样。

人工智能环境下的犯罪预防可能不会一帆风顺。2016 年，ProPublica（一家总部设在纽约曼哈顿的非营利性机构）报道了一款基于证据的软件在美国的应用情况，指出该软件可能存在偏见。

ProPublica 调查了 2013 年和 2014 年 7 000 名被捕人员的记录，通过预测工具了解了他们的详细情况，发现在那些被判定为可能犯罪的人员中，只有 61% 的人真的实施了犯罪。ProPublica 称这个分析结果要比抛硬币靠谱一些——在案例审查中使用的算法是专有的，并且考虑了教育、就业和以往犯罪记录等因素。

关于个人犯罪倾向的预测工具从 20 世纪 70 年代投入使用以来，也面临了一些诟病。诟病者指出，如果一个聪明的系统可以预测谁有可能在未来实施犯罪，那么事先就把他们关起来岂不是会更有效？这样一来，那些已经拥挤不堪的监狱和拘留所状况是不是可以因此得到改善？同样地，其他刑罚（如缓刑）是否可以更有效地起到威慑作用？

在最好的情况下，评分系统只是用米作为指标的，但是一些法官已经将它用在了量刑等更具规范性的用途上。2013 年 8 月，威斯康星州的一名法官宣布，被告人"身份已被（计分）评估系统确定为一名对社会具有高风险的人"，并被判处有期徒刑 8 年零 6 个月。[37]

医疗保健行业

越来越多的科技公司开始将目光瞄准医疗保健行业。科技投资公司投资的人工智能初创企业主要关注以下领域。

- 生物制药。主要从生物中提取药物成分或利用生物生产半合成药物。这是一个受到高度管制的行业，而且涉及多年的临床试验。
- 诊断。既适用于常规疾病，也适用于更复杂的疑难杂症，比如癌症等。

智能诊断包括自动患者分类和一级护理。就像所有的人工智能形式，这种诊断在很大程度上依赖于数据，而且由于失败的后果过于严重，这一目标的实现道路可能荆棘密布。[38]

就像所有的技术应用一样，一个鼓励进步的"燃烧的平台"是必不可少的。在医疗行业，这些"燃烧的平台"存在人口老龄化、技术人员短缺、医护人员因压力患病等问题，需要更好的成本管理。人们越来越期盼简单的医疗问题不再让医师操心，而是让能力更强的护士和知识更丰富的药剂师来承担。除此之外，城市化的影响也让医疗服务面临巨大的压力。

在中国，每1 000人只能配1.5名医师（相比之下，这一比例在美国是2.4，在英国是2.8）。智能诊断工具有望在10年内替代医师一半的工作量。根据弗罗斯特沙利文咨询公司（Frost & Sullivan）的说法，除了减轻医师的负担外，智能系统有潜力将治疗效果提升30%~40%，并降低多达50%的费用。[39]

新技术被越来越多地应用于自动图像分析，这是机器学习的强项。组织分析自动识别软件利用智能算法能够改善细胞（如癌细胞等）检测的方法。这样一来，由人工检查进行主观决定的环节就省掉了，在时间上和成本上都有好处。

此外，早期测试表明，智能自动化方法甚至可以用于治疗抑郁症，正如"Woebot"（一款聊天机器人）所证明的那样。这是一项针对一群自称自己情绪低落的美国大学生的试点研究。研究结果显示，智能自动化交谈类App可以为病人提供容易获得的、引人入胜的并且有效的认知行为疗法。[40]

解决人口老龄化问题面临迫切的需求。到2050年，世界范围内65岁以上的人口将超过15亿。在英国，今天出生的孩子可能会活到90多岁。日本人的平均寿命居全球之首，它是老年陪护型机器人研究最前沿的国家之一。这些"社交伴侣机器人"不仅可以提供饮食和营养方面的建议，而且也能进行交谈会话。斯坦福大学正在研发的"护理机器人P37S65"（Carebot P37S65）就是这样一种社交伴侣机器人。[41]专家建议，这些新技术不应该取代人际交往，而应该成为人际交往的一种补充形成。也许，随着人工智能导致失业人数增加，未来会有更多的人有时间照顾年迈的邻居和亲戚。

关于医疗保健的话题将在第五章中加以详细地讨论，但与其他行业一样，医疗行业中的大部分领域可能会日益受到新兴智能方法的影响。

农 业

粮食短缺可能会成为我们即将面临的潜在威胁。到2040年，世界人口将增长到90亿，全球食品需求将在未来50年内翻番。现在已经出现的情况包括以下方面：

- 全世界有10亿人每天晚上饿着肚子上床睡觉。
- 在世界上某个地方，每3.6秒就有一个人饿死，其中四分之三是5岁以下的儿童。
- 世界上大约三分之一的5岁以下儿童存在严重的营养不良问题。

除此之外，25%的农田将遭受环境恶化的影响。在印度，75%的水被工业和农业垃圾污染（联合国的统计数据显示，印度拥有手机的人比用得上厕所的人还多）。[42]

令人担忧的信息层出不穷。在这个最关键、最人道主义的领域，专家们是否能够利用人工智能的杠杆和资源来最大程度地解决问题？农业涉及多个维度，传统上，它的发展取决于人类的直觉和经验，但现在似乎是时候采用更科学的方法来应对挑战了。

农业市场已经日益受到无人驾驶拖拉机、挤奶机器人和自动化收割机等装置的影响。农业市场还受到更小型的机器人（包括播种机器人、割草机器人和修剪机器人）的影响。

人工智能在农业领域有着相当广阔的用武之地。

- 综合考虑气候和天气、收割打捆以及土壤肥力等因素，更准确地理解播种和施肥的最佳时间以确保增产。
- 使用传感器并及时经济地运用介入技术对作物生长进行管理。
- 协调市场需求，确保供应链可用性与供应能力相匹配。
- 自动化农活代替手工劳动——特别是考虑到对许多年轻人来说，务农并不是他们的职业选择。
- 机器人收割。
- 害虫及疾病管理。
- 自动灌溉，包括及时浇水。
- 作物质量测量和管理，包括库存管理及风险管理。

在前文中，我们已经讨论了大趋势的问题，其中之一就是城市化。人们从田间流动到城市，加上农业劳动力的减少，从表面来看，农业生产似乎正面临灾难性的滑坡，而与此同时世界人口却正在增长。

那么，未来的"农民"会是什么样子呢？农业历来靠天吃饭，充满了直觉知识和不确定性，然而现代农民却越来越倾向于用分析方法来理解最佳播种时间、最佳施肥量、最佳收割时机，以及如何追踪他们的作物质量。

除了更有效的测量之外，收割方法也变得越来越以技术为导向。昂贵的收集装备和收割设备正在实现自动化。收割机和与其相连的收集装袋机能够实现无线连接并且完全同步。收割机驾驶员的存在只是为了处理田间的旧自行车等障碍物。另外，在任何情况下，如果发现障碍物，排障设备可以很容易地让机器停止运转。人们还能够对收割机和拖拉机进行遥控指挥。

应用地理信息系统不仅能够保证整块田里的作物都已收割完毕，而且还能检查收成情况，帮助农民了解作物的最佳质量和最高产量。

对于许多传统的农民来说，运用这样的方法并不轻松。他们越来越依赖于和设备制造商及供应商之间的有效合作。此外，农民也更加需要与专业的农业数据分析师保持联络，依靠这些分析师收集和解释数据，获悉最佳操作路径，这就是日益为人们所熟知的精准农业。

除了作物管理之外，人工智能还能帮助奶农们更好地理解和管理他们的畜群。自动挤奶机把人工干预量降到了最低，而且还能跟踪牛奶质量，以及辨识出任何形式的疾病或感染。

除此之外，农业保险公司能够利用人工智能更好地理解和量化由于恶劣天气造成的农作物损失。传统上，农民不买农作物保险，要么是因为这种保险并没有覆盖他们种植的庄稼，要么是因为手续太麻烦了。新的数据驱动方法使得新的保险模式能够为"整个农场的收益保驾护航"。[43]

农业，也许曾经被认为是那些毕业时拿不到文凭的人所从事的职业（带有歧视的眼光），现在正日益成为班里最聪明的学生的职业选择。这是一个成功应对技术变革的行业典范。

最后，让我们回到全球粮食短缺的问题上来。仅靠数据和分析，即使再加上自动化和智能系统的助力，也不是解决这个世界性难题的万灵药，但它们确实可以起到帮助作用。

在印度，服务于半干旱热带地区的国际农作物研究所（International Crops Research Institute）的科学家和微软的工程师们共同应用以云技术为基础的预测性分析，精确地算出了播种日期。早期成果令人鼓舞——在 175 个试点农场中，产量增长率高至 40%，创下了历史新高。另有 2 000 个农场将被纳入试点计划中。[44]

科技行业

在考虑技术、人工智能和认知分析对其他行业的影响时，我们却忽视了科技行业本身所受到的影响。人们可能会简单地认为，科技行业将影响其他所有行业，但相对而言，它自身的环境将毫发无损。这是不可能的，而且公平地说，科技行业本身也应该受到影响，这才是合理的。

与许多其他行业一样，IT 行业也包含多种职业，如开发、销售、营销等。其中绝大多数（也许是全部）将在某种程度上受到人工智能革命的影响。

科技行业面临的最大问题可能是资源和人才流失。在人工智能的发展过程中，专家资源是最容易流失的。公司正在寻找学术领域的人才，但学术界却没有足够的商业意识。专业人员的流动是不可避免的。许多低收入的学者跳槽到高薪的商业领域，已经成为一种显而易见的趋势。很多技术开发人员已经在研究相关措施来阻止这种趋势，但他们需要更多的资金支持，尤其是在风险如此之高的情况下。

那些想从学术界转移到商业领域的人才，难免会遇到一个伦理问题，那就是为了单个企业和股东的利益而牺牲造福人类的个人理想。对此他们该做何感想？幸运的是，这两者并不相互排斥。

谷歌、百度等大公司财力雄厚，随着人工智能的发展，它们似乎有可能继续投资内部或外部学术组织。2016 年，谷歌公司宣布为支持蒙特利尔的人工智能研究捐赠 450 万加元。蒙特利尔大学（University of Montreal）和该市的麦吉尔大学（McGill University）宣称在人工智能这个蓬勃发展的领域，它们拥有 150 名研究人员。这种人才集中度据说要高于世界上其他任何地方（至少目前如此）。[45]

除此之外，科技公司也在加强创新中心在孵化和加速推广新创意方面的作用，通常采用的是实物而不是财务援助的形式。它们一般会提供低成本或无成本的技术支持。例如，IBM 通过 Smartcamp（创业家训练营）计划，提供教练、指导和网络等服务，最后还组织一场竞赛，获胜者可以得到一笔投资资金。IBM 的全球企业家计划（Global Entrepreneur programme）为合格的初创企业提供高达 12 万美元的云信用，允许这些企业访问 IBM 的应用程序套件。截至 2018 年，IBM 提出的准入资质是，初创企业成立不到 5 年，年收入低于 100 万美元，与一个经批准的企业组织（比如一个创新中心或风险投资家）等合作。[46]

IBM 并不是唯一采用此类策略的公司。甲骨文公司的创业云加速器项目（Startup Cloud Accelerator Programme）也提供了类似的援助。2016 年，百度公司安排了一笔 6 000 万美元的拨款，资助一个名为东风风投（Easterly Ventures）的计划，扶持巴西的初创企业。这是中国科技巨头首次在境外设立基金。对于这个项目的准入资质，百度公司要求参与计划的初创企业已经进入成长阶段，并且具备清晰有效的产品定位。作为回报，项目将提供技术支持、移动流量和国际经验，以及进入中国市场的便利。[47]

所有这些方案都旨在为销售及市场营销领域提供支持和建议。它们是初创科技企业的生命线，尤其是在其他所有企业都是以营业收入为发展的衡量标准下。当然，收入是至关重要的，哪怕只是为了支付账单，哪怕很多初创企业的重要性是用价值而不是营业额来衡量的。

简单来说，一个公司的价值就是人们愿意为它付出的代价。价值的衡量方法从来就不单一，它可以基于公司的资产、潜在现金流、赢利能力，甚至对未来前景的预感也可以用来衡量价值。[48]

特别是在技术领域，被普遍看好的是未来有前途的技术，即功能性技术，即使目前没有明显的价值变现方式。脸书（Facebook）此前一直致力于将其客户基础货币化，并使用客户数据进行了广告宣传。此外，利润不一定是公司价值的关键，因为初创公司经常把多余的钱投入销售、营销和开发领域。

价值的一般规则包括以下方面：

- 适度增长型公司的年收入达到 1~2 倍的增长。
- 高速增长型公司的年收入达到 3~4 倍的增长。
- 极速增长型公司的年收入达到 10 倍的增长。

甚至对一家没有任何收入的公司进行估值也是有可能的，但这更多采用的是一种水晶球凝视法（crystal ball gazing）——考虑公司的研发投资方案，或与同类企业进行比较，可能会提供某种参考指标。

与其他行业一样，科技行业的销售和营销也将被人工智能改头换面——需求和供应之间的匹配度将进一步提高，市场反应将更加灵敏，定制化服务将增多，收入模式将更加多元。

购买者将更加了解供应商的能力。服务或产品原有的重心地位很可能会丧失，与技术供应商之间新的基于体验的关系将成为重点。这种体验将日益取决于企业的文化，而个人表现将通过完善的人才管理体系越来越多地以文化来考量。

20 世纪 40 年代初，IBM 创始人托马斯·沃森曾说过一句名言：这个世界只需要 5 台电脑。这句话经常遭到嘲笑，但事实上，有些人甚至认为 5 台电脑都有点多。谷歌、亚马逊和德国电信（Deutsche Telekom）等公司已经在打造可以为"成千上万台或数百万台个人服务器及个人电脑"[49] 提供服务的超强计算网格。现实情况也许是，人工智能越来越普及，它的开发者不仅只有公司，还有公司的外部创新网络和初创企业。沃森的断言将被证明是正确的。

一些有趣的关于工作概念和个人价值的伦理问题出现了。问题是沿着这种脉络不断发展的：作为个人，当我们共同行动时，我们都有能力影响变革的方向。例如，出租车司机如果不满意优步（Uber）之类新商业模式的产生和发展，他们可以集体罢工。然而，再过 10 年或 20 年，当我们身处一个由少数科技公司用算法控制的自动驾驶出租车环境时，人们抵抗变革的能力又将如何？

在人工智能环境中，科技公司似乎有潜力行使巨大的权力。也许正是出于人们的这种恐惧，科技公司不仅应该欢迎这样的担忧，而且应该积极参与讨论。

作为关键参与者，科技公司难道不应该积极地争取主动而把道德和伦理问题留给其他人单独讨论吗？如果不这样做，引发的难道只是怀疑吗？有效的利益相关者管理难道不是项目交付的关键成功因素之一吗？

结　论

有些人可能会建议，在这样的一本书中，将各个产业划分为一线和二线是一种冒险的做法。毕竟，两个层级的各种产业都可以区分不同程度的创新。正如有些人所说，金钱是万能的，那些拥有最大消费能力的产业（如金融服务业），可能不仅更容易识别出发展的机会，而且更容易找到实施的资金。毫无疑问，这些产业也是最需要变革的，尤其是在一个竞争更激烈、更需要区分度的饱和市场中。

另外，在个别的二线产业中，利基创新似乎大有可为，特别是在对具体行业问题进行评估时。在这些情况下，创新可能不过是拿一流的创意为二线产业量身定制。例如，消费者行为分析如何适用于牙科？或者，如何厘清媒体和教育间的重叠区域（如果有的话）？媒体行业越来越将人们的娱乐需求定制化，同样的思维能不能被应用到学习中？

我们不应该受明显的等级制度的约束。也许有一些在二线行业中被淹没的想法和方法，可能会成为一线产业的救星。

看看在人工智能发展过程中的维恩图（Venn diagram），那将会很有意思。也许系统本身会创建出自己的维恩图，就像它创造了国际语言代码来设计一种通用语言一样。

二线球员难道不想加入大联盟吗？人才从一线创新产业向二线产业流动将是大势所趋。也许这将导致在创新、实施和应用方面的某种平衡。与一线产业中的极度混乱相比，政治色彩较轻的二线产业，能对那些有远见的人更有吸引力吗？

在本章中，我们考虑了先发优势和后发优势。也许人才的迁移流动将导致二线产业的崛起，甚至在领导地位上超越所谓的市场领导者。

当然，本书不可能涵盖所有产业，也许对于大量林林总总的产业只能一笔带过。但是，谁有这个胆量或有这个能力，在人工智能革命爆发之前写尽这个大事件所有的结果？

我们不应该把那些没有被论及的产业划为三线产业，它们没有被提及只是受到篇幅的限制。同样，尽管一些产业比其他产业讨论得更加详细，但这不应该被认为是对创新规模的参考指标。创新似乎无处不在，无时不有，各显其能。

本书第五章将讨论职业问题。我们把职业定义为具备可辨识资质的工作。从第五章的一开始，我们就请读者关注能力而不是资历和经验，并且应该认识到，和很多产业一样，绝大多数职业都会受到人工智能的影响。

第五章

人工智能对职业的影响

摘　要

在本章中，我们将更具体地研究高级分析和人工智能对所有职业的影响。从事一种职业需要经过很长一段时间的培训，通常还需要获得某种形式的资格认证。职业有时也被称为一项使命或以工作为导向的承诺。这意味着职业的功能超越了为报酬而工作的浅层次追求，并通过专业团体等形式为增进共同利益而参与知识和信息的分享。

通常，职业被赋予了权力和地位。声望、精英元素，尤其是自我导向能力，都是职业的关键性组成部分。世界上有多少种职业很难确定，但成百上千种不在话下。本章无法涉及所有职业，但试图找出一些关键的职业，如管理、金融、法律和销售等，并试图举例说明所有职业面临的未来。

从事本章讨论到的职业的读者，可能希望根据我们的建议增加或优化自己拥有的能力。本章的主要目的是，人们应该思考变革将要求他们如何重塑自我并向前发展。希望那些从事未被本章讨论的职业的读者能从中发现一些通用的趋势。

简　介

人工智能和认知分析的应用不仅会引起职业变革，而且会影响人们的生活方式。其中有一些变革会更具戏剧性。它们可能会突然出现，并给人们带来伤害，因为人们可能会失去过去有保障的工作岗位（这反过来会影响企业的发展和个人抱负的实现）。其他的变革将会相对平缓一些，人们在回顾的时候也许会问："这是怎么发生的？"

工作的概念需要被重新评价。这个概念已经存在很长一段时间了，我们中的许多人就是通过自己做什么工作或者过去做过什么工作来定义自己的。因此，当我们考虑人工智能对产业的影响时，我们会很自然地进一步思考工作的概念以及它是如何演进的。在某种程度上，这已经在本书前面的章节中讨论过了，所以此处不再赘述。

有一种观点是不可取的，即人们认为所有的工作都是一样的。工作可以是体力劳动，也可以是脑力劳动，或两者兼而有之。它可以是有偿的，也可以是无偿的，但即使没有报酬，它难道不仍然是工作吗？人工智能对无偿工作会产生什么影响？由于人工智能的影响无处不在，永久有偿的工作越来越少，那么无偿工作会不会对人们的日常生活产生更大的影响？人们对社会的贡献以及如何照顾自己的邻居，也可能属于工作的范畴。

许多人已经将这个大数据和分析时代描述为具有重要意义的产业转型，就像曾经蒸汽、电力和碳氢化合物时代的工业转型一样。每一个时代都创造了工作方式的转变。没有理由认为机器人和人工智能不会产生如此大的影响，如果不是更大的话。

我们需要解决的问题是，自己会不会成为这种变革的受害者，或者有什么办法可以影响创新的走向。如果我们把自己看作受害者，那么我们很可能会用否定的眼光看待人工智能，而不是把它作为一种有益的力量。如果我们行为消极，逃避现实，任由技术进步摆布，那么我们难道不该承受最终的结局吗？

另外，如果我们正视人工智能和高度自动化的正向潜力，积极参与到这场讨论中来，那么我们难道没有潜力成为变革的管理人吗？通过更好地理解人工智能对工作的意义，以及它在工作场景中真正的意义，我们不就更有可能应用新系统进行更有效的工作吗？

工作与职业

俗话说："如果一件事很有趣，人们就会说这是一种乐趣。如果它没意思，人们就会称它为工作。"在人类历史上，工作的性质一直都在变化。人们始终都需要做一些事情来维持生存，养活自己，并免受捕食者的侵害。但在我们目前的理解中，工作是什么意思呢？做自己想做的事和不想做的事，这两者之间有区别吗？手艺人或艺术家创造美丽的东西，有时也制作有用的东西，他们在做的是一种特殊的工作。他们在创造中获得了乐趣，同时还能从货物交换中获益或直接获得报酬。

有些工作的功能超越了工作本身。卡拉瓦乔（Caravaggio）、伦勃朗（Rembrandt）和米开朗琪罗（Michelangelo）等著名艺术家的艺术作品都是运用高超技艺和聪明才智的典范。他们的作品具有创造性，为人类留下了不朽的遗产。在那个时代，这些通常是委托行为，也就是说，他们按有钱客户的要求进行绘画或创作。因此，在本质上，它们都还属于工作范畴。

但情况并非总是如此。体力劳动总是与创造力并存。创造能力一直是那些腰缠万贯的、天赋异禀的和特别能干的人的专利。文明人更喜欢耕犁还是画笔，抑或更喜欢鞭子还是文房四宝呢？民族和文明之间的征服行为日益成为常态，甚至人才也遭受某种奴役——承担体力劳动的现象变得越来越普遍。

即便如此，一些技能仍然很重要，甚至是非常关键的。个人会带来一些特殊的能力，很少与人分享，除非迫不得已。mystery（神秘）一词从 misterium（神秘物质）一词中派生出来，它源自拉丁文中表示秘密的词 secrecy，反映了神秘的商人工会的特征。这些商人在英国控制着伦敦金融城，在其他地方也是一样。[1]这些人通常以自由民的身份享有特权，不仅仅是享有安全旅行这么简单。天平的另一端是 villein（农奴），即普通村民，也就是头脑简单、举止粗俗的人。随着时间的推移，villein 发展成了 villain（恶棍）这个词。农奴也经常被认为是一种罪犯，因为他们从事的是最低等的劳动。

工作离不开政治，政治逐渐渗透进了宗教。最终出现的天主教认为来世注定是善行的结果。另外，新教徒认为，他们的来世取决于他们在家务上付出了多少。在长达好几个世纪的时间里，这是导致两种宗教分裂的诸多问题的核心，这种分歧也给人们带来了巨大的痛苦和迫害。

现在，重要的是向前看看现代（或者至少是近代）社会的情况。我们来看看工业革命时代。那个时代，蒸汽革命改变了工人的地位，使他们从以养家糊口为目的的家庭工人变成了工业化制造流程中的零部件。在新工业时代，打卡上班成了工人生活的一个不可或缺的环节。

以安德鲁·卡内基为代表的企业家在《在阶梯上》（*Up the Ladder*）等书中描述的维多利亚时代的职业道德，给工人们提供了一副安慰剂，使他们相信名誉和财富属于所有愿意付出努力的人。

卡内基曾说过："团队合作是一种为了共同目标而共同努力的能力。它是一种激励，让普通人获得不寻常的结果，第一个人得到了牡蛎，第二个人得到了贝壳。"[2]这种认知让人更多地觉得它是来自现代的书籍，而不是一个多世纪前的理念。就像处于鼎盛时期的比尔·盖茨，卡内基在 1919 年去世时已经积累了一大笔财富，并向图书馆、教育机构和医院捐赠了 3.5 亿美元（以当时的标准衡量，这是一笔很大的资金）。

对于处于食物链另一端的人，比如普尔曼铁路车厢厂（Pullman railway carriage factory）的工人，工业化的影响导致工资水平不断下降。对于许多人来说，最终的结局不外乎罢工和解雇。

那个时代冲突不断。工会的力量日益增强，导致雇主和雇员之间的关系日益脆弱。除此之外，在两次世界大战之间，科学的工作方法继续发展。在这个过程中，工人逐渐被视为一种喜怒无常的资产，需要精心培养和悉心照料，就像他们所使用的机器一样。

制造业变成了物质资产和人力资产之间复杂而微妙的互动，而管理的角色则包含了从这两个方面同时获得最大利益的能力。

对成本和生产管理更详细的观察，可以深化我们对物质资产和人力资产价值的理解。为了追求额外的利润，制造商会急于脱手他们最昂贵和生产效率最低的资产。现代分析工具（如财务绩效管理工具）的使用，使雇主在做出此类决定时能够更加胸有成竹。

许多进行重组的公司都是由所谓的行业巨头掌舵的，比如通用电气的杰克·韦尔奇（Jack Welch）等。他们的声誉和财富建立在他们的能力上，比如确定该做什么才能让一家公司恢复盈利，才能保证一家公司的生存，或使并购的公司处于良好的状态。这些企业领导者在人工智能环境下会如何发挥作用？他们有没有可能说"必须这样做，因为分析法就是这样说的！"，从而为变革辩护呢？

有一点可以肯定，未来的领导者在认知分析时代将没有任何形式的行业管理经验。然而，我们需要考虑的一个问题是，这类经验在未来是否真的重要。

越来越多的高管制定愿景和战略，把公司留给员工去管理，以避免微观管理的相对混乱。麦克·戴维森（Mike Davison）在他的《大战略家》（*The Grand Strategist*）一书中提出，管理的主要作用是通过提供共同价值和共同目标来"管理任务"。[3] 通过管理并提供一个成功管理的模型，高管们实际上可以让员工自己经营企业。

亨利·明茨伯格（Henry Mintzberg）则提出了不同的观点，他认为对高管来说，"亲临实地"是成功的关键因素。在明茨伯格的悖论中，他说："有效的战略家不是那些把自己从日常细节中抽离出来的人，而是那些把自己沉浸其中，同时又能从中提炼出相关信息的人。"[4]

如果员工是在家办公的远程工作者，并且被分配了与工作相关的其他任务，那么"亲临实地"就会变得更加困难。面对管理个人、技术或两者兼而有之的挑战，管理者越来越多地将注意力转移到管理结果上。正如理查德·唐金（Richard Donkin）所说：

如果旧的管理方式消失了，那么管理本身就会蓬勃发展，因为它仍然是人类社会的组织基础。管理不是被发明出来的，它从最早的时代被保留下来的，只有定义会被定期更改。工作将仍然存在于未来的企业中，并且仍然需要管理，但人们会越来越多地管理自己。[5]

在人工智能的新时代，管理将如何作用于个人的职业发展？也许自我管理是新的大问题？自我管理是否越来越有可能成为组合式工作者（他们与许多潜在雇主建立了一系列关系，而不是只对一个组织保持忠诚）的原则之一？

临时经理或临时工人的角色将更具吸引力。这些临时个体通常能够提供智能系统所不具备的一定水平的知识或洞察力。正如彼得·德鲁克所描述的，这些人将是真正的知识工作者。在一个分析和度量的时代，矛盾之处在于，如何通过正常的绩效管理工具来衡量他们实际的绩效和贡献，而不是将他们作为泛泛的产出贡献者。

然而，如果我们向前展望，认识到简单任务可以通过机器人和自动化来完成，而知识工作者的作用可以被真正的人工智能的认知特征所取代，那么还剩下哪些问题呢？

- 系统能够基于其他系统而不是自己的经验做出决定，这真的可行吗？
- 经验能不能从千兆字节而非学徒制或逆境中学到？
- 用什么来激励知识工作者自愿与公司或系统分享他们的想法和经验，如果公司或社会最终会通过裁员来回应他们的话？

即使在人工智能时代，竞争也将不可避免地存在，知识将越来越多地代表权力。商业实体已经能够通过雇佣条款来对雇员施加限制，从而控制知识共享。但尽管有这些雇佣条款和限制条件，知识共享仍将普遍存在。由于员工的持续流动、社交媒体的影响和个人对获得媒体关注的渴望，以及无处不在的互联网的影响，分享是否会越来越变得无意识？

麦克·邓克利（Michael Dunkerley）在他 1996 年出版的《失业经济》（*The Jobless Economy*）一书中，考虑了技术对未来工作的影响，质疑技术带来的将是一个"机会与休闲，还是痛苦与衰退"的未来。[6] 令人好奇的是，这些问题早在 20 年前就已经被人们预料到了，或许是在人工智能正式投入使用之前的 5 年或更早。

邓克利也提到了帕夫林娜（Pavlina）关于社会阻力（social drag）的观点。[7] 当我们经历了一些变化，但是同伴却仍然认为我们所做的还跟过去一样时，这种惰性就变得随处可见。

在新的人工智能时代，我们是否仍然会被视为在一个不同的操作框架下做着同样的事情？也许新的、变化了的工作方式会让我们现在所知道的旧工作变得过时。当然，有些工作仍将很重要——医学、会计、工程，但这些工作的履行方式会不会变得让现在的专业人士难以辨认？

在一份名为《就业的未来：计算机化对就业的影响有多大？》（*The Future of Employment: How Susceptible are Jobs to Computerisation?*）的报告中，几位作者回顾了美国联邦政府标准职业分类体系（US federal government's Standard Occupational Classification system）中列出的702个他们认为容易受到影响的工作。他们据此得出结论："美国有43种工作面临风险。"[8]

他们还确定了风险人群、所需教育标准与这些工作的薪酬之间的直接相关性。此外，他们还发现了一个"就业市场空心化"的问题，即中端市场角色缺失，但底层体力劳动和高端认知类工作却在增加。

他们采用三个变量（如下所示），通过概率理论计算并绘制出一个岗位计算机化倾向的可能性。

- 感知及操作的能力（通常包括灵巧性和在狭窄空间工作的能力）。
- 创造性智慧，包括艺术和独创性。
- 社交智力，包括谈判能力。

附录B列出了最容易受影响的职业（实际上是工作）。这张表提醒我们，毫不奇怪，舞蹈演员的工作并不容易受到计算机化的影响。例如，让一名芭蕾舞女演员相信她的职业可能会受到技术的威胁，这将是一项特别困难的工作，但我们该如何划定界限呢？一个人形机器人尤米（YuMi）担任卢卡爱乐乐团（Lucca Philharmonic）指挥，并与世界著名的古典歌唱家安德烈·波切利（Andrea Bocelli）共同举行歌剧演出，这似乎正在突破技术和创造力的某些极限。[9]

任何一个岗位或职业在未来会有多安全？也许该问题本身就值得进一步探讨，我们将在本书的后面部分讨论这个问题。同样，谁会因为想到机器人牙医而睡不着觉呢？

能力的重要性

能力通常被认为是一个人在一份特定的工作中所具有的才能。它们是必要的个人特质，员工在履行工作职能时需要在特定角色中运用这些特质。

克里普（Cripe）和曼斯菲尔德（Mansfield）在他们的《增值员工》（*The Value-Added Employee*）一书中列出了他们认为的 31 种"核心能力"。这些能力在总体上可以被分类或聚合，形成普通技能集（见表5-1）。

表 5-1　职场核心能力

企业内部或外部	集群	能力
公司内部	与人打交道集群	领导他人
		提供动力支持
		培养团队合作
		赋能
		变革管理
		发展他人
		业绩管理
公司内部	沟通及影响集群	注重沟通
		口头交流
		书面交流

（续表）

企业内部或外部	集群	能力
		说服性沟通
		人际关系
		影响其他人
		建立协作关系
		客户导向
公司外部	预防和解决问题集群	诊断及信息收集
		分析思考
		前瞻思维
		概念思维
		战略思维
		技术专长
外部	成果取得集群	主动性
		企业家精神
		促进创新
		结果导向
		彻底性
		决断性
自我管理	自我管理集群	自信
		压力管理
		个人信誉
		灵活性

资料来源：Edward J. Cripe and Robert S. Mansfield，*The Value-Added Employee*，2nd ed.（Routledge，2001）. https://books.google.co.uk/books/about/The_Value_Added_Employee.html?id=z02z-nlf4YoC&redir_ esc=y。

这些能力虽然有价值，但相对来说是通用性的。个别职业通常要求与其工作产出相关的特定能力，比如会计工作特别注重数字能力。

当思考新人工智能时代的就业问题时，我们有必要参考特定的工作岗位来更具体地进行分析。采用的方法可以是先对现有的能力加以分析，然后建议岗位员工在未来可能需要的能力。

这样一来，我们其实已经做出了一种假设，即人们目前所知道的岗位或职业还将在未来存在。但它们是否存在将更多地取决于自动化是增强现有的工作职能，还是取代它们。因此，人们已经采用前者关于增强的假设。这是最理想的情形，至少在中短期内是这样的。

莫伊韦克悖论为何会对专业人士构成威胁

汉斯·莫伊韦克（Hans Morevec）不仅因为他在机器人、人工智能和未来主义方面的研究而闻名，而且还因为他是一个超人类主义者而闻名。超人类主义（通常缩写为 h+ 或 H+）被描述为一种智力运动，其重点是通过使用先进技术改变人类状况的能力。

超人类主义的概念所涉及的伦理及现实问题能够影响技术在人类社会中的应用。它的主要代表人物之一是伊朗哲学家费雷敦·M. 伊斯范德雷（Fereidoun M. Esfandiary，1930—2000）。他决定将自己改名为 RM-2030，这首先是因为他认为自己可以活到 100 岁（事实上他并没有活到100 岁，差距还相当大），其次是为了打破一种命名惯例（他认为这种命名惯例反映了人类过去是宗族性的）。

他似乎是一个有趣的人物。作为一个无神论者和素食主义者，他谈到了自己的新名字："2030 年将是一个神奇的时代，到 2030 年我们将青春不老，并有机会永生。"他的遗体没有被埋葬或火化，而是被玻璃化（一种使用快速冷却水进行低温保存的技术）了。在未来的某个时候，人们还有没有可能再和他讨论他的想法？[10]

超人类主义极具争议性，它考虑了介于人工智能和常态之间的某种高级超个体的概念。这个晦涩难懂的领域包含如下概念：

- 民主的超人类主义——我们如何将超人类主义应用于政治结构。
- 永生化——考虑寿命以及如何延长寿命等问题。
- 后性别主义——通过技术进步打破男女隔离。
- 技术主义——如何使技术成为解决生态失衡问题的方法。

这些概念并不是为了影响读者而与他们分享的，而是为了让他们对已经出现的思想和讨论给予相当程度的重视。除了这些特殊的想法，我们也不应该忽视技术主义的概念，它侧重于技术的精神层面。

莫伊韦克悖论的本质是一种与普遍假设相反的发现，它认为人类大脑中的高级思维实际上只需要相对较少的计算；另外，低水平的技能，比如我们在无意识中进行的移动和感知，显然需要更多的大脑资源。这可以用以下这种理念来解释，即大脑控制无意识行为的过程或感知是经过数百万年的进化而来的，因此它们在本质上要复杂得多。

对于科学家来说，这意味着在人类身上看似简单的东西，很难被复制到机器上。

由此推论，对人类而言的复杂行为，计算机执行起来可能很容易。这激发机器人专家罗德尼·布鲁克斯（Rodney Brooks）去寻找一种新的思维方式，那就是制造与昆虫拥有同等智力水平的机器人。他的制造理念是"没有认知，只有感觉和行动"。[11]这个理念后来被称为新人工智能（nouvelle AI）。

但我们不是昆虫，所以我们现在需要考虑那些我们个人认为本质上复杂的任务和行业，以及智能系统如何改变它们和我们。当然，我们不能涵盖每一个行业，但希望能够提供一些一般性的问题和指标。

管 理

人们很容易将管理视为一种功能，而不是一种职业，但那些商业研究者无疑会将其视为一种职业。毕竟，对商业模式、战略和运营的研究难道不像对金融或法律的研究那样复杂吗？

在《哈佛商业评论》的报告《人工智能将如何重新定义管理》（*How Artificial Intelligence Will define Management*）中，作者从对 1 770 名管理人员的调查中总结出了人工智能应用的五种途径。

- 将管理工作留给人工智能。这将扩展到创建管理报告和监视系统。
- 注重管理判断。他们认为，优良管理的本质是运用组织的理解力和经验。
- 把智能机器当成同事。这涉及对系统产出的信任能力。
- 像设计师一样工作。管理者应该运用自己和其他人的创造力来创建综合性解决方案。
- 发展社交技能。随着系统将管理者从费时且几乎没有价值的工作中解放出来，管理者如今有时间发展社交技能。[12]

这份报告对人工智能系统的实施提出了如下乐观的建议。

- 进行早期探究，帮助人们更好地理解管理者应如何与人工智能共事。
- 开发新的绩效指标来促进应用。
- 建立新的培训及招聘策略。

至少有三种其他的职业或职能开始被纳入这个综合体。

- 绩效指标及其系统的分析人员或创建者，需要考虑最适合使用的指标是什么。
- 培训人员或实施团队，需要了解个人将如何与系统交互，并相应地设计培训方案。在早期阶段，这可能尤其困难，因为培训人员本身经验有限或没有经验。
- 招聘人员（通常在人力资源部，但也可能在中介机构，如人才招聘机构）同样没有经验，可能正在寻找潜在的求职者或新员工，而这些人同样可能经验有限或没有经验。

即使基于传统需求，新的管理功能也是被需要的。总的来说，管理是一项艰难的工作，因为它要不断地平衡业务运营需求和关键利益相关者的期望。这种新范式的必然性将把困难提高到一个新的水平。未来的管理角色不适合由胆小怯弱的人来担任（见表 5-2）。[13]

表 5-2　管理者的新角色

现在需要的能力	未来需要的附加能力
善于运用沟通技巧	具有沟通性、创造性、通透性、想象力
善于理解综合操作劳动力趋势	有效理解高级分析系统以衡量绩效，应用智能系统预测竞争性及威胁性等内外部因素
善于扩大影响力	通过技术增强形成个人品牌
关注员工职业发展	为个人及系统赋能，擅长将员工职业发展与智能系统进行有效匹配

（续表）

现在需要的能力	未来需要的附加能力
善于将领导力优势最大化	擅长领导人类与智能系统协作，能够在快速变化和不稳定的商业环境中工作且无情感上的不安全感
善于倡导组织变革	具有企业家精神，灵活应变，善于处理持续的不确定性和操作易变性

财务办公室

首席财务官（CFO）及其团队的角色在过去20年中发生了重大变化，即从组织的财务守门人转变为首席执行官的战略财务顾问。首席财务官甚至被称为组织的"副驾驶员"。

在未来，我们从今天的工作环境中认识到的典型业务目标很可能会保持不变。这些目标包括创造利润、赢得竞争、取悦客户、满足股东要求。

领先的公司不再只关注产品的成本。相反，它们需要更细化的财务粒度，需要了解流程、产品、地理位置、细分领域、客户和渠道的成本。通过微观管理，首席财务官能够在企业内部创造宏观确定性。

除此之外，首席财务官还需要不断提高预测的频率和准确性。这样做可以确保组织的绩效与战略保持一致，并在必要时采取校正行动。

财务办公室所做的许多工作仍然相对简单，只是例行地应用一套规则来开发流程和进行输出。除此之外，该办公室可能会从现有数据中识别出异常值，并在可能的情况下对其进行修正，或者向更具资历或经验的人类专家咨询。

随着人工智能的发展，财务办公室对人类干预的需求可能会减少。然而，对于那些需要运用人际关系或互动技能的岗位来说，迄今为止仍然只有人类才能承担。[14]

首席财务官办公室的标准职责，以及自动化系统和人工智能可提供帮助的领域包括以下方面：

- 财务会计——人工智能可以协助进行财务工具的分类和计量。
- 贷款损失补贴计算及优化税收。
- 预算、规划、管理和协调业务流程（自上而下、由内向外或自下而上）。
- 债务人跟进，包括销售未偿和债务收集。
- 调解或使用高级分析法及监管科技（Reg Tech）来帮助满足监管风险要求。这些监管科技源于巴塞尔协议（Basel）、欧盟保险公司偿付资本监管（Solvency II）、国际财务报告准则（IFRS）、通用偿付比率报告框架或财务报告框架（CoRep / FinRep）。[15]

财务办公室的部分业务范围包括对公开上市交易的公司进行审计。这些审计不仅保证了财务报表的准确性，而且对公司业绩进行了深度观察。

在 CFO.com 网站的一篇名为《未来审计必须做更多：调查》（*Future Audits Must Do More: Survey*）的文章中，德勤公司发布了其 2015 年的报告《审计未来》（*Audit of the Future*），确认需要使用先进分析技术来提供更深入的洞见，并需要将审计业务扩展到历史的财务报表领域之外。报告还指出，虽然 70% 的审计委员会成员……认为审计采用的创新技术和优化流程要与行业同步，但只有 45% 的报表用户对此表示认可。[16]

牛津大学的研究人员表示，在未来 20 年里，美国近一半的工作岗位将对自动化敞开大门。这表明变革将分为两大趋势：

- 首先是易受冲击的领域，比如行政行业、产品制造业和运输业（也可能是销售、服务和建筑领域的一些工作）。
- 其次是管理、科学、工程和艺术领域。[17]

在前一种情况下，牛津大学的报告建议"将低技能工人重新分配到不易受计算机化影响的任务上，即需要创造性和社交智慧的任务"。

这种相当乐观的设想有一个前提，即存在足够的创造性和"社交性"工作可以弥补失去的岗位，而且那些易受影响的工人有能力和意愿改变自己及他们工作的性质。在财务办公室，行政工作绝不是创造性的（创造性的会计工作不受欢迎），因此所谓的工作补偿似乎是一个艰巨的任务。我们将在本书后面章节讨论个人重塑的问题。

至于金融行业是否能够完全自动化，人们只需看看交易大厅里发生了什么变化即可，这里曾经需要人们大喊大叫才能获得关注。而如今，使用高级算法的超高速计算机已经成为这里的一种常态。在这种环境下，电子通信的速度已经成为一个关键的成功因素，几毫秒就意味着利润和巨大利润之间的差异。

当人们用计算机资产（尤其是那些具有学习能力的计算机）取代人力资产时，首席财务官还需要找到一种对账面上的计算机资产进行估值的方法。通过与他人共享技术，运营效率可能会有所提高，但随着行业越来越多地朝着人机共存的方向发展，估值指标难道不需要开始改变吗？

用马歇尔商学院（Marshall School for Business）教授约翰·布德劳（John Boudreau）的话来说，我们有必要审视当前和未来的工作范围，并进行"解构、自动化和重建"。[18]

所有这些影响因素正在进一步重塑首席财务官的角色，它将更加强调首席财务官作为主题专家的专业知识（见表 5-3）

表 5-3　首席财务官的新角色

现在需要的能力	未来需要的附加能力
善于有效管理机构财务	成为组织内部业务伙伴，具有金融和资本管理专业知识
财务守门人，善于成本控制	具有创造力和企业家精神，善于运用预测性及其他高级分析技术预测不利经营成本的出现，推动并管理应急措施
善于跟进业务及监管法规和要求，重视合规并遵循规则驱动	胜任富有挑战性的密探工作，倡导监管科技等新的相关技术，以更低成本提高财务效率并降低风险
成为高效的团队领导者，有能力提供指导并树立榜样	擅长同作为机器人金融顾问的智能系统合作

法律职业

在容易受到人工智能影响的职业中，许多人很可能会认为律师、法官和法律职业排在名单的最后——也许和牙医、芭蕾舞演员处在差不多的位置。

事实可能并非如此。英国伦敦大学学院（University College London，简称 UCL）和谢菲尔德大学（University of Sheffield）的计算机专家认为，计算机已经能够自动识别欧洲人权法院（European Court of Human Rights）的判决结果，准确率达到 79%。

欧洲法院是一家成立于 1959 年的国际法院，其关注重点是法院的 47 个成员国是否在公民权利或政治权利方面侵犯了人权。这家成立于第二次世界大战之后的法院的审理范围包括虐待囚犯、歧视和滥用公民权利。它由 47 名法官组成，每个会员国一名法官，已审理 13 000 多起案件。在 584 起涉及酷刑、公平审判权和隐私权的人权案件样本中，一种人工智能算法能够确定可能的审判结果，成功率为 79%。[19]

一些驻英国的律师已经接受了这种技术，他们将概率分析应用于是否应诉的问题上。当然，决定受理一个案件没有理由不受某种概率分析的影响，特别是一个通过应急费用资助（已成功支付）的案件。如果律师们真的认为承接一起案件除了收取胜诉酬金之外赚不到钱，那么他们拒绝诉讼就具有了商业合理性。

同样，如果一个自动化系统能够准确地显示出成功或失败的概率，那么案件各当事方也可能需要更认真地考虑一下他们该投入多大的精力。

人工智能技术的应用是否会让我们逐渐走上无律师法庭的道路？有人认为，无律师法庭的好处是审判将无纸化、速度更快，而且可以扩展现有的虚拟视频会议系统。反对这一想法的人认为（也许并非毫无道理），自动化的法律体系只会让最弱势的一方处于更弱的地位。[20]

技术方法为一些相当激进的思想打开了方便之门。当然，它在速度方面具有优势，但这足以成为对公平诉求的合理交换吗？自动化是否一定会降低成本，尤其是在低端市场，从而使穷人更容易获得法律保障？如果计算机化能够提高可获得性、降低成本并避免延迟，那么它可能是一种公平的交易。

一个自动化的法律系统可以处理一些上诉程序。同样有趣的是，一个自动化或虚拟的律师能不能通过原告的在线个性和行为来更深入地了解他们的态度？

这对实习律师意味着什么？一位离婚律师（参与了一桩关于一只

鹦鹉监护权的案件）引用了一段未具名的话，他说："我在法学院待了7年就是为了这个？"虽然自动化系统可能会增加低价值和相对不重要的诉讼案件的总数，但如果它能为更重要的案件腾出时间，那又有什么关系？

伦敦大学学院的尼古拉斯·阿勒特斯（Nikolaos Aletras）博士告诉英国《镜报》（*Mirror*）："我们不认为人工智能会取代法官或律师，但我们认为，他们会发现在案件中迅速识别导致必然结果的模式是有用的。"[21]

决策的时机似乎也很重要。《美国国家科学院院刊》（*Proceedings of the National Academy of Sciences*）2011年刊登的一篇文章说："有经验的以色列法官在午休后的裁决要慷慨得多。"这表明人们有充分的理由利用人工智能来确保公正的裁决。[22]

不利的一面是训练问题。初级律师难道不需要在小案件上磨砺自己吗？难道任何职业的训练不都应该包括让你成为拎包的人并处理更简单的问题吗？我们不都是通过训练打磨自己的风格，认识自己的优缺点，最终成为更好的专业人士吗？我们该如何划定界限？预测法律结果的伦敦大学学院的算法似乎已经考虑到了道德因素。道德可不可以被编码？也许它一直都在以一种非常微妙的、非技术的方式被编码。

自称法律未来学家的乔丹·弗隆（Jordan Furlong）在他2008年的博文《核心能力：律师现在需要的6项新技能》（*Core Competence：6 new skills Now Required of Lawyers*）中，为"新时代"引入了6项附加能力（见表5-4）。[23]10年后，这些都值得我们重新审视。我们所看到的职业并非不受人工智能的影响和增强。为什么他们和其他人不同呢？

表 5-4　律师的新角色

现在需要的能力	未来需要的附加能力
善于关注细节	具备从大数据生态系统中收集事实的能力，能够获得更多洞见以进一步指导质疑
善于逻辑推理	能让机器人法律顾问测试逻辑推理过程或提供替代性推理形式
擅长人际说服，能有效进行书面沟通	善于理解和有效运用全媒体手段
具有健全的判断力	拥有情绪智能以增强机器人的逻辑决策，并在适宜处对它施加影响
具备法律知识及分析能力	能理解并有效运用新的相关技术，如机器人法律顾问（它将代替人类对全面掌握法律知识的需求，人类只需知道基本原则即可）
支持法庭出席，具有高度诚信	对数据驱动见解持开放态度，对信息使用持高度道德立场

销售和营销

销售是商业的核心环节，没有销售就没有商业。即使许多人把销售人员视为一种投币操作，特别是涉及佣金的那类，但它仍然是一种高尚的职业。市场营销不同于销售，但两者紧密结合。市场营销是推销服务或产品的过程，包括市场调查和广告。

销售人员的作用从根本上说是在买卖双方都满意的条件下实现所有权的转让。在最好的情况下，销售部门与营销部门共同运作，产生销售线索，然后将其转化。通常，企业也会利用专业的第三方公司来生成销售线索。

通过使用数据库、计算机软件系统和互联网研究来识别个人、公司和机构，企业可以实现潜在客户开发。分析法被越来越多地应用于管理个人绩效和创造游戏化模型，从而在员工之间制造一些内部竞争。企业声称潜在客户开发业务是以道德为导向的，因为它不赞成使用间谍软件或木马来获得联系方式。群发电子邮件通常也被视为一种生硬的手段，甚至可能导致公司被列入黑名单。

销售人员的报酬主要来自佣金。他们的目标通常与公司、区域、部门或三者的营业收入目标一致。传统上，销售人员被要求开发一个潜在的具有 5 倍乘数的收入渠道——这个标准假设最终只有五分之一的销售线索会产生真正的销售。销售限制过程是用来确保客户需求和销售机会之间的良好匹配的。例如，有效的销售限制避免了在会计期末签单的内容中存在浪费时间且具有误导性的内部信息的可能性。

因此，有效的市场营销、潜在客户开发和销售限制是销售过程中关键的成功因素。然而，世界在变。由于超过 40% 的销售已经在没有人工干预的情况下实现了线上化，所以面对面干预的机会越来越少。除此之外，购买者已经越来越清楚他们想要什么、怎样获得和何时需要。他们也知道销售人员面临着在关键日期前达到收入目标的压力，因此会利用这种信息确保自己尽可能以最低的价格买到想要的东西。胆小的人不适合从事销售工作。

技术对销售过程的帮助越来越大。许多组织的战略评论（strategic comments）相对公开，并经常陈述其战略或战术目标。这些目标可能包括客户增长水平或分支机构关闭幅度。分析这些公开声明的智能软件已经被销售人员用于匹配客户需求和供应商能力。在此过程中，为销售团队创建所谓的明显的销售线索可以改进销售线索确认流程。

尽管一些技术供应商把这种做法描述为人工智能化的先进流程，但这更多是一种高级分析的应用呈现，因此这是一个用词不当的例子。10 年前，每一项新服务都被描述为一种解决方案。如今，高级分析经常被描述为人工智能，但它显然不是。

然而，销售业绩仍然牢牢根植于服务和产品。汤姆·彼得斯（Tom Peters）在他的《重新想象！》（*Re-Imagine!*）一书中，邀请我们重新认识销售——把它看作一种体验的创造。他认为，像星巴克这样的公司不再是简单地销售咖啡，而是创造一种咖啡体验。他还强调作为这种体验的包装，品牌联想是非常重要的。这再次提醒人们注意销售和营销之间有着密切的联系。[24]

那么，人工智能对销售过程有什么影响呢？至少，销售人员越来越需要成为值得消费者信赖的顾问，而不仅仅是佣金支付的受益者。这将需要更多的理解和同理心，但人工智能将如何影响这一过程呢？

克里斯·英格曼（Chris Engman）认为至少有三种影响途径：

- 更有效的销售线索开发。
- 更好的协调机会和人才管理。
- 提高信任度（同时降低风险）。[25]

销售人员未来需要各种新能力（见表 5-5）。

表 5-5　销售的新角色

现在需要的能力	未来需要的附加能力
善于有效沟通	能有效开发个人品牌以充分区别人类销售员和智能销售系统
高效响应角色奖励系统（如销售佣金结构）	能与智能系统有效协作，帮助系统自我学习并完成小型交易，以关注大型、复杂及高价值交易
善于公平对待客户	能与客户交友，同时在高度规范的环境中工作
善于把握时机	能系统地与机器制造的热门线索配合工作，并为销售过程带来创造性（当智能系统本身无法提供时）

与此类似，作为硬币的另一面，营销专家需要开发更多技术导向的新能力，尤其是因为它们可能更容易受到人工智能应用进程的影响。

营销岗位也可能会越来越多地受到工作条件的影响，以及营销行业向技术（在营销中是数字化）管理客户发展的影响。最重要的是，营销人员必须坚定地认清，在特别具有挑战性的时期，自己在优秀的价值链中所具有的价值，并且努力展示这种价值（见表 5-6）。

表 5-6　市场的新作用

现在需要的能力	未来需要的附加能力
有效运用人际交往技巧，并作为更广泛的人类团队的组成部分进行协作	能够与公司中最紧密的业务合作伙伴（智能系统）共事
善于在营销活动中进行创新	能够创新、有效地运用先进的数字化市场营销技巧
善于应用基本技术，能与程序员和数据分析师等其他专家合作共事	能以技术为核心能力，在自动化环境中运用高级系统协助进行定制化和个性化营销
对营销产品、市场和竞争环境具有较强的商业意识	善于在整个商业价值链中理解和优化营销的新作用，其中包括人机互动

零售商

零售业与销售和市场营销有着密切的联系。未来的零售业可能会逐渐被懂得人类情感的人工系统所改造。苹果公司在关于人类表情的研究报告中，考虑了使用"表情技术"来帮助广告商评估观众对其广告的反应，以及了解消费者对苹果产品的反应。这项技术通过装在产品上的摄像头掌握顾客反应，从而帮助零售商了解顾客的情绪或看法，并相应地调整它们的销售技巧。[26]

它的目的是识别和跟踪七种主要情绪的表达，比如喜悦、惊讶、悲伤、愤怒、恐惧、厌恶和蔑视，以及诸如肯定、否定和中立等总体情绪。[27]

这项技术的使用不可避免地超出了零售领域，并延伸到了病人护理（帮助医生了解无法沟通的病人的痛苦）、执法甚至婚姻忠诚度等方面。它能够理解和解释声调及面部表情，并允许专家在机器环境中进一步复制这些功能。

除了这种情感上的契合，未来的零售商场或购物中心必然会有所转型。在过去的几十年里，购物中心已经从一个购物场所发展成了一个体验（购物体验）中心。麦肯锡等机构的专家认为，未来购物中心将由以下因素决定：

- 差别化消费供应，注重客户体验与便捷性。将娱乐、当地特产和高级餐饮等新元素融入传统购物环境，并创造一种"意想不到的感觉"。
- 利用技术改造商场活动，特别是在客户到访之前、期间和之后与其进行数字化沟通。
- 探索物理空间的新格局，例如创建新的周边环境（如树木及花园等），并以管理满意度和媒介的方式来管理购物场所，而不是管理商店的集合。

对于零售商而言，这意味着它们越来越有必要开发和扩展数字能力，包括创建"客户体验团队"。零售商场的经理们不应该把自己看作零售经纪人，而应该把自己看作直面顾客的可提供娱乐活动的供应商。[28]

通过挖掘客户数据、更好地理解客户如何与零售商交互以及预测消费者行为，人工智能的广泛影响将帮助优化库存管理，从而为零售场所的设计和管理注入活力。人们越来越倾向于在一个更令人愉快的购物场所获得高度个性化的服务。

在 2017 年对英国零售商的一项调查中，近一半的受访者表示，他们已经在使用某种形式的人工智能来了解客户行为并预测需求（纯粹主义者会再次提出，这不是人工智能而是高级分析，因为几乎没有证据表明这是真正的机器学习）。Qubit（一家数据分析创业公司）的调查显示了人工智能的应用途径。

- 推动销售和预期的需求（50%）。
- 理解消费者行为（46%）。
- 针对性供应和促销活动（46%）。
- 定位客户群体（46%）。
- 评估竞争（46%）。[29]

在更家庭化的层面上，数字购物的升级正在打乱杂货和必需品领域的传统购物体验。人们已经在担心传统的杂货店是否会消亡。实际情况是，至少目前消费者把网上购物当作一种便利。这似乎表明，在线杂货供应商还没有真正重视那种为个人和细分市场提供有针对性促销活动的能力，也没有认识到它们真正的目标应该是创造"全面的家庭满意度"。[30]

智能冰箱实际上已经存在，这也许是我们在厨房里拥有的最接近人工智能的东西之一。智能冰箱能够扫描食品条码，通过语音识别添加和监测容量并在库存下降时重新在线订购。但到目前为止，这种冰箱的使用率还没有真正上升。很明显，技术是可行的，但有效的分销伙伴关系可能还没有建立起来，消费者也还没有转变观念。智能冰箱似乎是消费便利的终极形态。对于食品零售商来说，它们似乎为家庭提供了一个真正有保障的分销渠道。那么这种观念有什么不让人喜欢的地方呢？有些人可能会说："谁会想和冰箱说话呢？"[31]

由于保持和增加销售仍然是重点所在，所以零售领域的许多关键任务还将继续存在，但今后它们将变得更加数字化（见表5-7）。

表5-7　零售商的新角色

现在需要的能力	未来需要的附加能力
善于通过对增长机会的了解来促进实际增长	能够使用高级分析技术改进对现有市场和新市场的理解，主动采取措施应用智能系统促进增长
善于促进客户决策——如何让客户走进商店	支持更多定制化、高度个性化的产品供应，同时提供更好的在线虚拟化购物体验，在店铺选址优化方面更加专业
善于打开客户的钱包——怎样让他们花钱	通过使用语境分析、更多使用非结构性数据和行为操控，提高零售机会与预测中的客户可支配收入之间的匹配度
善于通过扩大与客户关系的深度与价值来获得解决方案	通过可信的品牌延伸及创建新的数字化战略，不断实施品牌再造或品牌强化
有能力提高客户参与度——如何让客户更加关心零售商的业务	能提升公司品牌的道德导向，包括更积极的社会意识，并通过移情、游戏及其他数字交互方式提高互动性

商业媒体

在前文中，我们强调了高级分析和人工智能的重要性，即通过更有针对性的市场营销与客户建立更好的联系。这其中大部分将在网上实现。

创造性艺术

把创造性艺术置于能力框架内是很有趣的。这种有趣的行为是在一个名为"艺术家和创造性实践者在参与式环境中工作的培训要求和关键技能"（Training Requirements and Key Skills for Artists and Creative Practitioners to Work in Participatory Settings）的项目中完成的。国际创造性学习基金会（International Foundation for Creative Learning）在儿童和年轻人创造力的框架内提出了几种关键能力，其专注于在课堂内外释放儿童的创造力。这些能力也有可能延伸应用到商业创意环境中。

被确定的关键能力包含以下几种：

- 艺术和创作实践能力。
- 组织能力。
- 与他人协作能力。
- 面对面沟通和促进能力。
- 反映和评价能力。[32]

艺术生产者有助于促进个人和机构的联系，但艺术家们的表现如何呢？在《培养艺术家的创新能力：适应新环境的能力》（Training Artists for Innovation：Competencies for New Contexts）一书中，作者们认为艺术家"既能带来矛盾、对抗和摩擦，又能激发新思想"。[33] 这难道不是我们这个颠覆性时代的正确思维吗？的确有证据表明电脑具有创造力，但它们能一石激起千层浪吗？机器人解决方案能在多大程度上创造这样一个具有争议性的环境呢？

创造力通过创新获得了更多关注，从而变得更加重要，表 5-8 考虑了创造性职业的作用和功能。现有能力要求以现有情况为基础，其表现形式为"创造性冲突"。

表 5-8 创意艺术家的新角色

现在需要的能力	未来需要的附加能力
理解商业组织在创新及业务发展背景下对创意的需求	通过识别和应用关键指标并对其改进升级，更深层次地理解创意媒介，包括创意智能系统在商业环境中的附加值
理解并重视社会变化及其对客户行为的影响	运用社交媒体、评论和语境分析创建对客户的细粒度综合性理解，并由此优化创意艺术在商业环境中的影响
能够在传统互动之外设计新的关系空间	通过协调创意营销及销售与消费者行为特征来建立个性化关系，通过智能系统理解并将空间及维度分析、游戏概念和改进成果应用到创新过程中
善于匹配组织与创意艺术家，以优化创意价值	善于实施智能化人才管理方案，通过协调技能与商业客户需求并进一步利用智能系统的创造能力，将这些管理方案应用于创意艺术

资料来源: Adapted with changes from Anna Grzelec, Artists in Organisations–Mapping of European Producers of Artistic Interventions in Organisations. *Creative Clash*（March 2013）.http://www.nck.pl/upload/attachments/302579/Creative_Clash_Mapping_2013_GrzelecPrata4.pdf（accessed 12 January 2018）.

出版业

在媒体环境中，考虑出版人的角色也很重要。出版人的主要功能是作为知识的看门人或管理者。进一步说，如果人工智能对信息来源存在依赖，那么出版业可能会提供部分信息（可能是数字化的，也可能是硬拷贝形式的）。

在这种背景下，我们不应低估出版业的重要性。尽管人们很自然地认为一切都将数字化，但人类至少会仍然喜欢印刷品带来的那种亲近感，即便人工系统不是这样的。

出版人的作用是跨多个行业委托或创建技术、科学和教育方面的高质量内容。这一过程通常需要特定的行业洞察力才能完成。就像所有的商业部门一样，出版也是一种商业活动，出版人需要了解市场和赢利机会。虽然电子图书似乎为出版业提供了一个重振自身的机会，但内容创造是一种永远都存在的刚需。

与图书行业不同的是，报纸出版商也在努力理解数字时代印刷品的重要性。印刷版和电子版之间似乎存在着一种互相蚕食的现象。但无论如何，许多在线报纸的内容仍然依赖于印刷版本。尽管网络报纸越来越受欢迎，但有证据表明，如果读者为新闻付费，他们会更愿意选择纸质报纸。

在人工智能时代，出版业真正的问题是，出版物的数字版本是作为印刷版本的补充还是取代它们。怀疑论者可能会提出，数字版本归根结底只是一种通过降低成本来使出版商利润最大化的手段。但是，信息数字化大大提升了信息的定制化程度。在前文讨论教育的话题时，我们考虑了未来的教育将如何变得更加个性化，因此出版业没有理由置身于类似的趋势之外。

生产能力是否仍然是出版业的核心竞争力？随着这个问题的出现，[34]出版商可能更加需要重构自身的商业模式（见图 5-1），并将业务核心聚焦于提供愿景、价值和财务管理。这种商业模式很可能被复制到其他行业中（见表 5-9）。

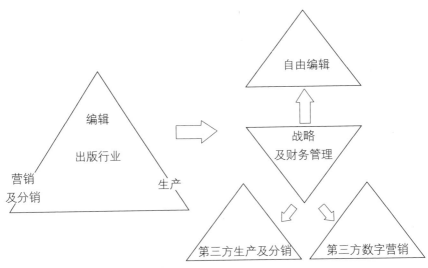

图 5-1　出版行业细分

表 5-9　出版商的新角色

现在需要的能力	未来需要的附加能力
能有效地承担编辑工作，包括委托、创作高质量内容、联络作者等	能提供更具个性化的编辑内容，关注客户需求，提高委托和作者联络过程的自动化程度；使用高级分析和智能系统预测趋势和"燃烧的平台"，及时创建内容，并使内容符合消费者个人需求
能执行媒体创作任务，包括工作格式化及规范化等	善于创建多渠道媒体，通过应用更高级的自动化技术按需提供信息，有效应用各类智能 App 实现文本和语音之间的相互转化
有效执行营销职能，包括推广、宣传、销售及分销	善于开发更加个性化及定制化的营销手段，如采用数字化定向市场营销策略；创建能优化智能系统优势的新出版业务模式

　　伴随人工智能时代的到来，一种替代性的新细分化模式很有可能出现在传统的线性过程中。随着个性化概念变得更加风靡，一种更加自动化的方法也会出现。

运输业

当我们思考人工智能和数据新时代，并对其中的变化感到兴奋或担忧时，我们往往会忽略一个已经发生在我们眼底下的重大变化：交通运输。前文已经讨论过自动驾驶汽车，并延展至自动卡车。在运输领域，我们还要考虑其他自动交通工具。

数字铁路

在前文中，我们讨论过铁路系统由于在成本、可靠性以及连接城市中心等方面的优势，可能会成为航空运输的一种可行的替代选择。数字铁路，尤其是数字信号，已经被视为改善铁路系统可靠性、时间表制定和运行效率的关键催化剂——所有这些都不需要修建新轨道。在英国，由于允许火车更近距离行驶，西南走廊（South West corridor）的运力预计提高了40%。[35]

这项技术已经得到证实：欧洲列车控制系统（European Train Control System，简称ETCS）已经允许列车靠得更近，并以最佳速度运行。这一要求涉及舱内列车控制的标准化，它是在20世纪80年代中期欧洲各国承认14项国家列车标准之后被提出的。基于让欧洲区域内的火车能够以电子方式获取轨道信息，而不是依赖于轨道边的视觉信号这一目标，对数字铁路的需求应运而生。事实上，相关事务协调机构欧洲铁路交通管理系统（European Railway Traffic Management System）表示，数字铁路系统的安全性更高，因为涉及照明的传统信号在行驶时速超过350公里时无法被准确解读。

欧洲列车控制系统是更广泛的欧洲列车框架的一部分，这个框架又是欧洲列车管理系统（European Train Management System，简称ETMS）

的组成部分。欧洲列车管理系统除包括欧洲列车控制系统外，还包括全球铁路移动通信标准系统（Global System for Mobile Communication Standard for Railways，简称 GSM-R）。欧洲列车管理系统的设备可分为车载设备和轨道（或基础设施）设备。

数字铁路改革的关键任务是让火车不停车穿越边界，其他目标还包括改善能源消耗、降低噪声，还要使铁路运输比公路运输更具竞争力。

除了上述控制系统，列车司机还可以使用联网驾驶咨询系统（Connected Driver Advisory System）——它从海量来源收集实时数据——来计算火车行驶的理想时速，以帮助确保列车准时到达。列车自动运行（Automatic Train Operation）与列车自动控制及自动保护（Automatic Train Control and Automatic Train Protection）系统相关联，共同保证列车在各自的时刻表内运行。大多数系统会选择人工操作员作为紧急情况下的自动防故障措施。

铁路工业在多个方面正在经历一场重大革命。城市中老化的有轨电车系统正在被现代化的电车和地铁系统取代。对于铁路行业来说，发展人工智能可能存在争议。随着其他行业越来越需要接受自动化，包括自动货运和远程客运航班，拥有强大工会组织的铁路行业将越来越难以通过抵制机器人管理列车来维持传统的运行方式。它们唯一的谈判筹码似乎是安全性，但这一优势的价值正在收窄，尤其是因为人工驾驶的有轨电车被发现存在人为错误。当这种电车以每小时 40 英里的速度行驶，司机昏昏欲睡，结果导致 7 人死亡及多人受伤的后果时（2016 年的克罗伊登事件），这种说法就站不住脚了。[36] 英国铁路网络数字铁路主管大卫·瓦博索（David Waboso）说："你必须理解是什么让人们感到紧张，这涉及行业的角色和技能的转变。我们需要建立一个新的技能组合，一种新的数字技能集。"[37]

未来学家萨旺特·辛格预测了一个高速铁路的新时代，[38] 这提醒我们欧洲大陆旅行和洲际铁路旅行已经在很多国家形成气候，如法国的高速列车（TGV）、英国的高速铁路 2 号（HS2）、日本的子弹头列车，以及中国高速铁路的快速扩张（这被视为中国 GDP 的重要贡献者）。有人认为，中国将成为世界铁路建设的领军者。相比之下，尽管美国是世界上最具影响力的国家之一，但其高速列车的发展似乎远远落后于时代大潮。

由于 ABB（艾波比公司）等公司已经在考虑将机器人技术应用于机车车辆的设计和建造，人类拥有无人驾驶列车似乎只是一个时间问题。机器人客户服务顾问也将被创造出来，它们将告诉你在哪个站台乘车以及什么时候你搭乘的列车即将离开。或许工会将继续对变革施加阻力，但这种施压会奏效吗？有一种猜测认为，至少在可预见的未来，保安可能会留在一些服务岗位上，同时餐车也将仍由人类员工进行管理。

自动飞行和虚拟飞行员

虽然我们经常想到无人机或无人航空设备，但当我们想到无人飞行的组成部分时，我们会发现这些设备通常是被远程控制的，本质上并不是自动的。然而今天，许多飞机的复杂程度已经到了几乎自动或者非常接近于自动的程度。机器人助手［如机组人员在驾驶舱中的自动化系统（Aircrew Labour In-Cockpit Automation System，简称 ALIAS）］正在飞机和直升机上接受测试，特别是在人类与系统的交互领域。[39]

这将对飞行员产生什么样的影响？表 5-10 考虑了未来飞行员所需要的能力。他们现在所需的能力大致取自国际航空运输协会的培训和资格倡议（International Air Transport Association's Training and Qualification Initiative）。

表 5-10　飞行员的未来胜任力

现在需要的能力	未来需要的附加能力
善于有效管理人工或自动飞行系统	成为飞机内外部自动化及机器人系统的人力备份（能驾驶飞机）
具有领导能力和团队建设能力	能恢复或保持对飞机的控制或感知控制（乘客眼中的），即使以虚拟的身份而不是实际身处于飞机内部
具备情境意识及解决问题的能力，并能有效地做出决策	能通过定期培训及模拟条件下的场景建模获得适当的经验，并能在出现问题时采取应急措施
能够正确地应用程序	能与机器人飞行员协同工作，使它们遵守道德规范等更高层次的规则，并考虑那些必定会出台的新法规的影响

资料来源：Adapted with changes from Viktor Robeck，IATA Training and Qualification Initiative（ITQU）－a total system approach to training. European Airline Training Symposium，Berlin. 2012.https：//www.halldale.com/files/halldale/attachments/Robeck.pdf。

客机、商用飞机和军用飞机飞行员的胜任能力是否存在显著差异？飞行员是昂贵的：培训成本可以达到 10 万英镑，短途飞行员的年薪可以高达 10 万英镑。随着分析技术和人工智能技术日益关注变革的商业驱动因素，对于航空公司来说，那些能替代飞机驾驶的人力成本的方案在商业上是具有吸引力的。

然而，现实情况是，作为乘客，我们在知道没有人在飞机前部的驾驶舱里操作控制器时会不会感到惴惴不安？如果飞行员不是坐在飞机上，而是坐在完全不同的地方，情况又会如何？

空中交通管制员

也许，人们对机器人飞行员的信心也会受到他们对空中交通管制的信心的影响。毕竟，起飞和降落不是飞行过程中最危险的环节吗？

就空中交通管制员而言，尽管仍然存在一定程度的人工干预，但虚拟管理的趋势日益明显。例如，伦敦城市机场（London City Airport）将成为英国首个没有载人控制塔的机场，因为目光锐利的本地控制员将被安装有传感器和摄像头的桅杆所取代。

根据与英国国家空中交通管制服务中心（National Air Traffic Control Services，简称 NATS）签订的协议，伦敦市将捕获 360 度的信息（"其精细程度超过人眼所能看到的"），这些信息将被传送到位于 130 多英里外的斯沃尼奇（Swanage）的国家管制中心。其总体目的是利用英国的 2 000 多名空中交通管制员，通过虚拟图像管理多个机场的运行状况。由此，空中交通的管理成本将降低 20%~30%。

许多国家已经在测试这些技术了。在本书出版时，澳大利亚、匈牙利、法国、爱尔兰、德国、瑞士、法国和美国等国家正在进行测试工作。斯堪的纳维亚半岛（Scandinavia）是应用这种方法的先驱者，那里的偏远机场每天只有一到两个航班，雇用全职空中交通管制员就显得有些奢侈了。虚拟控制技术的首次应用是 2015 年 4 月在恩舍尔兹维克机场（Örnsköldsvik airport），然后是 2016 年在松兹瓦尔机场（Sundsvall airport）。自那以后，这项技术获得了快速推广，尽管有人认为它只适用于小型机场。

正如英国国家空中交通管制服务中心的机场改造主管史蒂夫·安德森（Steve Anderson）所说："是的，小机场确实有明显的好处。规模经济、在一个地点控制多个机场的能力也都是不争的事实，但认为数字塔只适用于低复杂性和空中交通管理容量小的机场，这完全是一种误解。坦白地说，那只是一种偷懒的想法。"[40]

虽然虚拟空中交通管制仍然依赖于人，但这些人离行动地点有一段距离，而且他们的服务严重依赖于技术的支持。对于智能系统来说，它需要做的是直接与飞机交互，并在越来越少的人工干预下开展工作。

工程师与建筑环境

在前文中，我们已经讨论了建筑业在人工智能驱动下可能出现的各种变化，但这些变化对于工程师个人而言意味着什么？"工程师"这一术语涉及面很广这个职业也有很多细分领域，比如土木工程师、机械工程师、化学工程师甚至软件工程师。未来有些通用的变化需求可能适用于这个拥有 300 万 ~ 500 万专业人员的范围较广的群体。所有工程师似乎都具有相对通用的能力，其中有代表性的包括以下方面。

- 应用工程知识、方法和技巧。
- 使用工程工具、设备和技术。
- 保护公众利益。
- 管理工程活动。
- 传递工程信息。
- 在不同环境中协同工作。
- 维护和加强工程技能及知识。[41]

建筑工程师

建筑工程师专注于建筑和建成环境，行业组织可以利用更加功能性的视角来应用表 5-11 中展示的建筑工程师的通用能力。现在需要的能力是从加拿大工程师协会（Engineers Canada）粗略获取的。

表 5-11　建筑工程师的未来胜任力

现在需要的能力	未来需要的附加能力
应用一般性及专门性工程技术知识	获取数据驱动解决方案的特定知识以解决施工问题，如使用预测性分析来预测机器故障
理解和应用设计及施工的理论和实践方法	确定智能数据驱动的解决方案的应用场合，包括在危险工作中使用机器人、智能站点控制和预测天气
展现技术和组织能力	能与机器人系统有效合作，增强传统技术能力，例如设计钢结构建筑；与员工管理系统合作，提高生产率，减少停机时间并避免意外事故
展现维持专业标准的个人尽责意愿	成为熟练的行业大使、有效的沟通者和数据伦理的守护者

资料来源：Adapted with changes from Engineers Canada，Core engineering competencies. Engineers Canada（27 November 2012）. https://engineerscanada.ca/sites/default/files/w_Competencies_and_Feedback.pdf。

建筑规划师

除了建筑业的特定角色之外，还有很多专业人士具有与此相关的背景，未来他们的工作也将被重塑。当继续关注建筑业时，我们不妨看看建筑规划师这个职业。在我们居住和工作环境的设计及开发中，建筑规划师扮演着重要的角色。他们的工作不仅要符合国家和地方的政策，而且需要创造出具有启发性的空间。此外，他们创造的空间还要能支持经济繁荣、减少犯罪和应对气候变化。

建筑规划师不仅需要考虑现有的环境，还要时不时地在一张白纸上创建新的市镇。未来城市的设计可能在很大程度上就出自他们手中。

城市化进程将给资源造成越来越大的压力。众所周知，如今的城市运行效率低下，改善这种状况将是一项艰巨的任务。城市的未来将是一个复杂的连锁系统。

- 更有效的基础设施。

- 更好的交通及拥堵管理。

- 更优的能源、污染和废物管理。

- 公用事业管理。

- 预防犯罪及提高治安状况。

- 其他因素。

这一切的背后是有效的财务管理，包括从控制成本到向市民收费。单独来看，这些操作都很棘手；集中来看，处理这些任务的复杂程度不仅超出了人力管理的能力范围，而且还不得不借助于更智能的系统。智慧城市的概念已经存在一段时间了，但实际上我们只触及了问题的表面。在许多情况下，我们只能找到零敲碎打的解决方案，而不是综合集成的观点。

对智慧城市的需求必然会导致全新职业的出现。在这些职业中，个人能够以最大的效率与先进的系统结合。这些新职业将从何而来目前尚不清楚，但规划行业或许是一个选择。表 5-12 以建筑规划师目前的能力为基础，对他们的未来胜任能力进行了预测。现在需要的能力大致基于表 5-12 中所示的参考内容。

表 5-12　建筑规划师的未来胜任力

现在需要的能力	未来需要的附加能力
能够承担核心规划和计划制订，并运用证据和评估技能	能够与整合结构化和非结构化信息的系统协作，并从中获得可操作的洞察力进行规划及计划制订
善于规划可持续发展、环境及气候变化，社区及居民区、服务及基础设施	了解、应用和倡导新的重大技术，如通过预测性分析预测未来的气候变化；有效使用先进的可视化工具，如应用先进的增强现实工具与关键利益相关者进行沟通

（续表）

现在需要的能力	未来需要的附加能力
具备有效的沟通及交互技能	能够从社交媒体和评论分析中获得洞察力并加以利用，同时应用多渠道策略与关键利益相关者接触
能运用专门的个人技能，如考古学或农村专业知识	能与有特定数据（如专业考古记录等）的智能系统协同工作，并进行跨行业操作

资料来源：Adapted with changes from Local Government Association，The national competency framework for planners. Local Government Association. https://www.local.gov.uk/national-competency-framework-planners（accessed 15 January 2018）。

医疗行业

在第四章中，我们讨论了医疗行业。和许多行业一样，这个综合性的行业有很多组成部分。虽然全科医生、牙医和健康专家被视为行业尖兵，但医疗行业作为一个整体，包含着巨大的生态系统。

医疗行业已经成为应用高级分析系统（有时被笼统地称为人工智能）的前沿行业之一，这是因为在成本不断上升之际，这个行业必须对患者提供有效的支持。

让我们看一下医疗系统中三个职业的例子，并推测一下在人工智能驱动的医疗环境中，这几个职业的未来前景如何。

全科医生

全科医生提供的服务范围很广，包括提供健康问题建议、疫苗注射、检查，以及治疗、开处方药、将病患转至其他健康服务和社会服务机构等。[42]这项工作的要求很高，尤其有时医生们面对的是完全健康的人（他们坚持认为自己需要和那些身体不适并遭受病痛的人一起看医生）。这些压力会使医生身心俱疲。[43]

人口老龄化和城市化进程的加快使这个问题雪上加霜，越来越多的专业人士开始求助于机器人帮助其进行分诊和医疗决策。基于英国皇家全科医师学院（Royal College of General Practicioner）对基本能力的评估，表5-13列出了未来全科医师需要什么样的能力，以及针对私立医院和公立医院的病人是否存在不同的考虑和能力需求。现在需要的能力大致基于表5-13中所示的参考内容。

表 5-13 全科医生的未来胜任力

现在需要的能力	未来需要的附加能力
能够专注于病人的护理	能够更准确地理解和计算患者的生命周期（以年龄为例）相对于治疗成本的价值，并顾及所有适当的伦理考量
具有深厚的医学知识	能够获取和应用来自医疗记录（包括全球数据）的见解，并应用智能系统增强个人对最合适治疗方案的决策能力；愿意与自我学习系统分享病人信息及临床见解
能够展现专业精神和高尚的伦理价值，具备人际交往能力和沟通技巧	善于同患者沟通复杂问题，并信任智能系统来处理容易治疗的较轻疾病
善于通过实践获得知识和提高能力	善于通过计算机培训增加对仿真技术的使用，自我学习新的医疗实践
能够运用基于系统的实践方法（系统为单个患者及群体病人提供具有成本效益的医疗保健流程，包括预约、转院和政府倡议）	能够有效地将传统方法与使用机器人健康顾问等开展工作的新医疗实践整合到基于系统的医疗实践中，将自动化应用到这些实践中，并在适当的情况下创建新的治疗模型系统

资料来源：Adapted with changes from Royal College of General Practitioners，WPBA Competences（Workplace Based Assessment）. http://www.rcgp.org.uk/training-exams/mrcgp-workplace-based-assessment-wpba/wpba-competence-framework aspx（accessed 16 February 2018）。

先进的医疗保健可以解决部分问题，人工智能和机器人技术将对我们的身心健康产生影响。一个名叫 ElliQ 的会说话的机器人，由直觉机器人公司（Intuition Robotics）设计，被称为最先进的陪伴型机器人之一。ElliQ 通过不同的语调、灯光和肢体语言来传达情感。这个机器人会和老人聊天，并建议他们读书、散步、玩游戏、给朋友和家人打电话等。这样做的目的是让老年人不会感到自己在社会上被孤立了，并使他们与朋友和家人始终保持联系。[44]

牙 医

让机器人当牙医的想法会让很多人脊背发冷。虽然这是一个不太可能受到自动化影响的职业，但在分析时代它也很难完全置身其外。根据美国牙科教育协会（American Dental Education Association）目前对能力的评估，表 5-14 列出了未来牙医需要具备哪些能力。现在需要的能力大致基于表 5-14 所示的参考内容。

表 5-14　牙科医生的未来胜任力

现在需要的能力	未来需要的附加能力
能够进行有效的沟通和人际交往，包括提升健康水平	能够通过预测问题，包括有效改变和干预患者在牙科健康方面的行为，更加积极主动地开展治疗工作
能够使用适当的信息学有效管理牙科治疗工作	为牙科价值链建立新的财务模型，借鉴医疗保险行业的分析方法，应用先进的财务绩效管理，有效降低成本，提高赢利能力；利用数字营销和社交媒体支持医疗工作的发展战略
能够承担病人的护理工作，包括评估、诊断和治疗工作，以及维持口腔健康	提供定制化增值服务，例如膳食建议及个人牙科管理；使用高级分析技术减少误诊或治疗失误，提高结果确定性，并降低执业医生的压力水平

资料来源：Adapted with changes from American Dental Association, Competencies for the new general dentist, *as approved by the ADEA House of Delegates on April 2, 2008.* http://www.adea.org/about_ adea/governance/Pages/Competencies-for-the-New-General-Dentist.aspx。

分析技术是否有可能在更大程度上干预饮食建议，从而使牙科从被动转向主动？例如，使用牙科密封剂或涂层作为预防措施已被视为可显著减少蛀牙的措施。牙科和医疗（或牙科）保险之间有着密切的联系，保险公司在分析层面的进展必然会影响牙科的医疗实践。

神经外科医生

在医学光谱的另一端，高度复杂的神经外科或大脑外科也在人工智能的框架内。当我们考虑如何在机器上复制人脑时，也许机器可以帮助神经科学家更好地了解人脑本身。功能性核磁共振成像（fMRI）扫描技术大约只有 25 年的历史，仍然被许多人认为处于发展的早期阶段。这种先进的技术有助于检测所谓的体素，它的体积不到 1 立方毫米。每个体素中大概有 10 万个神经元。

传统的功能性核磁共振成像扫描技术用来显示大脑中因活动增强而明亮起来的部位，但即使是神经科学家也仍然不确定这些被照亮的区域到底发生了什么，或者它们是如何相互联系的。

例如，语言中枢被认为存在于大脑的左半球，特别是在两个被称为布洛卡区（Broca's area）和韦尼克区（Wernicke's area）的大脑区域。科学家知道，如果这些大脑区域受损，语言功能将会遭到破坏，但他们疑惑整个大脑是否都参与了语言理解。这个问题的复杂性在于：如果科学家能够深入大脑，以某种方式解码大脑活动的信息，那么我们就可以借此更好地理解大脑的实际工作方式。这样，精神和大脑疾病就可以得到更好的治疗，更加合适的治疗手段也会应运而生。

有人认为，一种更好的理解大脑的方法是将神经系统科学转化为一种特定形式的大数据科学。[45] 这是一种富有潜力的方法，因为通过更好地理解大脑的运作方式，人们或许能更容易懂得如何在机器中复制人类的大脑。

神经系统科学家的基本技能是运用数学和科学的能力，以及对细胞研究的天赋，将分析学注入神经外科或许只是在专业上迈出了相对较小的一步。

数据中心

有些人认为，数据中心的工作并不足以成为一种职业，而是商业价值链的一种功能。整个职业生涯都耗在数据中心的经理们可能不同意这种说法。其他人甚至可能认为，数据中心本身就是一个行业。

数据中心在安全、专业的建筑物及弹性建筑内存储、管理、处理、接收和传输数字资料。就人工智能应用而言，数据中心很可能是隐性力量或关键的赋能因素，没有它们，整个计划可能就无法运作。英国大约有 500 个数据中心，大致平均分为提供托管设施的数据中心、支持信息通信技术服务提供商的数据中心和直接支持内部商业企业的数据中心。[46]

数据中心支撑着经济，也将支撑人工智能一代。在英国，数据中心对 GDP 的贡献已经达到 10%，年增长率达到 10%，为英国经济增加了2 250 亿英镑的价值。

其他地方的数据中心也同样重要。据波士顿咨询集团（Boston Consulting Group）估计，20 国集团（G20，20 个最大的经济体）面临的物联网规模为 4.2 万亿美元，数据中心显然可以发挥重要作用。[47] 70% 的富时 100 指数（FTSE 100）成分股公司和 75% 的《财富》500 强公司位于伦敦，因此我们当然要特别考虑人工智能对伦敦数据中心的影响。

技术进步总是伴随着安全和监管的加强。如果数据是人工系统的命脉，并且数据中心被认为是高级分析环境的关键推动者，那么有效且安全地操作这些中心的能力就变得至关重要。这其中必然涉及数据安全，包括欧盟一般数据保护条例（EU General Data Protection Regulation）和鲜为人知的欧盟-美国隐私保护框架（EU-US Privacy Shield Framework，这个框架允许数据在美国和欧盟之间自由流动）。

欧盟和美国的隐私保护建立在国际安全港隐私原则（International Safe Harbor Privacy Principles）的基础上，这实际上是美国公司在存储客户数据方面的一个自我认证过程。然而，欧洲法院在2015年认定这种隐私保护是无效的。据称，脸书对其爱尔兰子公司和美国服务器之间的数据进行处理，违反了对公民个人的适当保护原则。

这一问题加强了监管对数据流动（尤其是司法管辖区之间的数据流动）以及个人安全的影响。如果像我们推测的那样，人工智能时代是一个存在于数据交换环境中的时代，那么监管和数据中心就不可避免地成为这个时代的焦点。无论人工智能会带来怎样的影响，数据保护和隐私仍将是未来许多领域的核心。

我们虽然已经具体分析了数据对人工智能环境的影响，但并没有真正涉及人工智能对数据中心本身的影响。技能和才能是首先要考虑的问题。如果政府决心要专注于STEM（科学、技术、工程和数学）领域，并致力于提高这一领域的能力水平，那么我们可能会遇到问题。

最新调查显示，英国68%的雇主担心教育系统难以跟上技术变革对技能的要求。在同一次调查中，英国工程技术学会（Institution of Engineering and Technology）发现，传统的工程技术正日益被更具体的数据功能所取代。[48]

Datacenter People（为数据中心服务的领先招聘公司）董事长彼得·汉纳福德（Peter Hannaford）表示："数据中心现在是云计算的大本营，仅仅依靠电力知识和冷却技术是不够的。"[49]正如我们所见，随着新的精通信息技术业务领域的专业人士的出现，新的角色和职位诞生了，类似的情况似乎也出现在被一些人称为人工智能的"引擎室"中。

如果我们考虑到这个引擎室将出现技能短缺，就像新兴国家的人才短缺一样，那么解决方案是什么？人才短缺和技术人才缺乏并不能阻碍发展。

人工智能解决方案越来越需要被创建出来，以避免发展速度放缓。谷歌已经开始使用人工智能来降低能源消耗，其他公司肯定会效仿。谷歌声称，使用深层思维算法"降低了 40% 的冷却成本和 15% 的总能耗"。[50] IBM 最近也宣布加入人工智能的数据中心，这是一个时代的标志。[51]

企业家

在本章中，我们挑选了一些职业进行讨论，并试图在目前所需要的能力和将来可能需要的能力之间做出区分。在这个过程中，我们主要考虑的是那些被公认需要的可接受人工智能干预的职业，但我们将以略微不同的内容来结束这一章：一个定义松散的职业——企业家。

人们不常看到企业家被描述为一种职业，但确实有一些证据表明存在一直都当企业家的人。随着人工智能和认知分析日益减少劳动力，并允许新的工作模式和工作方法，企业家能不能成为一种新的职业？如果是的话，它会是什么样子，尤其是在这个新的工作环境中？

人们已经预计到，高级分析、自动化和人工系统的广泛应用将导致失业问题。另外，一些人认为这将产生新的岗位和新的工作类型。所谓的"思维阶层"如果失业，会不会催生一拨新的创业浪潮？

简单来说，企业家就是一个为了赢利而承担商业风险的人。他们常常被视为商业领袖，而不是业务经理。

关于企业家，有两种观点比较流行。

- 企业家是那些经营自己的公司、自给自足并经常模仿别人的人。在许多情况下，他们经营的都是小公司，甚至可能是只有一个人的公司。
- 企业家是那些真正的革新者，他们已经发现了利用产品或服务开拓市场的机会。他们从一开始就着眼于规模效应，并借此打造超越其他小型竞争对手的实力。
- 这是两种完全不同的企业家模式。如果一个经济体的活力由初创企业数量来衡量的话，那么成功的真正标准难道不是这些企业中有多少成功的、可持续的并对一个国家或市场 GDP 真正做出重大贡献的企业吗？

企业家有其人口统计学特征。我们越来越多地看到，这种特殊的物种教育背景良好，且常常具有家族企业经营经验（尽管并非总是如此）。

如今，45% 白手起家的美国企业家拥有高等学位。相比之下，同为企业家的亨利·福特就逊色多了，他曾经为了"修修补补"而辍学。有人可能会说，福特得到了父母的财富支持，但他的父母分别是爱尔兰和比利时移民。他进入工业世界是因为他"鄙视"农活，而且厌恶强加在他身上的义务。亨利·福特确实是一个白手起家的人。当被提升为爱迪生照明公司（Edison Illuminating Company）的总工程师后，亨利·福特发现自己有机会研究汽油发动机。亨利·福特公司（Henry Ford Company）成立于 1901 年，时年 38 岁的福特任总工程师。

企业家精神是天生的还是后天培养的？在福特的例子中，这种精神似乎在某种程度上嵌入了他的基因；毕竟他有着准备横渡大西洋去寻找新生活的父母。他对现状不满，雄心勃勃，信奉机会主义。这其中也有运气的成分，包括合适的时机以及遇到对的人。

福特不仅具有全球视野，重视大规模生产和生产线，而且具有企业家精神的天性。

事实上，一开始亨利·福特并不知道如何建立和管理企业。在1899年创办底特律汽车公司（Detroit Automotive Company）时，他得到了木材大亨威廉·H. 墨菲（William H. Murphy）的财务支持。后来，他得到了底特律煤炭经销商亚历山大·马科姆森（Alexander Malcomson）的资助（福特和马科姆森交易的结果是福特汽车公司）。马科姆森甚至把他的职员詹姆斯·库森斯（James Couzens）安插在公司里，密切注意福特的行为。

除了拥有天性之外，企业家精神的另一种来源就是后天培养：有种理念认为，个人或组织在风格或能力上成为企业家是可能的。当然，高等教育比以往任何时候都更加强调创业精神。学生们到世界各地寻找成功的秘诀，并带回自己的祖国；大学为创新和创新管理设立科研院所。这就好像没有创新的工作就不是优秀的工作一样。

这种方法的缺点是，高管经常面临推动创新和变革的挑战（有时就是为了变革）。评价他们的指标是促进变革的程度，即便这些变革的效果没有得到公平适当的评估也没有太大关系。虽然市场动荡，但高管的平均任期仍能达到10年左右，几乎是员工的两倍。[52]

问题是，企业家精神真的有可能是后天培养出来的吗？我们能否创建一套企业工具包来扶持初创企业，尤其是为成熟的专业人士提供帮助，使他们远离相对得宠的创新中心？

如果是这样，也许成熟候选人的创业工具包可能包括以下项目。

- 法律和税务建议。

- 财务建议。

- 技术建议。

- 社会学建议，包括如何协作。

所有这些都可以作为外包活动按需提供。但问题是这类服务通常是要收费的，因此花钱是避免不了的，而花钱可能是初创企业最不愿意做的事情。

如果人工智能时代将导致失业或就业再分配，那么政府难道不应该支持初创企业，尤其是老年劳动力的创业行为吗？未来几年，政府支持的需求可能会加剧。这是否只是一种让专业人士避免沦为冗员的机制还有待观察，但问题的解决方法似乎不一定只来自私营部门。

还有一个独特的国别性问题需要考虑。例如，中国经济目前被视为创新的引擎之一，正在创造新的低成本产品，加快供应链节奏。为了支持创新，中国政府出台了针对小型科技公司的税收优惠政策，但这些政策的前提是这些小公司已经实现了自力更生，而不是作为一群独立的自主个体经营者在运营。[53]

企业家的传统特征可以描述如下：

- 资质——具有天赋、倾向或能力。

- 愿景——有能力描绘最终目标。

- 风险容忍度——有别于不计后果。

- 信心——对自身能力具有信念。

- 创造力——善于创造性地挖掘事物间的联系。

- 毅力——能够应对挫折。

- 主动性——愿意承担新的风险。
- 诚信——信守承诺，赢得信赖。
- 激情——超越对成功的渴望，真正热爱所做的事情，从而赢得商业机遇。

这些软性特征（软技能）虽然本身是可信的，但不能替代技术性的业务技能（硬技能）。企业家的硬能力包括以下方面。

- 构建组织结构，无论是独资经营、合伙企业、有限公司还是其他法律联合体。
- 管理收入和支出，包括筹集风险资本。
- 依法合规。
- 将产品投放到市场并提供售后服务。
- 管理资源，包括各类关系及供应链。[54]

高级分析和人工智能很可能会让这些技术元素更容易实现，从而为变革提供催化剂。它们有可能帮助企业家更快地将创意推向市场，也会更快地将这些创意淘汰。在许多方面，这可能预示着一个新的充满创业精神的后工业时代的到来。

后工业时代只不过是工作发展历程中的又一步。考虑一下前工业时代，那时有许多个体工人通常在自己家里（一般是农舍）工作。工业时代带来了劳动力的重组和大规模的以家庭为基础的工作体系向以工厂为基础的工作体系的转移。那个时候，在家工作并不具有吸引力，只不过是一种人们为了维持生计而创造足够收入的生活方式。

尽管一些人可能会对工业化时代的工作条件表示不满，但很少有人会反对——虽然工厂条件简陋，但确定的收入要比饥饿更好。在《棉花之王的兴衰》(*The Rise and Fall of King Cotton*) 一书中，安东尼·伯顿 (Anthony Burton) 指出："工业化是一个至关重要的阶段，一个人如果想过上体面的生活，就必须经历这个阶段。"[55]

一个以人工智能为导向的后工业世界有没有可能看起来很像前工业时代？我们能否以某种方式回到我们工作的轨道上来？

可能出现的情况是，支持成熟的企业家创新中心的方法将变得更加自动化或虚拟化，从而更好地获得在线帮助和支持。但是，如果企业家能够依靠自动化建议理解如何创造财富，那么这些系统本身能否在没有人类干预的情况下创造财富或价值？这实事求是地说不太可能，但当我们最终允许自己在财富管理和医疗建议方面听从智能系统的指导时，我们会不会发现自己用于工作的系统本身就具有创业能力呢？

汤姆·彼得斯在他的《重新想象！》一书中，对企业家精神发表了评论，并表示我们正在进入一个新阶段。他描述道：1962 年是企业集团管理的时代，1982 年是公司创业精神的时代，2002 年是外包和网络管理的时代，2022 年可能是"瞬态"时代（也就是说，是一种持续很短时间的状态）。

彼得斯认为，下一个阶段，即 2022 年将是一个"新思想将以前所未有的速度后浪推着前浪，不顾一切地抛弃、完全无视和不尊重今天占统治地位的天才"的阶段。[56] 这必然需要一些新的能力（见表 5-15）。

表 5-15　企业家的未来胜任力

现在需要的能力	未来需要的附加能力
具有识别机会的禀赋	了解前沿科技和技能，为特定业务问题提供独特解决方案；善于预测未来趋势，而不是被动应对现有趋势

（续表）

现在需要的能力	未来需要的附加能力
胸怀愿景	做好破釜沉舟的准备，不囿于固有商业模式、产品历史及消费者行为
能够承受风险	愿意在适当的情况下寻求风险，尽管不能超过商定的风险框架或外部资助者的风险偏好范围
充满信心	具有勇气，对成功的可能性有清晰的认识
具有创造力	能够不受现有或过去业务规则及产品的约束，能够识别和利用智能系统的创新能力
具有毅力	对发展有现实的方法，包括做好放弃某个项目或放弃某种想法的准备
具有主动性	善于自我驱动，对利益情形有清晰的理解，包括硬利益和软利益
具有诚信	能够保持较高的道德标准，认识到这些标准可能会受到市场环境波动和消费者行为的影响
对冒险充满激情	务实面对冒险

结　论

预测未来是困难的。在第三章和第四章中，我们考虑了高级分析和人工智能对许多产业的影响。在本章中，我们研究了一些职业所受的影响。这些职业的范围从高技术领域的工程行业等延伸到处于专业术语边缘的领域——企业家精神。

还有其他一些职业同样值得仔细关注。例如，教育和教学非常重要，未来将会出现越来越多自动化、定制化的学习方法。虽然本章没有讨论这些职业，但第三章和第四章的内容有所涉及。对于那些没有被特别考虑的职业，读者就有责任去寻找可能雇用他们的行业，不仅要运用想象力，还要分享自己的想法。

就像工作本身一样，职业的性质也会发生变化，比如过去的岗位消失了，而新的岗位出现了。如果存在任何一致的趋势，那么这些趋势必定会以如下形式呈现：

- 数据和软件专家需要能够真正创建和管理系统。在能力和数量方面潜在的技能不足，将越来越多地促使具有自学能力的机器开发。
- 人类需要更多地改变他们与智能系统的合作关系，即作为同事或合作伙伴，而不是一种主仆关系。
- 承认新的工业革命将带来好处，但也可能对劳动力产生不利的影响。
- 得益于知识共享，智能系统在行业知识方面可以创建一个更公平的竞争环境，从而为一个更加全球化的社会做出贡献。

如果我们只关注两类专业人士——管理人员和企业家，那么我们可能会看到两条共同的线索：机遇和与之相配的不确定性。经理人将被迫驾船通过未知的海域，而他的船员们因为没有这样的海域经验也都提心吊胆（甚至可能抗拒出海）。企业家或许不太担心船员，甚至也不怎么顾及自己，但他们能把不确定性视为机遇。

经理人、企业家和所有其他职业人员未来的成功在很大程度上取决于他们自己。如果我们承认未来一定会发生变化，那么组织、机构或个人就应该积极应对这些问题。他们既可能是未来变化的受害者，也可能是未来——他们的未来——的协作者。

卢德分子面对变化并做出了反应，现代专业人士也一样要面临类似的甚至更大的变化。他们使用的暴乱和抵抗策略不太可能为我们提供有效的应对方法。因此，重要的是我们要接受无法避免的变化，不顾时间尺度的模糊，将未来塑造成我们可以接受的样子。要做到这一点，我们就必须以文明的方式勇往直前。我们比以往任何时候都更需要清醒地认识未来。

第六章

风险和监管

摘　要

高级分析、机器学习和人工智能的未来之路充满了不确定性。当不确定性可能带来不利后果时，它们就被称为风险。在本章中，我们将特别关注操作性风险，例如系统和数据安全故障、声誉影响和外部事件。我们不仅会考虑人工智能如何引发风险，还会考虑如何有效利用它来降低风险。除此之外，我们还将考虑监管和合规方面的问题，包括一般性原则和专业性职能，以及风险经理和合规官员。

简　介

人工智能背景下的风险话题可能会给一些读者敲响警钟。毕竟，当把风险当作一个话题来考虑时，我们不可避免地会把注意力集中在负面后果上，也就是人工智能会给人类社会整体带来的风险。然而，这不是本章的重点。本章将要讨论的是更宽泛的风险问题，以及人工智能如何在创造风险的同时，又能给现有的、新出现的和未来的风险提供解决方案。

要做到这一点，我们首先要讨论一下我们所说的风险究竟是什么，然后再考虑哪些风险类型可能适用于人工智能环境。最后，我们将探讨人工智能如何在风险管理中发挥作用。

2016 年 10 月，美国人工智能研究所发布了被称为"世界上第一个最全面的人工智能治理模型和产品"。[1] 它被标记为一个原型，并通过多维分析处理了数千个数据点，以解决人类安全问题，创造透明度，实现公共福利并提供法规遵从性。

对于以人工智能为方向的专业组织而言，比如美国人工智能协会等，这个模型及产品是对风险和治理主题的有益补充（其他专业人工智能组织载于附录C）。

毫无疑问，如果企业和公众已经对大数据和分析概念感到担忧的话，那么在人工智能时代他们的紧张情绪还将继续增加。正如我们在前面章节讨论过的那样，人工智能的成功应用将取决于一些关键性的驱动因素，如技术、文化、领导力、赋能力。

然而，在所有这些因素的背后，还有伦理、隐私和安全问题。我们可以合理地称它们为保健因素，因为它们不一定会鼓励人工智能的应用，但如果没有它们，发展将会受到阻碍。如果这三个方面的问题管理不善，那么上述四个关键的驱动因素也将变得无关紧要。

风险是什么

要有效地理解人工智能的真正问题和各种好处，我们就需要简要地描述一下我们所说的风险到底是什么。

一般而言，我们理解的风险包括损失、损害、伤害及责任带来的威胁，或者由内外部行为引发的其他损害事件（而这本来是可以通过预防避免的）。[2] 其中，损失的含义可以扩展到价值的损失。风险还包括财务风险，即涉及财务事项的风险。

风险无处不在，但在商业环境中，它们可以是行业特定的或一般性的。一般性风险通常被描述为运营风险，即损失是由以下方面造成的。

- 技术和系统故障。

- 员工过错，包括欺诈和其他犯罪行为。

- 不当或失败的过程、系统或政策。

- 声誉风险。

- 外部运营风险，如天气及法律风险。

虽然并非所有的运营风险都可以通过企业管理进行排除，但是公司可以根据自己的风险偏好决定承担一定程度或某种类型的风险。公司应对不确定性的方法通常以某种形式的风险偏好声明表现出来，这有助于指导其风险管理策略。通常，风险是通过风险评估框架进行管理的，这是一种对整个业务的风险管理进行沟通的有效方式，即便非技术人员也能理解。

风险管理是一个成熟的职业，它越来越依赖于分析评估，以量化和管理与业务相关的风险。风险经理们通常（虽然不总是）向财务部门或首席财务官直接汇报工作。风险经理们很难有机会进入董事会或晋升到董事会级别的职务，因为他们被视为守门人而不是价值创造者，尽管此类晋升也并非没有先例。

技术与系统故障

技术风险通常与数据安全和网络攻击有关，而且经常扩大到"信息安全"及"信息保障"等领域。由于市场不稳定并伴有激烈的竞争，许多组织更愿意押注于高级分析、认知分析及人工智能技术的应用来获得发展。由于这些功能尚未经过证实，上述策略最终可能被视为相当敏锐或风险很高的策略。所有这些炒作可能都带有"我也一样"的跟风元素，以便跟上竞争形势。不幸的是，系统故障及开发失败也时有发生，不仅会造成巨大的经济损失，而且还有损企业信誉。

2013 年 9 月，英国国民医疗服务体系在花费了纳税人 100 亿英镑之后，放弃了本来有望成为世界上最大的民用计算机系统的项目。最终的报告对失败的原因进行了全面的审视，甚至还对失败本身进行了详细说明。报告指出，失败出现是缘于实施进程中出现了下列问题。

- 预算超支。
- 明显超出年限。
- 未按合同规格进行操作。
- 不符合组织结构或工作流程。

在英国国民医疗服务体系事件中，失败的主要原因在于项目管理、工程原理、组织变革和应变管理存在问题。报告中还提到了一些反复出现的具体问题，包括"问责制、专业性、正规训练、调查研究、有效沟通、领导力、风险管理和所有权"。

在报告中，调查人员确定了三个主要的失败期：

- 实施前：缺乏研究、风险管理和长期投入；缺乏对失败的"可接受性"；缺乏用户购买和所有权；技术使用不当。
- 实施中：缺乏沟通；缺乏强有力的指导联盟；缺乏应变管理；缺乏短期回报。
- 实施后：过早宣布胜利；没有从失误中吸取教训。[3]

类似的诊断项目失败的论文和报告屡见不鲜。这就产生了我们所知道的科布悖论（Cobb's paradox），该理论以马丁·科布（Martin Cobb）的名字命名。1995 年，科布在担任加拿大众议院财政委员会秘书处首席信息官时提出了一个简单的问题："我们知道项目失败的原因，我们还知道怎样预防失败，但为什么它们还是失败了？"[4]

美国项目管理协会（Project Management Institute）的一项关于项目及方案管理的调查强调说，高效能组织（超过 80% 的成功率）和低效能组织（超过 40% 的失败率）之间存在一个显著的差异，即有些流程被高效能组织使用，却被低效能组织忽视，而这些流程实施和使用起来都很简单。它们包括如下方面：

- 使用标准化的项目管理流程。
- 建立成熟的项目、规划及组合化管理实践的应用流程。
- 使用项目管理能力优化流程。
- 雇用合格的项目管理人。[5]

数据安全及隐私

数据安全及隐私是分析系统的核心，这个系统合并了结构化和非结构化数据、常用数据和个人数据。系统和技术故障常常表现在数据安全问题上。

与数据可用性有关的伦理问题已经引起了许多人的关注。有些人偏爱人工智能环境，他们可能会振振有词地说，整个大数据概念已经是明日黄花了。然而与此同时，人们在大数据领域所做的一些伦理方面的工作却为我们提供了一种道德指南针。

尼尔·理查兹（Neil Richards）和乔纳森·金（Jonathan King）在他

们的论文《大数据伦理》（*Big Data Ethics*）中，提到了与大数据相关的伦理问题。他们反对"大数据"这一说法，并提出即使是少量数据通过集成化和智能化之后也可以提供新的见解。这便提供了一个全新的伦理视角。他们讨论的核心议题是隐私问题，这是"信息使用管理"的规则之一。

关键是……如果我们不能平衡我们所关心的那些在使用大数据过程中体现出来的人类价值，比如隐私、保密性、透明度、身份和自由选择，那么我们的大数据社会将面临为了创新和权益而抛弃这些价值观的风险。

以下四个问题值得商榷。

- 必须承认隐私是信息的关键规则之一，所谓的"隐私已死"是不正确的；人们的弱点在于自我管理不足。
- 人们有权保留共享信息（如病人与医生之间）的剩余保密权，而且它们仍然是隐私。
- 大数据的透明度至关重要，尤其是在避免机构滥用权力方面。
- 数据可能损害个人身份认同，而身份认同被定义为"个体定义自己是谁的能力"。[6]

数据安全及隐私问题开启了一个非常有意思的关于个人自由、民防和反恐的讨论。数据、洞察和高级算法的加大使用正在帮助警方和政府当局识别现有的和潜在的恐怖分子。有人可能会说，如果使用得当，为了我们的安全而进行合理妥协也未尝不可。不可避免的是，这种妥协不仅需要各类组织加强数据收集和存储，也需要公民、客户及法律许可等资料的获取和使用。

许多信息的收集、分析和共享都是秘密进行的，缺乏透明度增加了我们的担忧。我们如何知道这些数据的使用是基于正当理由而不是商业利益？

戴尔公司的约翰·惠特克（John Whittaker）对数据伦理这个新兴话题进行了评论。评论的内容包括以下方面：

- 处处讲求道德……采取"安全胜过后悔"的方法。
- 不要仅仅依赖法规，不要以为只要没有违反法律，道德上的失误就不会冒犯客户。
- 从事数据收集和分析，采取伦理立场将促进分析达到卓越。[7]

道格拉斯·帕特森（Douglas Patterson）在霍华德·温（Howard Wen）撰写的《福布斯》杂志文章《大数据伦理》（*The Ethics of Big Data*）中指出："大数据的一个有用定义——对于那些同我们一样认为最好不要把它与特定技术联系起来的人来说——即大数据就是数据大到足以引发人们对匿名化的有效性产生实际的而不仅仅是理论上的关注。"

在同一篇文章中，凯捷咨询公司（Cap Gemini）前顾问科德·戴维斯（Kord Davis）也发表了关于大数据伦理的看法。他说："拥有'一套共同的价值观'实际上可以加快创新步伐。这把问题从'这件事我们应该做吗？'转向了'我们怎样做这件事？'。"[8]

消费者隐私正在日益受到监管机构的关注。在欧洲，《通用数据保护条例》（General Data Protection Regulation，简称GDPR）已经取代了自20世纪90年代以来一直沿用的《数据保护法案》（Data Protection

Act）。《通用数据保护条例》对于不遵守规定的公司的处罚是相当严厉的，可能会高达公司年营业额的 4%。这些处罚措施不仅适用于数据控制者，也适用于数据处理者。数据链中的每个人似乎都受到了影响。《通用数据保护条例》不仅适用于在欧盟内运营的数据处理机构，也适用于位于欧盟以外的为欧盟内个人提供商品或服务的企业。

这种监管关注的是对网络犯罪泛滥的一种回应。战略与国际研究中心（Center for Strategic and International Studies）在其 2014 年的报告《净损失：全球网络犯罪成本估算》（*Net Losses：Estimating the Global Cost of Cybercrime*）中和安全专家迈卡菲（McAfee）一起估算出，全球每年的网络犯罪成本约为 4 000 亿美元。他们指出："网络犯罪的回报很高，风险很低。我们估计网络犯罪每年给全球经济造成的损失可能超过 4 000 亿美元。保守估计的损失可能高达 3 750 亿美元，而最大损失可能高达 5 750 亿美元。"

他们描绘了一幅黯淡的图景："我们看不到网络犯罪损失减少的可信前景。"[9]

分析时代将在多大程度上受到网络犯罪的影响，这还有待进一步观察。网络犯罪不太可能成为搅局者，但有潜力成为阻碍进步的一个重要因素。在 2017 年的一篇文章《人工智能与网络犯罪：好消息和坏消息》（*AI and Cybercrime：Good and Bad New*）中，微软负责企业和网络安全的副总裁安·约翰逊（Ann Johnson）指出："我们有人工智能，但坏人也有。"

约翰逊还认为，机器学习将使网络安全"更加智能化"，甚至更有预见性。她让我们想象一种安全环境，一旦出现问题（比如"数据中心的 10 台电脑将出现宕机，或者网络连接可能会遭到破坏"），它会提前向我们发出警告。[10]

员工失误与欺诈

在风险管理问题上，人为失误的影响有多大？在本书之前提及的英国国民医疗服务体系的案例研究中，许多问题都是由人类失误造成的，但我们应该对此进行更深入的探讨。

让我们从诚实的话题开始。精神病学家贝拉·德保罗（Bella DePaulo）在她发表于《人格与社会心理学杂志》（*Journal of Personality and Social Psychology*）上的论文《日常生活中的谎言》（*Lying Everyday Life*）中说，我们每天的交流中有五分之一是在说谎。[11]《撒谎观察》（*Liespotting*）的作者帕梅拉·迈耶（Pamela Meyer）称，我们每天被骗10 ~ 200次。[12]

人们说谎的原因是复杂的，可能是因为疏忽、夸大，或者是出于自我安全的考虑，尤其是在无安全感的职场中。用来测谎的线索通常包括肢体语言及其他非语言信息。在《青蛙变成王子：神经语言编程》（*Frogs into Princes：Neuro Linguistic Programming*）一书中，理查德·班德勒（Richard Bandler）和约翰·格林德（John Grinder）甚至断定，撒谎者的眼睛经常以某种特定的方式或方向转动。[13]

当然，并非所有的人为失误都是故意的——人非圣贤，孰能无过。人们在行为和决策中犯错常常归咎于以下因素：

- 环境因素：身体、组织及个人因素。
- 内在因素：个人选择、培训、缺乏经验。
- 压力因素：个人压力，依情况而定的压力。

戴维·J. 史密斯（David J. Smith）博士在他关于可靠性工程的教科

书《可靠性、可维护性和风险》(*Reliability, Maintainability, and Risk*)中，列出了 20 世纪下半叶各行业的人类平均失误率。其中，失误率是根据特定函数计算得到的。[14]

甚至以常规方式输入数据也容易出错。将连续 10 个数字输入计算器的错误率为 0.5%。也就是说，在每 1 000 个序列中，将出现 5 个输入错误的数字序列。当一个人在高压环境中进行一项复杂的操作时，这个数据会大大增加，这种情况下的错误率将增加到 2.5%，或在 1 000 个序列中出错的数字序列有 25 个。[15]

根据研究，尤其是对飞机工业的研究，无论是在会议室还是在工厂车间，人类元素和人为因素都是最容易出错的。可靠性管理是工程学的一种形式，它强调管理能力或消除缺陷的能力，是系统工程学科的一个分支。人工智能和机器人越来越多地被视为避免错误的灵丹妙药，尤其是在日常工作中。机器人系统的一个主要优势是，它们可以在大量重复性任务中自动执行容易出错的活动。因此，错误率更低，决策一致性更高，规模效率更高，最终客户满意度更高。

在更复杂的工程领域和项目管理领域，应用自动化工具管理项目已经变得越来越普遍。这些工具不仅能够自动地向主要利害关系人通知工程进度，同时还能管理工作流，并且自动地提供关键活动的"提示"消息。

除此之外，美国国家公共电台（NPR）对可能被人工智能取代的工作进行了评估，认为仲裁员和裁判员被机器人取代的可能性达到了98.3%。[16] 如果裁判员没有失误，运动将会变成什么样子？

并非所有员工的失误都是无辜的。员工欺诈包括费用欺诈、采购欺诈和支付欺诈。员工欺诈可能不会让首席财务官夜不能寐，但仍然会对道德底线和商业信誉造成破坏性影响。美国注册舞弊审查师协会

（Association of Certified Fraud Examiners）2014 年发布的一份报告显示，公司每年将 5% 的收入用以弥补欺诈行为所带来的损失。[17]

销售佣金的支付情况十分复杂，这也为欺诈行为的滋生提供了温床，在控制不善和管理监督最少的情况下欺诈屡屡发生。销售佣金欺诈通常涉及未发生的销售、特大金额的销售、销售退货、事先登记的销售。

供应周期的许多环节也存在欺诈的可能，包括以下欺诈行为：

- 分销欺诈——货物在运输过程中丢失或一般性泄漏。
- 质量保证欺诈——残次品被快速包装成优质货物。
- 存货欺诈。
- 发票诈骗。

程序、系统和政策不当

不当的程序、系统和政策在性质上是千差万别的，并且经常关注消费者的欺诈行为。无卡交易（CNP）是一个特别有意思的领域，很多企业试图通过这种形式在销售过程中的客户服务顺畅性与欺诈风险之间建立一种平衡。在 2017 年美国假日季节里，信用卡欺诈量增加了 22%。[18]

接受无卡交易的商家经常使用人工智能来减少假阳性结果的数量，帮助它们在交易时尽量减少与客户的摩擦，并减少欺诈。它们的关注重点正在转向适应性行为分析，都通过建立正常的实时行为模式来识别超出预料范围的行为，从而更好地理解客户和同行。

据专家介绍，商家采用适应性行为分析并结合机器学习可以获得以下好处：

- 更快和更准确的欺诈行为应对策略，同时增加收入。

- 被拒交易减少至 70%，包括在欺诈的目标区域。

- 人工干预减少，订购流程更流畅。

- 卡片认证摩擦减少。[19]

同样，保险行业也在使用高级分析应对保险索赔欺诈。保险行业是一个非常值得关注的领域，欺诈造成的损失据说高达保险公司利润的 10%。法国一家名叫 Shift Technology 的初创公司表示，它们已经处理了 7 700 多万宗索赔请求，保险索赔欺诈的检测准确率达到了 75%。[20]

据报道，总部位于东京的富国相互人寿保险公司（Fukoku Mutual Life Insurance）计划将理赔部员工裁减 30%，因为人工智能系统每年可以协助管理超过 13 万宗的保险索赔请求。认知学习系统可以像人一样思考，具有理解语言，收集、研究、分析和解释非结构化文档、图像和视频以及预定义格式且机器可用的结构化数据的能力。[21]

声誉风险

声誉风险是因信任、道德、安全、行事风格和管理文化等方面出现对公司声誉造成损害的问题而产生的损失。声誉风险通常是很难以实值计算损失的。因此，我们将考虑人工智能在声誉风险管理中的应用。在声誉风险管理中，人工智能可能会在财富与投资管理、营销管理这两个特定领域中找到用武之地。

银行在进行财富管理决策时尤其热衷于确保所提供建议的正确性，错误的建议和投资决策将对银行的声誉产生非常不利的影响。声誉在这个背景下指的是机构或个人对一个组织的信任和信心。

有效的实时声誉管理系统提供了一种将投资的实际效果与原投资决策承诺的效果不断进行比较的方法。它还可以帮助评估顾客的行为和可靠性，以区分可信赖的和不可信赖的顾客。

在营销管理中，人工智能营销是一种将直销与机器学习相结合的方法论。它和预测性分析之间的主要区别在于营销算法是由计算机本身而不是人类创建的。从本质上说，人工智能营销旨在促成定向市场营销的优化。从声誉问题来看，直销公司在许多情况下会因不恰当和不正确的直销行为而损害自己的声誉。

除了上述例子，一个组织的声誉还会受到如企业文化、领导力及实施创新的一般能力的影响。这三个方面的影响是相互关联的，以至那些选择采用和实施分析法或人工智能途径的组织依赖于领导者的魄力和远见，以及领导者利用技术变革重组企业的能力。这种能力的重要性不应被低估，因为许多员工的变动会带来不确定性，甚至还会带来人身风险。

对于企业领导者来说，这也是一段冒险之旅。他们领导着自己的企业进入个人缺乏经验的领域，这可能会给他们自己以及利益相关者带来相当大的风险。要在这些情境下进行有效的领导，领导者就需要打开视野应对不确定性，并愿意接受公允且有见地的意见。

外部风险

运营风险的最后一个领域是外部因素对企业的影响。这些因素通常是行业特有的，可以扩展到供应链断裂、极端天气状况和政治动荡等各种各样的问题。就保险公司而言，它们的业务模式主要依赖于预测极端天气位置和计算最大可能损失的能力。据此它们可以按照自己的风险偏好管理风险敞口，获得再保险，调整定价，或者干脆退出高风险领域的业务。

非结构化数据（通常来自视频、文本和语音）在整个数据领域的占比达到 80%，利用这种信息源并获得竞争优势的机会越来越多。自动化系统将减轻从支离破碎的数据中找寻有用数据的负担。

语境信息或语境分析是一个潜在的增长领域。企业不仅渴望知道历史效能和实时效能，而且需要预测可能发生的事情，此外还想了解更广泛的环境中正在发生的事情——我的竞争对手做得怎样了？我的客户为什么这样做？语境分析是帮助组织以更有效的方式管理外部风险的解决方案的组成部分。

位置信息可能是一种变得越来越重要的数据来源。每样东西和每个人都在某个地方，因此对数据进行地理编码的能力便是一条金线，它可以连接毫不相干的数据源。除此之外，机器人也需要了解自身的地理位置，所以地理意识将成为更重要的成功因素。

与此类似，对机器、建筑物甚至人等资产的有效管理也将更多地依赖于精确的位置定位。惰性目标可能不会对包含它们地理编码的描述有太多抱怨，但人类"资产"可能会对这一想法不太满意，尽管现在很多人已经订阅了个人移动设备上的定位服务。

在一个互联互通及智能化的工作环境中，高级系统更容易管理并最终优化资产的位置及移动。优化工作流不是把秩序带入工作主题，而这最终会被证明比我们以前的状况更加随机和混乱。

就更广泛的用途而言，高级分析不仅可以帮助组织预测剧烈的外部变化，也可以协助模拟可能的结果。从这种场景模拟中，执行主管们获得了使用"游戏"技术发展业务技能的能力。

金融风险

在前面章节中，我们已经讨论了高级分析和人工智能对金融行业以及金融专业人士的影响。金融专业人士和绝大多数行业的从业者一样，在人工智能时代都需要经历一段调整期。

金融风险通常被理解为与金融交易相关的风险。总的来说，它反映了投资者无法从第三方收回投资的可能性。金融风险的种类很多，包括欺诈、信用风险、流动性风险、资产支持风险、国外投资风险、权益风险和通货风险。

投资者使用一些风险比率来评估一个组织的投资前景，如负债与资本比率——用以衡量公司持有的债务相对于其资本结构的比例。高负债比是高风险业务的标志。

人工智能将有助于管理和缓解以下关键领域的财务风险：

- 反欺诈管理，通常涉及客户活动，包括洗钱、腐败和供应商管理。
- 投资分析，比如更好地理解投资业绩和可预见的趋势。
- 承销，帮助风险分析师或投资组合经理更好地理解趋势及未来交易，并协助制定对冲策略。
- 信贷风险管理，帮助信贷经理更深入细致地理解风险热点，因为信贷违约通常来自少数债权人或细分市场。其中涉及的变量往往使操作复杂化，而自动化的智能系统则能起到关键作用。
- 尾部风险管理，由于长尾负债（long-tail debt）的影响具有持续性和不确定性，适合应用自动化系统来帮助分析师推荐更加合适的金融产品。

如果在应用高级分析和人工智能管理金融风险方面存在共同的主题，那么它们就是对决策速度的要求不断提高、市场波动性加大和工作环境日益复杂。

虽然上述许多活动目前可以通过人类干预或定制的分析程序来进行管理，但失败后果的增多必然会使金融风险管理成为更加重要的议题。一个组织匹配风险敞口与承受风险的能力，以及在尽可能短的时间内制定决策的能力，无疑会引发机器人在更大程度上的介入应用。

这种介入情况最终将如何显现尚不清楚，尤其是在失败的后果如此严重的情况下。不可避免的是，商业决策的制定和加持将越来越多地依赖于算法。也许最终这个"系统"会阻止任何决定的制定——"电脑说不"。

风险经理所受到的影响绝不是微不足道的。由于组织更多地依靠系统来帮助制定基于风险的决策，风险经理的角色会不会从守门人转变为某种形式的人类中介——好像信使一样？

同样，我们不应忽视人工智能增强风险管理带来的积极影响。认知系统和人工智能系统在这一领域的有效应用将使企业变得更加敏捷和更具竞争力。在监管雷区（通常包含多种语言环境），系统经过训练可以理解和应用复杂的监管规则。这样一来，它们可以帮助组织避免罚款和处罚，不仅守住了底线，而且还保护了声誉等软性资产。

人工智能及合规前景

为什么作为社会成员的我们需要遵守规章制度？监管的概念源于工业革命初期。在那时，许多雇主利用剥削手段来阻止雇员离职。雇员的工资很低，但住在雇主提供的房子里，工资通常用代币而不是用真金白银来支付。这些代币只能在雇主自己的商店里使用。这种工作实际上就是没有工作，也没有家。到了20世纪，产业监管提供了越来越公平和安全的工作条件，在童工时代保护了儿童并促进了工资的上涨。除此之外，这些监管法规还被用来禁止反竞争行为，避免滥用职权以及抑制垄断（如提供公用事业服务等）。

在国际上，贸易法律法规有助于减少大国和小国之间的差距。没有贸易法律法规，那些占主导地位的大国可能会大量倾销本国产品。其结果是小国家的产品无法进入市场，这实际上破坏了它们的出口市场。各国在贸易相关问题上有分歧是很正常的。贸易规章制度不仅提供了一个框架，而且还提供了一种表达不满的途径，有代表性的是通过世界贸易组织来维权。通常，规章制度也提供了救济途径以及对不合规行为的处罚措施。

除了制定金融、贸易和安全规则之外，规则制定者们也在制定消费者权益保护法规，其中包括自愿性行为守则（如在广告行业中）。在英国金融服务中，公平对待客户原则（treating the customer fairly，简称TCF）被嵌入英国金融行为监管局（Financial Conduct Authority，简称FCA）发放的贸易许可证（Permit to Trade）。公平对待客户是结果导向的，它的期望收益如下：

- 消费者会更有信心，因为与他们交易的公司把消费者放在了企业文化的中心。
- 产品和服务的营销与销售适合目标消费者群体。
- 消费者在消费前、消费时和消费后都得到清晰明确的建议。
- 消费者接受建议的时机恰到好处。
- 消费者购买的产品的后期表现符合预期。

- 消费者不会遭遇不合理的售后壁垒，比如投诉无门或产品无法更换。

在更近的时期，2007 年开始的金融危机彻底改变了金融服务业的监管风格和力度——宽松监管和撤回某些私营部门活动的冲动遭到了越来越多的背弃，特别是在银行业中。大多数人将已经发生的重大损失（美国银行估计其损失高达 7.7 万亿美元）归咎为监管失误。[22]

监管机构需要考虑一些重要的新问题，尤其是在流程自动化和机器决策的情况下。未来的监管需要特别关注的是笔者所认为的伦敦监管的失误之处。作为全球金融市场中心，伦敦的监管机构在三个关键要素上存在失误：

- 伦敦证券交易所（London Stock Exchange）未能充分认识到风险的积聚。
- 当风险被发现时，监管体系"在政治上过分软弱"，以致束手无策。
- 监管体系未能充分区别单个风险和系统性风险，而且对于一系列单个失误被视为系统性失败的后果缺乏足够的认识。[23]

当然，仅从金融服务的角度来考虑监管是有失偏颇的，因为公共和私营部门的绝大多数（也许是所有）领域中都存在发生风险的可能性。

金融监管显然是一个复杂而又不确定的话题。在《监管中的风险角色》（*The Role of Risk in Regulatory Processes*）一文中，伦敦政治经济学院（London School of Economics）的朱莉娅·布莱克（Julia Black）特别提到了风险。她指出，风险在监管方面发挥着四种重要作用：

- 作为监管对象。
- 使监管行为具有合理性。
- 为构建组织政策和程序提供基础。
- 为问责和评估提供框架。[23]

考虑到上述观点，我们似乎应该把人工智能的影响放在为组织管理额外的、特定的运营风险的背景下进行思考。综上所述，运营风险被定义为由于过程、系统或认知失误导致的风险，或是外部事件引发的后果。

另外，茱莉亚·布莱克在她的论文《从监管灾难中学习》（*Learning from Regulatory Disasters*）中讨论了她所定义的"监管灾难"——"对个人及环境的生命、健康或经济福祉造成重大伤害的灾难性事件及系列事件"——的影响。

她描述了"监管灾难"的六个主要原因。

- 缺乏对个人或团体的激励。
- 监管机构的组织动态、受监管的经营者及其所处监管体系的复杂性。
- 所采取的监管策略存在漏洞、概念模糊和自相矛盾等问题。
- 对问题及潜在解决方案的误解。
- 对预期行为的沟通出现问题或出现冲突性消息。
- 缺乏信任及问责机制。[24]

在一个越来越依赖高级分析和人工智能的时代，风险管理人员和专家需要对机器学习环境中所有业务面临的更大风险特别敏感。

令人担忧的是，许多可能出现的风险尚未被完全认识或理解。如果这是事实，那么不仅这些风险的影响很难被评估和量化，而且哪些措施最适合降低风险也很难被确定。

在这种背景下，风险经理们不能袖手旁观。他们应该与技术部门紧密合作，掌握风险的发展动态以及如何有效地减轻潜在的危险。

角色和监管科技

本书的主要目的之一是探讨人工智能对各行各业造成的影响。在这一节中，我们的目的是具体考虑一下人工智能对监管及合规性的影响。

在考虑合规性问题时，我们首先要考虑数据输入的问题。能够自动识别数据质量的计算机程序已经存在。人们常说，劣质数据是没有用的，很多人也认为"进去的是垃圾，出来的也是垃圾"。英国一家大银行则持另一种观点，认为所有数据都具有价值，而且可以为数据添加权重以量化其有效性。

在现实中，我们人类难道不是已经在这样做了吗？我们接收信息，思考信息来源和语境，确定用某种形式进行验证，然后采取相应的行动。在人工智能环境中，机器没有理由不采用类似的方法。人工神经网络已经将信息丢失考虑在内，并绕开了由信息丢失所造成的障碍。这种做法面临的挑战可能在于是否得出了错误的结论。在一个自动的环境中，流程的守门人或安全阀在哪里？

合规性与监管息息相关。事实上，"监管者"（regulator）这个词并不源于规则和法律，而是源于一种防止蒸汽机过热和爆炸的机械阀门装置。

有一个问题被回避了，即为什么作为守门人的人类应该比自动系统更擅长批准一个决定？如果我们承认决定最终是基于事实调查、理性决策和应用经验而做出的，那么为什么不能在机器上如法炮制？自动化系统的确可能出错，但人类不也同样可能会犯错吗？在什么情况下，机器错误是不可饶恕的，而人类错误是可以原谅的呢（反之亦然）？

这种困境把我们带向了一个心理学问题。有人认为，宽恕作为一种行为，经常伴随着过错方的内疚或对自己弱点的认知。内疚本身是一种有趣的情绪，经常通过特别选择的词语、非语言交际（如姿势）或深植于我们内心的某些微妙信号的组合来表达。如果可能的话，机器将如何能够复制这些行为呢？

归根结底，错误究竟真的是机器的过错，还是制造商或程序员的过失（或责任）？尽管机器取代人工的做法对于早期系统可能是有效的，但是自主学习和自主系统的规则会一成不变吗？

为了让人类能够原谅机器，机器也许需要模仿人类表达愧疚的信号。在这之前，让人类宽恕机器也许是不可能的。内疚能否作为一种期望中的技术能力被编入系统之中？

那么，到底什么是内疚？莎士比亚在他的戏剧《麦克白》（*Macbeth*）中努力地刻画过罪责的本质。在杀死国王邓肯后，罪恶感让麦克白无法恢复平静。他说"生命是间歇性发热"，其内心的负罪感可见一斑。

麦克白夫人则徒劳地揉搓着双手，试图把血迹擦去（"滚出去，该死的污点"）。[25] 机器问题的解决方案也许比我们想象的要简单。正如奥斯卡·王尔德所说："是忏悔，而不是牧师宽恕了我们。"[26] 机器所需要的可能就是一种说"对不起"的机制——不管它是不是真心的。

监管已经显著复杂化了，而且很可能会变得更加复杂。《主祷文》（*Lord's Prayer*）只有56个字，《十诫》（*Ten Commandments*）有297个字，美国的《独立宣言》（*Declaration of Independence*）有300个字，而欧洲经济共同体（European Economic Community，简称 EEC）关于鸭蛋出口的指令却有洋洋洒洒 26 911 个字。

一些人认为监管有些过度，而另一些人则认为监管过度是必要之恶。不管你怎么看，满足监管要求都是一个既复杂又必需的重任。伦敦是监管中心之一，2015 年时任英国财政大臣在预算中提到了监管技术，即所谓的监管科技。监管科技被称为"促进监管要求落地的新技术"，特别针对金融服务业。[27]

鉴于现有的监管文件如此冗长，人工智能的使用，尤其是对自然语言进行理解（自然语言处理的一个子集）的特殊能力就变得至关重要。通过将法规文本转换为可使用的代码，系统就能够自动解释书面法规，而且还能更快地整合新的和更新的法规。通过与财务绩效管理等其他工具结合，系统可以更进一步地发展识别异常值和差异的能力，并最终进行自动干预。

这种方法运用自动化系统将所有数据和风险因素进行储存和评估，通过消除所谓的认知偏差（风险人员应用主观方法实现合规性）来提高合规的可能性。

国际金融协会（Institute of International Finance，简称 IIF）在最近的一份关于监管科技的报告中指出："通过降低合规的复杂性和能力要求，监管科技解决方案可以自由支配资源并将其用于更具生产力的地方。"这也表明，监管科技可以通过降低理解难度帮助新进入者克服复杂的进入监管壁垒，并使整个监管过程更加流畅。

金融服务市场的监管与合规拥有巨大的市场。大银行每年在监管方面的支出远远超过 10 亿美元。西班牙对外银行（BBVA）估计，许多大型机构有 10%~15% 的员工专门从事监管任务。

因此，人们会很自然地特别关注金融服务业。国际金融协会确定了它认为的与金融相关的一些关键问题，尤其是在建模、场景分析和预测领域，以及对金融机构满足压力测试的要求（压力测试是指监管者通过创建并建模特定场景来测试如银行的资金储备等的充分性）。

2015 年，花旗集团使用了斯坦福大学的人工智能系统 Ayasdi 来通过美联储的压力测试（在前一年没有通过）。斯坦福大学的 Ayasdi 也被用于制药行业。在压力测试和建模之外，监管科技也在不断扩容，旨在解决许多行业的痛点，例如解释文件和遵从文件约定、交易员个人行为管理，以及最终更有效地管理客户。

鉴于监管的重要性，专家们已经在呼吁可信任的第三方机构监督人工智能的决策，尤其是在 2018 年欧盟出台《通用数据保护条例》的背景下。专家表示，这些第三方公司应该"有权审查和审计算法"。他们还指出，在这个不断发展的领域，《通用数据保护条例》的措辞不够精确，也没有包含显性或隐性的权利以及自动化决策的保障措施。[28]

未来，风险和合规经理将扮演什么样的角色？风险经理的职责就是针对公司盈利或生存中可能面临的风险向企业提供建议。他们对风险进行识别和评估，并制订计划应对可能出现的问题。此外，他们还要确定如何避免、降低或转移风险，包括监管处罚和罚款。合规经理（可以说是另一种不同的角色）有责任确保公司遵守国别性及国际性规定、专业性和非专业性规范以及公司制定的职业道德和良好行为规则。[29]

在人工智能环境中，风险经理受到的影响会比合规经理小吗？合规经理的主要作用可能被自动化了。风险经理是不是有责任管理监管行为，如果有的话，那么这种管理的性质又是什么？仅仅是监督一个自动化系统吗？

最终，我们会不会使用智能机器来管理和规范其他的人工智能系统？这是一个连罗马人都已经发现的老问题，他们会问："Quis custodiet ipsos custodes?"大致意思是:"谁来守卫守卫?"这虽然是一种通常用来指涉政治或警察权力的表述,但它同样适用于监管环境。随着技术的应用和监管科技的增多,监管机构必定会更加重视人工智能的应用和内外部环境的管理。

赛讯咨询公司(Celent)在 2015 年的一份报告中提到了监管日益自动化的趋势:"监管机构、现有的金融机构和新兴金融科技公司将越来越多地借助科技手段,通过丰富的数据和分析法来实现实时金融监管。监管机构与金融机构之间的反馈回路将变得更短、更有效,现有法规将被施以更高级别的审查,以确保它们仍然适用和有效。"[30]

结 论

在这一章中,我们讨论了不同类型的风险,主要集中于运营风险和财务风险。但同时我们必须认识到,还有许多其他类型的风险可能会对企业产生影响。

风险管理是一项吃力不讨好的工作。风险经理通常被认为是组织的守门人,而不是成功的关键推动者。迅速做出与组织的风险偏好相一致的决策可能是关键的成功因素。许多风险管理活动已经可以通过人为干预或专门程序来进行,但企业经营环境的波动性越来越大。风险的复杂性和外部环境的不确定性使得更高程度上的自动化势在必行。

具有讽刺意味的是,风险经理依赖自动化,但自动化本身却带来了新的风险。由于处于新技术领域,自动化风险的本质是无法通过自动化本身来确定的。如果组织越来越依赖于使用某些算法形式的解决方案来有效管理风险,那么我们如何才能真正确保这些算法正常运行?如果系统出现某种故障,将会导致什么样的后果?

我们最终会依靠系统来检测其他系统的故障吗？监管机构将在多大程度上依赖自动化系统来监测异常现象和违反监管法规的行为？系统会同时担任法官和陪审团以限制人类对判决结果的干预吗？

在这个最终由高级算法驱动的复杂网络中，谁（或什么）将成为未来的守望者？

第七章

实施路线图

摘　要

前几章旨在对人工智能的演变、发展历史及其对各行各业的影响提供一些见解。这一章主要涉及人工智能的实施：在实际生活中，它在哪些方面接受实战的检验。

本章讨论了从领导力、招聘和培训，到从业者如何协同工作的整个变革过程中的所有元素。这部分借鉴了以往人工智能的实施经验及相关学习经验，最后提出了究竟渐进式变革还是大爆炸式变革最有效的问题。

简　介

弗朗西斯科·科瑞亚（Francesco Corea）在他的文章《关于人工智能的 13 个预测》（*13 Forecasts on Artificial Intelligence*）中阐述了他对未来 5 年人工智能发展前景的看法。[1] 考虑到细节问题，这些看法被总结为以下 15 个要点。

1. 人工智能所需的数据量将减少。换句话说，更优的算法仅需更少量的数据就能有效运行。这个观点非常有趣，因为历史上一直有观点认为，正是因为人工智能和认知分析的存在，大量的数据才变得有意义，而科瑞亚却似乎在暗示海量数据可能会被更少但更"丰富"的数据集取代。这种情况或许能对我们担心的数据安全问题有所帮助，因为要保障数据安全就需要对多个信息的来源进行更严格的控制。

2. 新型学习是关键。增量型机器学习（迁移学习）将转变为多任务学习。[也许我们要对计算机的性别进行新的认识—— 英国医学委员会（British Medical Council）的一项研究表明，女性比男性更擅长多任务处理。[2]]

3. 人工智能将消除人类偏见。这是因为人类的决策是基于进化的习惯，而新系统中并不存在这种习惯。

4. 人工智能可能被愚弄。用失真的图像来欺骗智能图像识别系统，从而导致系统失误，这样的例子已经出现。我们可以合理地预期，在未来的网络犯罪中，罪犯们相当多的精力将用于扭曲人工智能的认知。

5. 人工智能的发展伴随着风险。伦理风险固然是一个挑战，但运营风险以及系统错误或故障也不容忽视。随着各类行业对技术的依赖性越来越大，它们如何保留对决策的责任以及如何对这种责任进行投保？

6. 高级人工智能将拥有集体智慧。罗森博格（Rosenberg，技术专家、发明家、企业家，同时也是 Unanimous 人工智能公司创始人。这家公司通过组建实时在线群使得人类的集体智慧实现倍增）提出了一种集体智慧"群"（它被称为"大脑的大脑"）的概念。作为人类，我们的行为彼此间相互影响，这种行为可以归结为社会情绪。人工智能拥有的集体智慧与蜂群的智慧没有什么不同，也能"产生集体效应，权衡利弊，最终做出具体的决定"。

7. 人工智能将产生意想不到的社会政治影响。人工智能可能导致失业问题，而科瑞亚却认为"工作只是被改变了而已"。该要点更接近于一场广泛讨论的核心议题，即知识将被去中心化，人类的专业技能将变得不那么重要，而且人类将可能被降格为机器技术人员。

8. 人工智能将开始问"为什么"。这将把人工智能的概念推向一个新的高度，即由"什么"和"怎么样"变成"为什么"。

9. 人工智能正在突破隐私和数据泄露的极限（就算不是现在，未来也会很快突破）。

10. 人工智能正在改变物联网。当前的人工智能模型是多个设备互连并进行了物联化，然后产生大量数据以供查询，这种模式可能会过时。还有人担心，如果一个组件出现故障或遭到黑客攻击，系统就有瘫痪的可能。架构去中心化则可以避免这个问题，并能提供更简便的操作模型。

11. 机器人技术正在成为主流。越来越多的人渴望让人工智能人性化或者拥有一个机器人身躯。

12. 人工智能可能遭遇发展瓶颈。换句话说，对人工智能发展的渴望可能仅仅因为硬件设计能力不足而受到限制。

13. 量子计算。量子计算的呼声日益高涨，这种计算允许以量子算法的速率来进行分析。此类系统的设计能力目前只被少数公司掌握。也许托马斯·沃森是有先见之明的，他曾预言未来只需要5台电脑就够了——也许他指的是5台量子计算机。

14. 生物机器人和纳米技术是人工智能应用的未来。这其中包括人工智能和生物学交叉技术的发展，这种发展可以形象地比喻成"由细菌制造的电线"。

15. 化学计算机（Chemputers）。化学计算机的概念已经出现，它可以让高级的化学过程发展成复杂的分子水平向上的电子系统。格拉斯哥大学（University of Glasgow）教授李·克罗宁（Lee Cronin）将这个过程描述为"创造性思维与聚合性数字技术的联姻"。[3]

弗朗西斯科·科瑞亚是一名未来预测专家，这类专家的数量正在不断增多。他们的预测总是从多个视角着手，而不是仅仅针对某个行业。虽然这其中也有一些通用知识可以分享，但我们难道不应该努力做出更具针对性的行业预测吗？

不同行业的创新速度显然不同，而某些群体却在阻碍变革方面顽固不化。《新土木工程师》（*New Civil Engineer*）杂志和美商宾特利系统（Bentley Systems）联合调查了 100 名工程专业人员。尽管样本量相对较小，但它们确定了对变革有不利影响的 7 个关键词，依序排列如下：

- 数字基础设施薄弱。
- 缺乏改变权限。
- 缺乏培训。
- 安全问题。
- 经济形势。
- 劳动力老龄化。
- 公司采购周期。

根据调查结果编写的报告《技术消费：工程师是否做好了实现飞跃并获得回报的准备》（*Technology Consumption：Are Engineers Ready to Make the Leap and Reap the Rewards*），揭示了虽然有些人可能会认为技术进步正在被所谓的卢德分子或老龄工人的惰性破坏，但事实并非如此。

相反，该报告认为，技术进步放缓的主要影响因素是雇主的态度。在调查中，44%的受访者认为他们的组织并没有认识到技术培训的重要性。[4]

那些受影响的专业人员对应用速度的态度或许并不像他们对工作环境和领导力那么积极。应用速度也会受到采购周期的影响，这种周期可能会降低雇主的投资，还会受到工作现场雇主和雇员对变革的不同态度的影响。

员工培训新思路

在这个智能技术的新时代，旧的培训和教育理念显然已经开始变得无关紧要。人们发现，不同的人有不同的学习方式，这使得大脑友好型学习方法应运而生。"大脑友好型学习"这个术语虽然是专有的，但它反映了这样一种理念，即我们都有不同的学习方式（如利用听觉、触觉和视觉）。

为什么要强调员工培训的新思路？因为如果思路不对，就会在应用实施和价值传递方面产生不可避免的连锁效应。

除此之外，错误信息可能会导致误解、怨恨和抵抗。在本书的前面章节，我们讨论过抵制变革的卢德派运动，但如果这场运动描绘了一幅不同的景象，它的追随者会有什么反应呢？这幅景象原本可以代表个人层面的更大成就，不仅影响那些准备接受改变，更能影响那些想方设法地把新方法带到工作中的人。

在21世纪如此复杂的环境中，培训需要对学习过程进行重新探究，并要更深层次地理解所谓的学习障碍。也就是说，我们需要更好地理解在新的工作环境中，每个人在自我提升方面究竟面临哪些困难。对于雇主来说，这种理解一定是成功实施培训的关键要素。

毫无疑问，旧的培训和教育理念正在成为冗余和累赘，甚至已经过时。我们越来越依赖于培训师拥有足够的知识和经验，并将他们的知识和经验进行分享和输出。然而，培训师真的渊博到足以理解新工作方式的复杂性和各种挑战吗？也许他们和商界领袖一样处于不利地位——对这种新的工作模式同样没有实际经验。

简而言之，关于人工智能的影响及如何将其整合的培训需要一种全新的培训或赋能思维模式。视觉展示在未来的赋能模型中可能并不适用，流式视频同样有它的局限性。

观察以知识交换为谋生手段的会议组织和培训公司将如何适应这种新环境，会是一件特别有趣的事情。长期以来，会务行业都是一个创收大户，但在过去的 20 多年里发展步履维艰，可能根本不适应下一个 10 年的环境。

未来的培训必然包括多方面的知识管理，至少包括以下方面（高度个性化和定制化）：

- 3D 虚拟学习。
- 视频教学。
- 游戏。
- 面对面培训。
- 自主学习。
- 在线研讨会。
- 网上学习。

- 社会化学习。
- 辅导。

在一个可能存在争议的环境中，这些类型的培训将会引发讨论。许多顾虑将不仅仅出现在企业内部的不同部门之间，也将出现在不同地区之间。在专业及职业层次上，更加广泛的讨论不可或缺。例如，无论哪个行业的市场营销团体一定会考虑聊天机器人对客户关系的影响。

我们还面临着很多不确定因素，但变革的速度可能会快得惊人。这些变革将发生在工作职能方面和产业领域，以及我们最不希望发生的职业领域。这种变革的速度意味着传统的方法会被淘汰，而自主学习将迅速成为学习的主导形式。实际上，有一种观点认为学习速度可能实际上是由机器本身的发展速度决定的。

以游戏为例，人工智能它总能以一种或多种形式发挥作用。在游戏中，资深玩家可以进阶到下一个级别——玩家通常可以同时获得新的装备和技能。什么时候机器将决定人类是否已经具备了进阶到下一个层级并能有效参与的合适技能？

对于培训师来说，很显然，相关性、创造兴奋感和衡量进步是新的挑战。

- 相关性。保持相关性和避免失去听众将继续成为培训业的头等大事，动态培训将具有普遍性，讨论将成为关键环节，团队合作将变得非常重要。面对这些新挑战，传统的培训模式可能根本就不能满足需要，甚至还可能产生反作用。
- 衡量培训的相关性非常重要，尤其是与角色功能甚至个人前景相关的培训。如果他们公司的角色包括管理简单任务或管理从事重复性、常规性工作的人员，以及能被自动化或被机器人替代的角色，那么这些人如何能最好地理解变革的相关性并有效地参与学习过程呢？

- 一般来说，火鸡是不会投票赞成过圣诞节的。所以，在有些机器人的使用成本已经可以确定（截至 2016 年）要比真人便宜 65%的情况下，经理人和职员们为什么要对人工智能热情似火呢？

- 创造兴奋感。培训师需要激发人们的兴奋感，而不是对未来的恐惧感。低水平的培训可能会引来蔑视，甚至可能滋生怨恨。受众的参与程度对培训师来说至关重要。

- 衡量进步。这是一个很容易被忽略的环节。如今的培训和赋能团队在衡量自身努力是否成功方面面临的挑战越来越多。就销售而言，培训在多大程度上提高了销售团队的效率，用渠道数量或机会多少来衡量吗？未来雇主需要更清楚地了解成功培训的衡量标准是什么。这些标准可能是硬性的可量化指标（如效率），也可能是软性的定性衡量（如人气），或者更有可能是两者兼而有之。

一些有远见的组织，比如技软公司（Skillsoft），已经认识到了新时代的培训需要创新的方法。其论文《培训失败的 5 个原因及如何应对》（5 Reasons Training Fails, and What to Do About It）不仅涉及了当前的经营环境，同时也为未来培训制定了一个有效的框架。[5]

机器人和过程自动化

对于许多组织来说，机器人过程自动化（RPA）和随之而来的机器人桌面自动化（RDA）是关键性起点，能够为实现更广泛的人工智能提供有用指南。

概括来说，机器人过程自动化指的是系统或机器人模仿人类行为。这不是一个新鲜事物，事实上它已经有30多年的历史了。人们常常通过其他的名称来认识它，如脚本、抓取、机器人、增强现实、自动化和人工智能等。纯粹主义者能够区分所有这些名称，但对于外行来说，它们就是一个模子里刻出来的。

这些机器人系统的主要目的是取代人类劳动。人工智能专家称，在机器人身上所花费的费用比供养全职的人类职员的费用便宜三分之二，而且可靠性更高，合规性问题更少。

机器人过程自动化有两种形式：无人照管型和有人照管型。另有一些人认为，还有第三种形式：半照管型。表7-1 对无人照管型和有人照管型机器人过程自动化进行了比较。

表 7-1　无人照管型机器人过程自动化与有人照管型机器人过程自动化的比较

机器人类型	无人照管型机器人过程自动化	有人照管型机器人过程自动化
操作界面	机器人在服务器机房的虚拟机上操作	机器人在每个桌面上操作
机器人数量	每台虚拟机对应一个机器人	实时个人机器人
自动化程度	100% 的工作自动化	20%~90% 的工作自动化
影响范围	影响较小的子组织和流程	影响较大的组织
适用条件	最适合于完全文件化流程	适用于全部或部分自动化流程
连接流程	自动化端到端	自动化记忆与实时认知
应用领域	后台，运营，外包	前台，后台
应用规模	每个企业 10~100 个机器人	每个企业 100~20 万个机器人

资料来源：Pegasystems（n.d.）. Home page. Pegasystems website. www.pega.com。

在这个转型时期，软件技术公司 Pegasystems 等建议企业不要采用非此即彼的方法，而应该最先考虑无人照管型和有人照管型机器人过程自动化的组合。

该建议采用的两个关键标准如下：

- 无论功能是后台性还是前台性的，都是基于不太成熟的前台系统——功能更加明显，也更有可能招致批评。
- 后台操作不太具有时间先决性，可以容忍较慢的响应。这种情况会得到明显的改善吗？

除此之外，人机合作机器人的概念也被提上了日程。实际上，这是一个与人类一起工作的机器人，以共同实现确定的业务目标。人机合作机器人的问世是为了与人合作并进行交互，通常用在一个制造业车间里。人机合作机器人的主要标识和定义如下：

- 接近性。人机合作机器人是一个没有屏保的自动化系统。
- 可访问性。人机合作机器人不需要日常的专业程序员。[6]

实施框架

人工智能项目的实施不应该孤立进行，而应该在创建时就考虑好某种形式的最终状态（最终状态往往在项目起始阶段并不明确）。

关键性实施问题

一个公司应该设法解决一些关键问题，这些问题通常包括以下方面：

- **试图达到的目标是什么？**一般来说，大多数产业都是由关键型驱动因素定义的，例如成本控制、运营效率、客户获取以及服务和产品的可获得性。更重要的是，公司应该理解其收益是如何被定义的，以免让人产生误解。

- **改进措施最终如何被衡量？**在大多数情况下，公司业务需要建立在硬性效益（经济效益）和软性效益（声誉、用户参与度）相结合的基础上。员工数量和成本受到的实质影响是什么？在许多情况下，公司很难衡量改进措施，因为在起始点时这些衡量标准并没有被完全理解或者无法被准确测量。

- **组织如何测量变革或者改善的效果，如果起点没有被充分定义的话？**测量方法论必须在一开始就得到明确的理解和赞同，以防止日后产生分歧。

- **组织是否对使用的术语有一个清晰的理解？**技术部门是出了名的喜欢使用术语者。在许多情况下，人工智能的表达容易与规范性分析或认知分析相混淆。事实上，组织追求的一些业务目标通过使用传统技术是可以有效实现的。

- **技术的人机界面是什么？**例如在机器人过程自动化的情况下，提议的流程是需要人工干预有人照管型，还是无人工干预无人照管型，还是两者兼而有之？如果流程复杂，它也可以分解为有人照管型和无人照管型机器人过程自动化的组合。

- **除了满足关键型驱动因素外，还有没有其他原因促发变革？**变革是为了在业务中实现增量式改进（也许是对既有方法的遵循模仿），还是成为一个更大的业务变革的一部分？小规模改变往往是诱人的并能提供一种进步的假象，但如果所期望的收益不能实现，或者失去了支持，那么这种改变也是不可持续的。

大规模变革由于影响的群体更广泛或影响的流程更有效，因此可能产生更重要的效果。然而，风险厌恶型公司越来越不愿意接受颠覆式变革，而是偏爱将增量式变革融入其计划路线图中。

- 变革过程中的各个步骤是否考虑成熟了？也许还存在着中间步骤，或者转换过程中的所有步骤并不是同等规模或同样重要的。

- 组织将在何种程度上保留高技能员工？和许多类似的企业一样，隶属于第一食品集团（Premier Foods group）的英国面点企业吉卜林公司（Mr Kipling）采用了全自动生产系统。然而，一旦系统出现故障，它会让员工紧急待命。这么做的关键原因是它的许多产品都具有时效性。例如在圣诞季，吉卜林公司接到了2亿份水果派的订单，对于企业来说这个机会窗口是不可失去的。其他行业或流程将在多大程度上需要有人员待命以防系统故障？

- 先发优势还是后发优势？一个组织希望处在创新前沿，获得附加的公关优势或风险吗？或者，它会更喜欢使用经过实践检验的新技术吗？后者可能产生更快、更便宜和更确定的结果，同时还能享受从先发企业转移过来的经验和知识优势。

- 组织的风险偏好是什么？这尤其适用于运营风险领域，即涉及系统、人员和流程故障问题，以及容易外界影响的领域。在一些国家，创新能不能通过某种方式被限制，以确保运营风险及其对业务的影响能像以往一样得到控制？栅栏原则会在多大程度上降低创新的速度和影响？

- 竞争环境如何，组织能否加以利用？挑战会不会更有可能来自那些没有系统负担的新进入者？或者，挑战可能来自野心更大、时限更激进的外部市场入侵者。

■ 五年内会发生什么？实施路线图会在多大程度上考虑到未来政治、经济、技术和环境的变化，即进行前瞻性的宏观环境分析（政治、经济、社会文化、技术分析）？

领导力和执行力

任何类型的实施方案的核心都是领导力和执行力。在人工智能这样一个具有潜在挑战性并且将对组织和个人影响极大的领域中，领导力和执行力尤其重要。

变革可能会面临许多障碍。马基雅维利（Machiavelli）似乎早在16世纪就已经认识到了这一点，他在《君主论》中是这样描述困难的：

所有在旧秩序下发迹的人都仇视创新者，而对新形势下发达的人只愿意提供杯水车薪的支持……这在一定程度上是因为人们常常带着怀疑情绪，从来不会真正信任新事物，直到它们经过检验为止。[7]

人工智能环境中的领导者尤其受到考验，因为他们既要在缺乏经验的情况下采取行动，又要鼓励别人跟随他们。

在当前的环境下，也有一种意见认为，领导者作为旗手的角色正在变得过时，而领导力越来越成为一种功能，而不是赋予个人的权力。在当今变幻莫测的环境中，领导的职能可能从一个人转移到另一个人，以当前的需求以及满足这些需求的能力为标志。我们可能会想当然地认为，机器本身位于领导力之外。然而展望未来，机器可能不仅是领导力的一部分（就像某种形式的合作者一样），而且会在领导力中发挥实质性的作用。

这并不是说机器本身可以成为领导者。领导力是人类的一个特征，至今还没有机器领导和启发人类（或其他机器）的案例。但未来的领导者将更加依赖这些数据驱动源。人工智能将成为高层主管值得信赖的顾问，并将提供无可争议的数据驱动见解。

一定程度的创造力对于研发团队来说是必需的。在第五章中，我们讨论了机器在艺术和音乐方面的创造性。但现在有一些人认为，计算机并没有充分展现出它的创新能力，因此我们暂时还不得不依靠人类。

这并不是说领导力不能由人类创建并由系统进行管理，而是说领导力的展现方式类似于人才管理分析法和项目规划软件集中管理一系列关键性的实施项目。应用某种形式的循环学习系统可以为自我完善过程提供一种方法。

然而，就目前而言，领导力仍将是高管的领域，仅仅因为他们对股东负有法律和受托责任，理当引领企业沿着正确的方向发展。他们将使用机器人和人工智能，如果他们认为这么做是正确的话。在一项略显过时但仍有意义的商业流程再造调查中，对 52 家计划实施再造项目的大公司的研究显示，公司董事长或行政总裁为业务执行人或牵头人的项目占 29%，董事总经理为牵头人的项目占 25%，董事为牵头人的项目占 38%，经理为牵头人的项目占 8% 。[8]

虽然他们是项目的执行者或牵头人，但仍然需要一个项目主管——负责日常决策、管理预算，以及向上、向下和横跨整个组织的沟通。这些技能在本质上是功能性的和管理性的结合。企业员工需要了解企业的技术能力和企业政治，最重要的是具有企业家精神——技能和才能的艰难结合，这样的结合是不容易找到的。

正因为如此，执行者或牵头人的角色在组织中变得更加重要。执行者定义目标，提供资源，评估绩效并管理所有的内部政治问题（包括来自其他利益相关者的阻力）。人工智能会潜在地缩小劳动力规模和个人角色的作用，因此，引用人工智能需要铁腕和坚强的神经。

利益相关者越来越倾向于参与而不是管理，也就是说，他们希望更早地参与决策，这和传统情况有所不同。如果个别利益相关者对新技术知之甚少，这就可能会成为企业发展的一块绊脚石，所以有效沟通是至关重要的。

在这样一个创新领域，执行者不太可能应用他们以往的经验。创业的初期的独特之处在于，执行者必须位于业内顶级水平。拥有技术诀窍的人工智能专家将具有越来越大的价值。在商业环境中，业绩可靠的人将变得特别重要，会受到高度重视，而且肯定会得到良好的回报。

Ayata 公司（创建规范性分析概念的公司）的阿塔努·巴苏（Atanu Basu）和迈克尔·西蒙斯（Michael Simmons，专注于创业学、创业思维、创新和领导力的咨询公司 Empact 的联合创始人）在他们的文章《未来属于拥有人工智能的领导者》（*The Future Belongs to Leaders Who Get Artificial Intelligence*）中指出，未来的商业领袖需要问关于他们企业的六个问题。

- 谷歌会怎么做？
- 如何寻找隐藏在数据中的洞见？
- 如何扩展数据的定义？
- 到何处探索开源算法？
- 如何适应他们并不理解的算法？
- 如何避免落入"算法永远不应该那样做"的陷阱？

笔者还引入了惊奇-恐惧-拥抱曲线的概念——"从惊讶到恐惧，再到一如既往地生活，这个历程我们将要一遍又一遍地经历，因为算法软件接管了我们之前认为只有人类才能做得到的决策"。[9]

全美证券交易所论坛（AMEX Forum）的詹姆斯·奥布莱恩（James O'Brien）将未来的领导者描述为公司所有员工的"重心"。他认为，未来的领导者需要具备五种关键能力。

- 透明度。认识到每名员工都必须了解自己在公司发展中所处的位置。
- 灵活性。在一个更具活力的新的工作环境中，领导者必须更加灵活，包括员工的任用。
- 协作性。领导者给员工更多的自由。
- 赋能力。领导者认识到工作和个人生活共同构成了完整的人生经历。
- 凝聚力。领导者擅长用共同的目标把员工团结起来，而不是成为所谓的英雄领袖。[10]

创建团队

行业和组织之间的人才竞争（有人称之为人才大战），是一个严峻的问题。人才短缺会不会对发展构成某种障碍？

我们已经看到，临时性或永久性人才流失或反向流动的趋势正在加剧。20 世纪末，一个引人注目的现象是，很多中国、印度及（越来越多的）巴西的知识分子走出国门到成熟经济体寻求教育和经验。如今，国家和公司想方设法留住人才成了一个更常见的趋势，这种趋势不仅会持续，而且还会加速。具有特殊技能的资深人士仍然受到鼓励到国外去工作。

国与国之间的互惠性学术安排更加普遍。举例来说，英国的志奋领奖学金计划（The Chevening Scholarship Programme）是英国政府旨在培养全球领袖的国际性奖励计划。它为来自世界各地的未来领导者、影响者和决策者提供了一种"独特"的机会，为他们建立专业和学术交流平台、建立广泛的人际网络、体验（英国）文化，并与英国建立积极、持久的关系。[11]

这种人才流动并非没有问题。即使有强硬的外交手段和商业驱动保障这种流动，但对于文化纽带牢固的国家的人才，永久性移民的吸引力十分有限。而来自其他地方的年轻学者似乎热衷于在自己祖国以外的任何地方学习或工作。对于年轻人来说，出国留学或工作是非常具有诱惑力的——能够认识新朋友，学习新的经验，还能给自己的简历镀上一层金。

这一切都在给一个更加灵活的和充满活力的劳动力市场增添活力。过去，招聘机构是相对短视的，它们只在家门口寻找人才；而现在，它们需要开阔视野——用国际化视角寻找人才。

发现人才

为这个技术发展的新时代找到合适的人才并非易事。许多试图通过创业致富却没有成功的人来自馥芮白经济体。他们将寻找一些财务保障以便攀登人生的阶梯。雇主需要考虑他们工作的目的，而不仅仅是技术能力，才能找到在变幻莫测的环境中激励、培训并留住他们的途径。一项关于专家行为的研究表明，员工热爱自己的工作是他们留下来的重要原因。[12]

另一个日益明显的趋势是在多学科团队（无论是真实的还是虚拟的）中工作，这已开始反映出能力中心的既定吸引力。

例如，在一个能力分析中心，典型的能力可能包括技术能力、沟通能力、营销能力、传播能力、获取帮助能力。

管理进展

企业为了衡量更高级的分析工具的效果，需要恢复使用那些看起来更基础的分析工具，这具有一定的讽刺意味。对于许多企业来说，绩效高低将通过营业额、利润或经营效率等硬性指标来反映。

绩效管理的核心是无可争议的数据，这是确保所提供信息准确、无分歧的关键因素。有效的绩效管理能让组织对未来进行衡量、监测、报告和规划。分析工具为整个组织提供了一个广泛的、集成的操作框架。经验表明，那些试图改造企业的大型的、自上而下的项目常常是不成功的，因为企业报喜不报忧。而如果没有适当的行政支持和经济赞助，自下而上的变革一定是不可能发生的。

财务部门处于有效绩效管理的核心。这个部门在"遵守法律、税收和监管要求并就有效配置资源提出合理化建议"方面发挥着关键作用。财务部门面临两个关键问题：

- 财务部门的作用是可信赖的顾问还是强制执行者？
- 财务部门是把预算作为控制成本的工具，还是作为分配有效投资的工具？

在《绩效经理》（*Performance Manager*）一书中，作者指出了财务部门在（缺乏）信息方面面临的四个关键障碍：

- 缺乏调节已发生和未发生事件所需要的信息。
- 会计管理流程比业务管理流程更缺乏内容相关性和可信度。
- 长短期目标、细化的关注点及整体情况之间缺乏平衡。
- 财务部门需要在自上而下的愿景和自下而上的情形之间找到平衡。[13]

在复杂的转型过程中，财务部门必须对业务表现持有明确的看法，而要做到这一点，单凭电子数据表分析肯定不能提供足够的洞察力和控制力。

转型还需要许多高级管理者的支持。考虑到人工智能的核心驱动因素之一是更高的运营效率（降低运营成本），高级管理对比衡量指标不能出现分歧。在人们的预期中，变革可能是颠覆性的，以至既定的共识不能出任何差池。

对变革的恐惧也可能影响员工的行为，尤其是当他们发现新流程的引入会导致他们失业的时候。为了确保员工的积极性能通过奖励或其他机制得到恰当的调动，提供准确的信息是必不可少的。

在某些销售渠道中，流程自动化程度必然会比在其他渠道中更高。高管们必须清楚地了解哪些渠道是进入市场的最佳途径。传统流程和新流程之间的标杆非常关键，但重要的是这些标杆既要准确又要公平。没有人工干预的机器人销售程序可以有效地处理简单的销售任务，但碰到需要的更多人工参与的复杂销售任务时，就会把问题移交出去。如果不对难度加以准确的定义，简单销售和复杂销售可能无法进行准确区分。一些组织妄想着专注于简单的销售及流程，而把更复杂、更费钱的工作留给它们的竞争对手去做。

在前文中，我们考虑了人工智能对金融领域的影响。就像许多其他领域一样，金融领域将不可避免地受到人工智能的影响。金融专家可能因为不用完全看好流程就可以有效分配和管理创新预算，因而处于令人羡慕的地位。因此，首席财务官可能会成为整个人工智能实施过程中最重要的利益相关者。

然而，一旦首席财务官们准备复归他们原本的账户守护者的地位时，这种新的信息范式将迫使他们与企业的其他部门建立新的、更深层次的关系。他们将不再是企业的财务警官，而必须成为全面发展的商业伙伴。这种责任不仅仅是首席财务官的，他们所在的整个部门也责无旁贷。

除了普通会计、交易管理、国库和现金管理以及发表法定报告等传统技能外，他们还需要扩展新的本领，其中包括业务流程再造以及突破性技术的应用。

在《重塑首席财务官》（*Reinventing the CFO*）一书中，作者提出了财务办公人员应该具备三种新的能力。

- 个人效能，涉及行动导向偏好、热爱变化以及知识和学习导向偏好。
- 共享效能，涉及更多协作性工作（不仅仅是跨部门，还可能是系统本身的协作性工作）。
- 过程有效能，涉及创建和管理重要关系及流程导向的思维框架。[14]

如果财务部门是有效实施人工智能的关键因素，那么首席财务官有必要向自己提出一些关键问题。这些问题可能包括以下方面：

- 财务部门现在处于何种状态？
- 要成为人工智能环境中有效的商业伙伴，财务部门要做哪些关键事情？
- 这个新的人工智能环境需要什么技能？
- 哪些人应该留下，哪些人应该离开？
- 到哪里去寻找新的人才，他们需要哪些额外的培训？
- 如何培养和发展那些留下来的人？

- 财务部门该如何发挥作用，使公司不仅有能力运营 10 年、20 年，更重要的是保持竞争力？
- 什么时候开展组织变革，这个时间与其他部门的技术支持是否匹配？
- 在变革的过程中，财务部门如何应对过渡期？

在整个过程中，领导力仍然是至关重要的，不仅在董事会层级如此，在财务部门内部也是一样。财务部门必须帮助企业创建对于未来的某种愿景，并帮助企业尽可能快速并轻松地度过转型期。另外，变革的动力非常关键。有些人称任何转型计划中最危险的时期是所谓的中间区域，即个人或组织既没有脱离过去，也对未来不置可否。

在这种情况下，就未来的实际情况达成一些共识是有必要的。处于变革早期阶段的个人和公司，无法借鉴同行的经验和教训，因此难免要摸着石头过河。在这样的时刻推动变革，铁腕和强权是必不可少的。

可能会有一些人表面上显得信心满满，但私下里却胆战心惊。然而，他们要继续下去，起码要演好自己角色。

关注客户的机制需要继续保持。转型将给公司客户带来哪些好处？是价格更低、可靠性更高，还是风险更小？将客户置于变革的核心将给部门和个人带来某种形式的利好，并能使变革的需求变得合理。

另一个相关机制是模仿思维。换句话说，公司采用的方法是基于全行业的变革，而且正在实施的变革反映了同伴的行为。模仿思维在本质上是防御性的，是一种注重个人和组织安全的方法。这种思维本身并不是完全无序的（还记得马斯洛吗？），但正如我们之前指出过的那样，也许马斯洛的思想正在日益成为过去式，我们现在起码要对一部分安全观念进行些许的改变了。

人力资源功能

作为主要负责招聘和解雇的专业部门，人力资源部门需要认识到，它并非不受人工智能的影响。就像财务部门一样，人力资源部门不仅需要在内部认识到人工智能和机器人将对它们的工作带来什么样的影响，也需要从外部考虑自己的组织（和部门）在人工智能环境中的新形态。

在第六次年度人力资源调查中，招聘人员哈维·纳什（Harvey Nash）报告说，有15%的人力资源主管现在受到了人工智能和自动化的影响，还有40%的人力资源主管表示他们的职位将在未在的2~5年受到人工智能的影响。

该报告还称，在受访的1 008位全球人力资源主管中，86%的人认为人力资源在"促进和支持组织创新"方面具有重要作用。哈维·纳什评论说，由于经济发展的不确定性，董事会层面对招聘的关注度有所下降。报告注意到裁员的速度已经减缓，"这意味着大多数受访组织的规模已经缩减或处于最佳规模"。超过一半的人觉察到了"向数字化前进"的趋势。[15]

人力资源专家需要为迎接职场中的机器人和人工智能做好准备。在薪资和福利咨询公司XpertHR的报告《为职场机器人和人工智能做准备的备忘录》（*Preparing for Robotics and Artificial Intelligence in the Workplace–Checklist*）中，作者为人力资源专业人士列了12项计划，释义如下：

- 关注与人工智能相关的就业立法。
- 了解组织将如何应用人工智能。
- 为组织内的每个人工智能项目指派一名人力资源专业人员。
- 制订内部沟通计划。

- 评估机器人对技能要求的影响。

- 根据现有技能组合和培训考虑人工智能变革。

- 规划人力资源部门的人工智能变革。

- 了解大数据在就业中的应用。

- 考虑人工智能将如何改变招聘。

- 预测人工智能变革的提速及其影响。

- 监测雇佣立法提案。

- 对外合作。[16]

遵循备忘录上的建议可能说起来容易做起来难。英国特许人事与发展协会（Chartered Institute of Personnel and Development）建议，要想做好人力资源工作，以下这些特质是必不可少的：思想果断、技能娴熟、人品可靠、善于协作、积极主动、不惧挑战、以身作则、好奇心强。[17]

这些都是有价值的软技能，但在专注技术且不断变化的商业环境中，可能还有待补充。计算机化的人力资源管理系统正在撬动人力资源功能的再创造。现有的很多人力资源专业人士可能会面临压力。

与其他职业一样，人力资源职能也需要提升，不仅要采用高级的分析方法，以一种更协作的方式开展工作，还要管理变革带来的影响，尤其是在竞争日益激烈的职场中。

替代空间：新工作场所

在计划一种人工智能的实际运用时，我们必须对工作空间加以考虑。人工智能发展的本质，再加上实施项目涉及的各种技能和能力，暗示着传统的工作空间可能不再合适。

在前文中，我们探讨了工作的意义，并注意到了正式的劳动力市场正在发生变化——分化程度越来越高。这种形势带来的影响就是我们所说的工作场所的空间性和时间性的转变——在传统的大型老牌企业中可见的那种可预测的、具有常规工作时间的工作环境，转变成更加碎片化、不可预测和相对不稳定的工作环境。

此外，人们似乎也在接受非正式的及另类的工作模式（有时是无偿的），这反映了他们在乎的是价值创造，而不只是薪水。

在人工智能的发展过程中，我们已经列举了一部分企业家所需要的能力。现在我们必须认识到，除了愿景和技术能力，他们还需要具备高水平的创造力。看看一些创意产业是如何在工作场所中组织工作的，或许有助于为未来工作场所提供借鉴。

创意产业通常被认为是媒体、信息、文化和艺术部门的集合，通常还涉及广告业、游戏业和多媒体业，在历史上一直是增长最快的商业领域之一。创意产业可能会为未来的工作提供某种形式的样板。

在创意产业中，正如颠覆性技术一样，人们历来关注的焦点是产出，而不是实现产出的过程。创意产业的特点可以概括为"赋能、灵活、创新、有趣、有风险、不稳定、具有过渡性及经济收益低"。

创意产业的一个细分领域是复古零售商，它们销售的商品的款式都是老式的。现在流行复古款式，这是一个有趣的时代。在这个时代，复古零售商可能存在以下特点：

- 工作空间不是静态的，许多弹出式商店（pop-up shops）的经营环境不稳定。
- 在一个易变市场运作，通过主动性和创新性来区分彼此。
- 采取不同于主流的"非常规的"工作方法。
- 比主流商家更具活力、想象力，也更赚钱。

- 属于微型企业，对自己的行为更可控。

- 高风险环境驱动员工以一种新形式参与创业。

- 员工采用"创意身份"，以"激发抱负"并"证明"自己的工作时间长、工资低，甚至缺乏成功的机会。

除此之外，有创造力的员工似乎能在更有效的社交网络中工作，抵消了工作环境中的那种孤独感、孤立的工作环境。共享经验、社交网络及商业网络，凸显了物理临近（Physical proximity）的重要性。[18]

我们还可以了解到，为什么创新中心总是位于那种很酷也很时髦的地方。如果一开始这些地方不酷也不时髦，那么当创新者纷纷来到这里新建酒吧、俱乐部和咖啡馆的时候，这些地方就会变得又酷又时髦了。这些思路有助于解释那种看似相当危险的工作方法所具有的吸引力。显然，这种工作方法特别受千禧一代、后千禧一代的欢迎。

在《时间的束缚：当工作变成了家，家变成了工作》（*The Time Bind: When Work Becomes Home and Home Becomes Work*）一书中，作家阿莉·霍克希尔德（Arlie Hochschild）思考了是什么导致了工作和家庭的置换。她认为当家庭被朋友和同事取代的时候，这种现象就会发生。这让我们想起了活跃的工作环境中那种"喧闹"的场景——人们随时准备工作，觉得"自我满足、生活幸福、心情愉悦和工作是密不可分的"。[19]

如果想要体验这种场景，那么你只需要看一看伦敦的肖尔迪奇（Shoreditch）和硅环岛（Silicon Roundabout）这样的地方，或者全世界其他上百个科技中心中的任何一个。如果你有机会访问一个创新中心，那么你根本不用在着装上绞尽脑汁。你遇到的人看起来就像穿着一大早在地板上找到的第一件衣服那样；鞋子也不用太正式，运动鞋既时髦又性感。

其中还涉及性别因素。据传，在众多创新中心里只有 **20%** 的创新者是女性。这是因为女性据称更谨慎、更厌恶风险吗？创新是否在某种程度上与狩猎-采集基因有关，而这种基因传统上被认为是男性的专利，如果确有其事的话？另一种解释是，人类中的某些成员想要用一种对生活和工作过度自信的、冒险的、傲慢的方式给别人留下深刻的印象，而这种行为通过一种奇妙的方式变成了非常复杂的求爱过程的一部分。

有人可能会说，这种思维方式对破除障碍构成了挑战。如果众所周知的玻璃天花板（glass ceiling）还不够难对付的话，那么现在有人提出了玻璃窗帘（glass curtain）和玻璃走廊（glass corridor）概念——代表了不同性别的人在一起工作的困难。除此之外，我们应该回到工作场所的问题上，以及它与商业环境和人工智能的关系上。

然而在此之前，也许我们应该多花一些时间研究复古服装零售商——成功的市场似乎总是带着点儿乱糟糟的味道，这会让消费者更加兴奋，因为谁也不知道在下一个拐角处会收获什么。很多大型零售商承认这种消费者兴奋必然会带来销售的作用，它们正试图复制同样的消费者体验。老牌零售场所过去都用灯光明亮的通道来最大限度地增加商品曝光度，从而引导消费者，现在却正努力制造焦虑气氛和不确定性。

复制微型企业的混乱环境，以及在较为刻板的商业销售场所或购物中心内的市场型环境中合伙办公，需要一些打破常规的勇气。传统购物场所的布局、间隔、分界和产品组合方法都需要被重构，哪怕这是按计划进行的。我们可以用当前业务实践和谷仓效应的传统边界正在向新型工作空间转移来做类比。

这难道不是创新的挑战之一吗，尤其对大公司而言？它们在某种程度上需要复制创业型工作场所中充满乐趣、风险并且转瞬即逝的工作激情，而且还要让这种激情兼顾企业的商业需求。这种平衡术不是一招一夕就能练就的。对于那些想在大公司里取得成功的人而言，以下是一些值得考虑的事情：

- 所处位置本身不够酷。
- 工作环境不足够灵活和激进。
- 企业文化不充分鼓励建立有效的社交网络和商业网络。
- 着装、守时等职业规范不符合员工期望。
- 雇主和员工之间存在某种程度的文化错位。
- 可见领导力被员工视为过于陈旧。

人为地制造创新环境——一个组织提供专门用来思考的房间，地板上放着懒人沙发而不是普通的椅子——是有问题的。有人说，为了鼓励天马行空的思考，公司甚至把天花板漆成了蓝色——这是一个很好的做法。

人们现在开始认识到，激进的思维是有效实施人工智能项目必不可少的条件，而且在一定程度上，工作场所也需要被激进化。

对创意部门的考察有助于提供一个有趣的视角，用来理解如何才能最好地吸引那些满足于在就业光谱中不稳定、更短暂的端点工作的人。这些人当初决定进入公司的时候，还带着一点理想主义色彩，但很快就会受到企业文化和地理位置的限制。人们很容易看到这些人表现出的沮丧情绪。

需要解决的问题如下：

- 新时代的创新者能不能以他们没有参与创新的泡沫时代的同样方式进行创新？

- 大型公司能否重建泡沫？如果能的话，如何以及在哪里重建？

- 随着年龄的增长，今天的创新者会（或将会）改变他们的态度吗？换句话说，创新和年龄有关吗？

- 如果在创新的失业率上升的阴影下工作，后千禧一代对职场的看法会改变吗？

- 雇主和雇员之间的关系会发生本质变化吗？雇员通过某种形式的共同所有权在企业的收益中能获得更大的份额吗？

最后，还有一个可持续性问题需要解决。大多微型企业的生存时间都很短，这是微型企业的一种天性。那些在这种环境中工作的人，最终可能需要牺牲在那里工作的乐趣，以换取在大公司工作的稳定性和固定薪水带来的确定性。

这未必是一种抛售行为，它或许只反映了生活的一些基本诉求，即安全、保障和账单支付能力。也许，归根到底马斯洛是对的。

时间：要实施多久

大多数经理人都知道，聪明（smart）这个词在今天的技术化含义（仪表化、互联化、智能化）出现之前另有用途，即它是一个首字母缩略词——具体的（specific）、可测量的（measureable）、可实现的（achievable）、现实的（realistic）、有时间框架的（ime-framed），主要应用于工程专业。考虑到它之前的含义，我们需要解决的是时间问题，也就是人工智能的实施需要多长时间？

这个问题的答案可能取决于以下方面：

- 实施人工智能是否与一个单一的战术需求相关，或与一到两个具体目标并行？

- 组织抱负和整体计划范围考虑所涉公司的规模和性质。

如果满足一个条件，并且假设技术已经成熟，那么以月为单位实施人工智能并非没有可能。如果满足后一个条件，那么公司需要制订一个着眼于多年的计划。前车之鉴不能忽视，尽管许多人会争辩说，现在人们对变革缺乏耐心，而且转型应该更快地完成。例如，当英国电信公司（British Telecom）几十年前推行其全公司流程管理方案时，它制订了一个五年规划。也许这对于业界打造人工智能平台也能起到示范作用。

20 世纪 90 年代中期，业务流程再造广受欢迎。一项针对承担 67 个项目的 38 家公司的调查显示，任何一个特定项目的平均实施周期为 15.8 个月，其中包含了实施周期超过两年的 25% 的调查对象。[20]

实施人工智能项目的速度似乎与处理中的业务性质有关。

- 核心流程变化的实施时间大体上要比预期的更少。
- 支持、管理和跨职能流程需要花费的时间比计划的更多。

通过解释，有人认为核心流程比任何其他业务流程都更容易接受分析和改进。核心流程被定义为必须示范执行以保证公司竞争力的关键活动或活动集合，因为它们为产出增加了主要价值。[21]

实施时间是一个敏感的话题，这尤其取决于领导力、团队质量、利益相关者的参与度以及期望达到的目标。在人工智能等尖端技术领域，总是存在一些不确定性。即便如此，设置和计算投资回报率（ROI），在某种程度上就意味着项目团队要估计出开发和实施人工智能的时间。

人工智能是一项高风险的业务，而且更具挑战性的是项目团队不切实际的乐观主义，以及团队和团队领导报喜不报忧的态度。透明度是关键问题，执行人和团队领导之间的彼此信任也很关键。即便如此，在一定程度上引入与技术及业务无关的独立项目管理系统是一种审慎选择，该系统用以报告关键性可交付成果。

人工智能系统区别于其他系统的一个关键因素很可能是实施的速度。从目前看来，某些形式的人工智能系统将成为商品，这是令人难以置信的，然而这种情形很可能在 20 年内出现。

请求式人工智能将以多快的速度复制当前的软件即服务（SaaS）的技术？软件即服务系统据说比传统的企业预置型系统更快、更便宜、更容易安装。它使用户的灵活性更强，使他们不再为退出多年期项目而感到担忧，还可以让组织在一个新流程中进行反复尝试。即便如此，弗雷斯特（Forrester）等市场分析机构表示，有必要对软件即服务进行规划和试验，就像传统的项目上线一样。[22]

大爆炸式转型可行吗

不同的时代，有时需要采用不同的实施方法。从历史上的角度来看，分析行业一直采用线性方法来进行变革，而分析的演化是通过一系列自然构建的模块来描述的。

不出 10 年，不同的、更激进的变革方法完全有可能在商业环境中得到应用，一个大爆炸式的（而不是进化式的）变革方法呼之欲出。

大爆炸式的变革有利有弊（见表 7-2）。某些领域可能会更早瞄准人工智能的早期定制版本。例如，得益于政府的支持和有力的市场行情，中国保险行业的规模正在以年均约 20% 的速度发展。这样的增长水平必然会给可用的人才储备带来压力，使其在发展速度和知识水平上均不能满足市场需求。人工智能似乎有助于解决这个特殊的问题。

表 7-2　大爆炸式的变革利弊

优势	劣势
变化非常明显，获得很多关注，因此会加快转型并创造动力	最终结果缺乏差异性，因为该变革模式更关注市场响应速度而不是技能。大多数公司会采取一种降低风险、模仿别人的方法
变革的速度之快和干扰因素之多，可能会导致各组织之间更广泛的知识共享——可达到商业秘密和版权许可的程度	发展带宽将出现不足。专业知识将越来越多地落入相对较少的人手中，他们将变得非常抢手，并推高成本
不带来竞争优势的通用能力将被循环使用，提供更有效的部署和更大的经济规模	正常情况下在渐进式改革中可以获得的一些经验和教训要么被漠视，要么被完全忽略，从而导致更大的运营风险
变革的动力将击败来自组织的阻力和惰性	创新及差异化趋势将由于可支付能力而被牺牲掉
现状难以衡量，因为波动的市场环境会降低投资决策的有效性，并促发更多基于情商的决策	关于变革的商业案例缺乏清晰度，而这在进化模式中是很少见的

　　另一个可以有效加速人工智能发展的行业是消费电子行业。该行业的特征是发展速度快，但发展的模式有些另类。通常它需要进行大量的研发，从而促进生产的迅速增长及规模经济的产生。这些规模效益有助于降低消费者的成本，而生产成本的下降势必带来，赢利能力的提升。

　　人工智能在消费电子领域的有效发展不仅能减少研发时间，还能判断投放市场的最佳时间并最终提高赢利能力。类似的效益也在药物行业有所反映。

结　论

在本章中，笔者分析了解人工智能实施的实际案例，试图从技术变革中汲取灵感并尝试理解其中的教训。

文化、培训、领导力、招聘和定位技术等各种因素都将在人工智能的发展过程中发挥作用。我们认为，所有这些传统的功能模型都需要升级和改造。在这个特别的变革时代，转型是大势所趋；所有的问题都很关键，而且相互依存。也许，关于新工作方式的整个理念是其中当仁不让的主导性问题。这种新方式在一定程度上是选择的结果，但也是人们工作方式改变的结果。

一些组织的实施策略中可能包含先行试水策略，而任何零碎的变革都应该作为更广泛的战略行动的一部分，这是最有效的尝试方法。没有什么可以阻止策略性或试点性的实施行为，但这些类型的实施行为也都是更广泛的实施方案的一部分。一个可行的方案并不意味着执行者或领导人要完成整个方案。对于人工智能，任何明智的做法都应该设立一组中间检查点（独立项目管理系统），以确保所承诺的可交付成果已经实现。

附录 A 囊括了读者可能会觉得有用的一系列流程图，不管是在应用方面，还是在个人技能提升方面。这些流程图展示了一些可行的路线或选项，但这需要根据个人需求及其工作的组织或产业的成熟度进行定制。

第八章

新商业模式

摘　要

在本章中，我们将探讨由于智能系统的应用而可能出现的新商业模式。这些模式可以包括新的价值链、重新定义的雇佣合同以及不同形式的领导力。

在一个数字化的世界里，未来的商业模式可能不仅仅是对现有流程的数字化复制，而是可以容纳新的、看似混乱的创新系统，它将更加适合波动的市场环境。

简　介

商业模式是一个相对模糊的术语，因为它的定义中似乎存在一定的灵活性。在《新新事物》(*The New, New Thing*)一书中，作家迈克尔·刘易斯(Michael Lewis)认为，商业模式简单地说就是"你打算如何赚钱"。[1]

当然，这个话题在过去一直备受关注，德鲁克、波特等人出版了很多相关著作。琼·玛格丽塔(Joan Magretta，哈佛商学院高级研究助理)认为，模式就是商业的运行方法——通过向客户提供产品和服务获得利润。[2]

模式的概念来自一种理念，即每一个经济活动都可以作为一个单独成分进行建模，就像亨利·福特等人对汽车制造业务进行整合，重新组装零部件以更高效地创造利润。

商业模式通常与所谓的价值链相关联。一系列作业或组件共同推动流程从设计、采购、制造到营销、出售和分销的转变。模式或者价值链，在理想情况下不仅需要考虑企业内部问题，还要关注来自组织外部的关键影响。企业所处宏观环境分析（PEST）或态势分析（SWOT）通常对于构建那些将对业务价值产生最大影响的因素是有帮助的。一些人可能会认为，在当前形势下，特别是在变幻莫测的商业环境中，这些传统的分析形式正在变得越来越不适用。这就是预测市场外部环境和客户行为所面临的困境。

虽然经常有人说我们正在进入或者已经进入了一个被称为第四次工业革命的新时代，但是这个新时代也许还可以被称为"不确定的时代"［此表述来自经济学家约翰·肯尼斯·加尔布雷斯（John Kenneth Galbraith）］。分析与洞察是理解业务表现和企业外部力量的关键。除此以外，背景分析（analytics in context）可以帮助我们更好地理解市场。当与更精简、更灵活的业务相结合时，背景分析可以让企业经营更具活力，生态系统运行更加迅捷。

在这种充满活力和灵性的工作方式中，企业通过相对静态的商业模式获利的可能性变得越来越小。丽塔·麦格拉思（Rita McGrath）在《当你的商业模式陷入困境时》（*When Your Business Model Is in Trouble*）一文中提出建议，当创新只能提供越来越小的增量式改进、难以推出新产品、创新步伐落后于竞争对手时，企业就不得不提高警惕了。"胆大妄为"似乎有了用武之地。[3]

马克·约翰逊（Mark Johnson）在他的《白地策略》（*Seizing the White Space*）一书中，借鉴现有经验提出了以下激进的商业模式。

- 部分化（Fractionalisation）。例如，像分时享用所有权一样，出售某物的部分使用价值。

- 免费增值。就像领英（LinkedIn）一样，对基本服务免费，对优质服务收费。
- 低接触。通过大幅度降低服务质量来降低价格。[4]

其他创新模式包括发债、捆绑、众包、租赁和订阅。约翰逊的主张是，一个组织不应该只盯着它的同行，而应该看看别的群体或企业在干些什么。[4]

由此也可以得出结论，虽然世界各地的市场成熟度不同，企业都应该关注本土之外的新商业模式。当前的模式通常是由本地传统和排外行为结合的产物，而真正的创新很可能受到非本地因素的影响。

例如，以下这种方法在消费品零售行业中变得越来越普遍：把商业街的商店当作商品展示的橱窗，而真实的交易却在网上进行。这似乎已经成为亚洲部分地区的商业模式。在这种新的商业模式中，商品是去中介化的（直接销售，不需要任何中间商），现有的商业街分销渠道遭到了蚕食。

由于这种销售方式的存在，商业街的零售商在多大程度上会面临威胁？为商品提供一个展示橱窗可能会刺激网上销售，但零售商如何确定实体店的存在对在线购买有积极的促进作用？在前文中，我们讨论过购物中心正在发展成一种更广泛的购物体验，但是商场里的店铺难道不需要继续营生吗？我们能有效地将特定地点的消费者客流量与在线购物量关联起来吗？

因此，新商业模式可能不仅会威胁到现有的分销渠道，而且还会影响那些传统渠道的雇员。在"不确定的时代"里，不仅管理者和领导者会受到影响，商业模式或价值链本身所涉及的所有人也都不能幸免。

如果我们认为商业将变得更加灵活，人工智能诱发的商业模式在本质上是动态的——始终处于不断变化的状态之中，那么这难道不会对劳动力构成影响吗？

零时合同——雇主不向雇员承诺最少工作时数的合同，到目前为止，被认为会对仓库或快餐店等较低级别的服务岗位产生影响。在供需不平衡的不确定环境中，这是雇主管理工作负载需求的理想方法。那么，什么时候零时合同会被引入到对更高级别岗位（专业类或管理类）的管理中呢？有些人可能会提出，高级别岗位的职能只能由长期薪金雇员（salaried employees）担任，稳定性非常关键，所以必须保持传统的合同方式。但我们不应该视之为理所当然。

正如本书在前文指出过，如果产业和职业变革在即，那么这种变化势必会影响到雇主和雇员之间的关系或劳动合同。因此，工作的概念以及由此产生的报酬的概念也将不可避免地发生变化。

也许我们什么都不做就能得到报酬？ 2015 年，芬兰决定采用一种名为基本收入（basic income）的商业模式，重复曾经在印度、巴西和纳米比亚进行过的一项实验。基本收入模式并不是一个新概念，它是由社会工程师克利福德·休·托马斯少校（Major Clifford Hugh Thomas）在 100 多年前提出的。根据目前的方案，芬兰政府每月向一小部分公民支付一定数额的钱（2016 年为 560 欧元），不管他们是否有工作。这个实验的目的是看看那些拥有金融保障的公民，是否还愿意为社会做贡献。[5]

因为商业文化依赖于新教的职业伦理，因此什么都不干却白拿钱是一种异端。然而，美国最成功的投资大师之一沃伦·巴菲特（Warren Buffett）却认为，有一种趋势不可阻挡，即"少数具有非凡才能的人将得到整体经济回报中越来越大的份额，而那些平庸之才会像商品那样大众化，从而导致财富的减少"。[6]

也许我们应该问一个严肃的问题："平庸之才"究竟是什么意思？当然，这些所谓的平庸之才会具备一些基本的技能，例如生产线上那些可以由机器人操作的技能。平庸之才可能还掌握一些具体的分析能力，如投资管理能力，甚至一些医学分析能力，但这些都可以被自动生成的人工智能取代。驾驶汽车、飞机或火车属于平庸之才的范畴吗？我们是否应该更多地根据人们拥有的非凡才能来考虑他们的个人价值？如果是这样的话，那么这些非凡才能将会是什么？未来是否会出现工匠、创意艺术家和发明家的复兴？在特定地区，市场成熟度会在何种程度上对平庸一词产生影响？人工智能会产生拉平效应吗？

不仅商业模式的改变势在必行，管理者和领导者在这种新范式中的表现方式也需要改变。旧的管理模式和领导模式真的已经寿终正寝了吗？

我们不妨大胆地假设，管理者和领导者所做的工作不属于平庸之类。评估和指导员工业绩表现的智能人才管理工具难道不会影响未来管理者和领导者的工作吗？

我们甚至可以假定管理者和领导者的角色将由人工智能来担任。管理和领导都是商业模式的功能，而不专属于个人的责任，而功能是可以在某种程度上实现自动化的，这是不是很合逻辑？

增强技术还是自动化？

埃森哲公司在 2016 年的《人工智能的商业价值转化》（*Turning Artificial Intelligence into Business Value Today*）报告中，将未来相对不确定的商业模式总结成两种选择：增强技术和自动化。埃森哲借此暗示人工智能有两个主要目的。

- 提供更多详细见解，协助（或增强）人类行为和决策，从而使决策更加准确及时。
- 用自动机器人替代由人类承担的简单工作任务，即实现自动化。

增强技术接受起来更容易些，因为它意味着人类仍然会在与机器的某种合作关系中发挥作用。然而，自动化正威胁着一些工作岗位（尤其是那些在本质上相对常规、可以被机器人替代的工作）以及谋生手段。埃森哲公司强调，随着一些工作岗位的消失，另一些工作有望被创造出来。

这份报告将工作任务分为四种类型。

- 结构化的、稳定的、低容量数据。
- 非结构化的、不稳定的、大容量数据。
- 例行的、可预测的、基于规则的工作。
- 非例行的、不可预测的、基于判断的工作。

该报告由此提出，有四种新的解决方案或新型商业模式可能会出现，它们是效率模式、有效性模式、专家模式、创新模式。

在这种分类之外，还有粒度级别的建议，这意味着每种解决方案都没有清晰明确的定义。许多现有的和新的模式将是不同模式的混合体。同样重要的是，人们已经进一步认识到，人工智能并不是一个"简单"的技术问题，它同时也是一个文化和社会问题。[7]

我们在这里对商业模式给予了特别关注，然而我们知道，现有的业务流程很可能被新的机器学习和功能颠覆。对这个事实的反思也很重要。

采用现有的商业方法，然后对此进行技术性或数字性的解释，可能是不够的。

我们应该随时准备迎接新的、根本性的办法，这就是颠覆性技术的本质。这些激进的想法将被联通的速度、系统集成的程度和适用的机器智能水平驱动。这些新方法也将受到人类对这些自动化和增强技术的反应及行为的影响。

例如，如果病人知道医生正在使用人工智能来辅助诊断他们的健康状况和病症，那么到什么时候他们将决定去掉医生这个中间人，单独和机器打交道？如果由于经济环境的复杂性和波动性，很多投资决策正在由机器进行增强，那么除了一种温暖的感觉，人类还能提供什么呢？

对机器更加依赖是一种灾难性的滑坡，这与依赖卫星导航高度相似。司机们可能会说，如果卫星导航系统失灵的话，他们按地图开车的本领一定可以恢复。然而，如果地图阅读量减少，那么地图的销量难道不会下降？纸质地图最终不会消失？传统的导航方法不会失传？

我们也可能会错误地认为，计算机还不能自己悟出经营之道。

这个问题可以从以下几个方面来考虑：具有核心财务数据访问权限的高级财务绩效管理工具可以比以往任何时候都能更准确地计算产品、服务和渠道的收益率；所谓的系统沙盒功能（sandbox capabilities）可以对不同场景进行建模；情感分析功能方便组织了解市场需求；机器人投资模型将提供关于风险及回报的更到位的理解。有什么理由去阻碍一个独立系统集合所有这些功能来共同推动（甚至仿效）卖方流程的创新呢？

传统的线性价值链模型正在变得冗余，这一点已经越来越被人们认可。未来的智能企业需要考虑多重内外部因素，确保它们不仅可以在服务和价格方面满足客户需求，还能应对工作环境的复杂性（见图 8-1）。

人工智能与向零创新

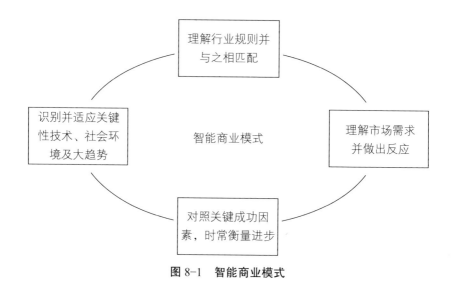

图 8-1　智能商业模式

表 8-1 还扩展了新商业模式的构成成分。

表 8-1　智能商业模式构成

关键趋势	关键因素	市场需求
移动技术	定制、个性化	需求增加
云技术	闭环和连续反馈	更加多元化
分析法	资产共享、优化	市场成本波动
互联互通	定价基于使用	监管力度加大
创新	速度及灵活性	风险更高
新科技	创新	价格更低
创新至零（innovate to zero）	授权、领导力	灵活性更大
去中心化	需求聚焦	确定性增加
地理社会化	人才管理	更趋数字化

时间问题和地点问题

　　未来的商业模式将通过定位系统预测用户行为。这意味着资产（包括人力资产）的物理位置将变得更为重要。人工智能系统需要了解所有东西的位置构成——关键信息。即便是在虚拟世界里，"每个物体和每个人都在某个地方"仍然是一个基本事实。在过去的 10 年中，GIS 从一项幕后业务发展成了一个更有意义的要素。毕竟，哪家公司不想知道客户在哪里，资产在哪里，最好的市场在哪里，以及如何使供给与区域需求相匹配？

　　由于这个原因，GIS 公司越来越趋向于同分析软件供应商紧密合作，共同创建双向地理分析。分析软件供应商感兴趣的是可视化质量的提高，这正是 GIS 公司的特殊才能所在。地图不就是特定数据和信息的可视化样本吗？

　　有效的可视化有助于将复杂的、多层次的信息转换成更易消化的内容。

　　建成环境为我们提供了无数机会，来展示传统的数据和信息是如何被捕获的（通过建筑信息模型）。这些数据还可以通过无人机或其他固定装置等远程设备进行补充，为资产、街道甚至产品线提供合成图片。这些技术不仅可以用来获取肉眼可见的现有信息，而且还可以提供资产的永久记录，比如墙体内不可见的公用设施和系统。

　　使用建筑信息模型涉及的一个特别问题是，承包商或业务人员没有将资产（如管道）放置在图纸指示的地方，因此建筑信息模型记录的位置与实际位置不匹配的情况时有发生。使用远程设备将有助于确保安装的准确性。看起来，人类在这一过程中的作用非常有限。

　　独立机器人系统也需要有位置感，不管是它们自己的物理位置，还是受影响的第三方（如人类和车辆）的位置。有些资产是相对静态的（就像建筑物或零售货架）。其他受影响的资产（如人类员工）要灵活得多，也更难以进行实时跟踪，因此更可能面临的是计算能力和联通性的问题，而不是可用技术的问题。

许多 GIS 公司使用的分析法仍然停留在历史领域及实时数据领域——预测性分析的使用相对有限，认知分析和机器学习技术的使用就更少了。采用前瞻性思维非常重要，甚至重要到了需要将互补性公司纵向一体化的程度。

也许谷歌是个例外，它已经将谷歌地图应用到了搜索引擎和其他算法中，以提供特定的位置建议（如你喜欢的最近的餐馆）。这个领域显然还存待进一步开发，但不是由技术人员或商人来实现，而是由那些富有想象力的人来实现，他们能在分析环境和定位环境中看到商业解决方案。

这种情况可能出现在 Geovation Hub，这个机构由英国国家测绘机构——地形测量局（Ordnance Survey）2015 年在伦敦建立。[8] 地形测量局发现定位分析的市场规模仅在英国每年就达到 22 亿英镑（估计到 2020 年将达到 30 亿英镑），而全球的市场规模则为 140 亿美元。定位分析市场还将反过来在相关技术和服务领域创造一个"副产品"市场，这个市场的规模到 2020 年预计仅在英国就将增长到 360 亿英镑其中：

- 防御系统市场规模 40 亿英镑。
- 安全系统市场规模 27 亿英镑。
- 信息和通信技术市场规模 23 亿英镑。
- 休闲行业市场规模 17 亿英镑。
- 保险行业市场规模 17 亿英镑。[9]

鉴于全球市场规模巨大和定位分析的重要性，Geovation Hub 显然是一个值得复制的模型。定位分析将继续发展演变，这对满足人工智能时代的需要非常关键。这种演变的出现需要以下条件：

- 弹性云功能，不存在存储和计算能力的挑战。
- 额外数据，来自设备及其他有机来源（如众包等）。
- 经改良的图像识别技术，包括红外线扫描技术。
- 设备及卫星成本降低。
- 对业务问题以及可行性解决方案有更全面深入的理解。

正如传统分析所经历的那样，未来的趋势是 GIS 产业将沿着与人工智能产业平行的道路发展。在这条路上，两者会有某种程度的交融合流。但就目前而言，这些行业似乎都在各行其道，而交融只是时间问题。

对人工智能公司和 GIS 公司来说，用更好的算法来解决关键的商业、国内和地缘政治问题，难道不比根据不同的（虽然是互补性的）观点来重新设计解决方案更靠谱吗？

语境洞察

没有任何企业（或个人）能在真空中或在泡沫中运作。现有的分析模型存在一个风险，那就是它是内向的，没有充分考虑更广泛的外部环境。企业不仅渴望了解客户的需求和他们准备付出多少，也需要更好地理解外部商业生态系统——竞争对手、供应链、环境及政治因素，这些可能会影响企业的赢利能力。

如果股东们在一家公司的投资价值正在缩水，那么让他们知道缩水的速度是否慢于这家公司的竞争对手或其他市场部门，这也会让他们感到安心。

我们应该试着理解信息在语境中的真正含义。必应（Bing，微软公司推出的全球领先的搜索引擎之一）将语境定义为"构成事件背景、陈述或理念的各种环境，在这些环境中，事件、陈述或理念的含义可被充分理解"。这个定义的核心是如果没有语境洞察，现状或情形就不能被"完全理解"。

充分的理解难道不是既对今天的决定很重要，又对机器学习环境很重要吗？很自然，决策主要是在知识环境有所欠缺的条件下做出的，但归根到底这难道不是在一定程度上进行判断的全部意义所在吗？然而，在一个以人工智能为导向和依靠算法驱动的环境中，缺乏语境洞察会不会带来新的问题？

技术人员可能会辩称，现有数据中的缺陷是可以通过对投入的完整性进行加权弥补的，一些银行已经在用数据质量评分进行上述操作了，但是语境的意义不仅仅在于理解那些立即可用的数据。要获得正确答案并有效使用算法，人工系统难道不需要理解外部世界正在发生的事情吗？

真正有效的各层级分析需要对外部环境进行理解。高级生态系统中的决定可以在孤立状态下做出，这是不可思议的。语境考虑的不仅是当前正在发生的事情，也包括过去发生了什么，以及未来可能发生什么，这是对自动化系统的一大要求。也许语境是经验和直觉在技术上的等价物。

当考虑未来时，我们该不该期待人类的经验和直觉被电脑内存替代呢？

如果由字节驱动、存储在云端某处的自动化系统将取代人类的智力、经验和直觉，那么人类的未来究竟会是什么样？工作及其他一切事物新的本质将会是什么？经验、资格和专业机构将起什么样的作用？电脑的这些功能会让我们在智力上和情感上处于一个更好还是更坏的位置？

双关语和沟通

随着机器系统逐渐成熟，它们和人类以及相互之间的沟通能力也会逐渐提升。当前，我们关注机器和人类之间的交互，因为人机之间沟通的水平和质量将最终定义我们与机器之间的关系。

机器系统与人类交互的主要困难之一是现存语言种类众多。尽管可进行短语翻译的系统已经存在，但其功能需要进一步的完善，以便未来的交互可以有效地进行。

基于短语的翻译系统主要存在以下两个问题：

- 翻译是基于短语而不是具体的单词。因此，这种翻译较为粗放，还被戏称为一把"钝刀"。
- 词汇量有限。

解决方案已经近在眼前了。2016 年，谷歌推出了一款谷歌神经机器翻译系统（Google Neural Machine Translation，简称 GNMT）。这是谷歌翻译的一个功能扩展，添加了所谓的"神经网络"和"机器学习"。通过这些附加功能，谷歌神经机器系统创建了自己的语言——谷歌称之为国际语（Interlingua）。国际语可以让谷歌神经机器翻译系统对语气和语境进行有根据的猜测，并据此提供更准确的译文。值得一提的是，通过使用一种中介性的内部语言，机器似乎有能力不经明确指导就可以把一种语言翻译成另一种语言。

国际语的概念并不新鲜，连这个名字也不新鲜，它诞生于1937—1951年。作为一种所谓的国际性辅助语言（如世界语），它能让不同语言的人进行交流。它也被称为工作语言或桥接语言。国际语背后的原理是它能识别出大量的不同语言中的单词，因此能够被很多人理解。

国际语是一个复杂的概念，但实际上谷歌工程师更关注的是内部翻译网络的运作方式。他们表示："网络必须对句子的语义或意义进行编码，而不是简单地进行'逐句翻译'。"他们甚至认为，这可以被称作"一种创造力"。[10]

这种翻译形式产生的影响是，一种包含了机器学习并与人类直接互动的高级系统不太可能被语言问题所掣肘。而且，它还可以让国籍不同、语言不同的人通过同一种系统进行交互。

面向新市场的新商业模式

世界银行的《2010年生意经》（*Doing Business 2010*）对新兴市场给予了关注，认为"在这些市场中，企业要想获得成功，唯一的办法就是毫不留情地削减成本，并接受利润空间接近于零的现实"。[11]

这种想法并没有什么新意，尽管越来越多的人认识到，将一个成熟的商业模式植入到发展中国家，并不总能奏效。《新兴市场的新商业模式》（*New Business Models in Emerging Markets*）一书认为："企业不要紧盯着现有的产品并把它们植入新的区域，而应该找到那些'未被满足的需求'，并通过满足这种需求从中获利。它们应该像初创企业一样行事，这样一来，每个市场对它们来说都是新的。"

该书的作者表示，是时候创建一种新商业模式了，这种模式能够让低成本解决方案得到大规模的构建。这些新的商业模式应包括客户价值主张、利润公式、关键环节、关键资源。[12]

高度本地化的情况很可能会出现——人工智能导向的商业模式在世界不同地方会有所差别，会遇到不同的问题，并需要对不同的价位做出相应的反应。

例如，2001 年一瓶 300 毫升的可口可乐售价相当于印度人一天的工资，只有 4% 的人印度买得起。为了把另外 96% 的印度人也转化成客户，厂家将瓶子的体积减少到 200 毫升，并把价格减半。这样，更多的人买得起可乐，也使得可乐同柠檬水和茶等其他饮品更具可比性。

在新兴市场，人工智能商业模式会不会越来越专注于利基市场，或者当地的业务需要？咨询公司 Tractica 表示，"窄化"人工智能将日益占据主导地位，其收入将在 10 年内达到所有人工智能收入的 99.5%。[13]

想要确定各大洲经济增长的关键驱动力并非易事，表 8-2 可能会提供一些辅助信息。该表是基于《赫芬顿邮报》（*Huffington Post*）的一篇文章和来自经济合作与发展组织的数据而制作的。

表 8-2　印度、巴西和中国经济增长的主要驱动力

印度	巴西	中国
开发低海拔地区优质资源的宽度和深度	试图走出衰退的困境	超速增长 30 年后调整至更慢但更适宜的发展速度
发展制造业	简化税收环境、改善基础设施	改善农村金融，组织农民教育培训，消除贸易障碍
改进治理水平	持续管理公共部门	在金融、监管、税收和公共采购领域创造公平竞争环境，缩小商业化服务企业的国有比例，开放更多产业的私人投资

（续表）

印度	巴西	中国
鼓励创新	改善教育，减少收入不平等现象	专职人才培训，建立有效的全国职业教育系统，评估大学和大学教职员工的学术产出质量
管理贫穷、人口过剩问题及对他国的资源依赖风险	控制失业率	利用城市化和服务业作为经济增长动力，认识到农村人口向城市迁移的潜在效益

资料来源：Amit Kapoor, Drivers of India's competitiveness. Hufngton Post India (12 January 2015). http://www.huffingtonpost.in/dr-amit-kapoor/drivers-of-indias-competi_b_6441232.html; OECD (2017). Brazil-economic forecast summary (November 2017). In Developments in Individual OECD and Selected Non-Member Economies (June). OECD report. http://www.oecd.org/eco/outlook/brazil-economi forecast-summary.htm (accessed 25 August 2017); OECD. Structural reforms can help China settle into a 'new normal' era of slower, but more sustainable and inclusive growth. OECD website (20 March). http://www.oecd.org/economy/structural-reforms-can-help-china-settle-into-a-new-normal-era-of-slower-but-more-sustainable-and-inclusive-growth.htm (accessed 25 August 2017); OECD (2017). Economic surveys: India overview. In 2017 Economic Survey of India. OECD (February). https://www.oecd.org/eco/surveys/INDIA-2017-OECD-economic- survey-overview.pdf。

结　论

本章开头便讨论了商业模式的含义，并探讨了促成一种商业模式构建的一部分元素。

现在越来越明了的是，在人工智能的世界里，未来的商业模式将不仅仅是现有模式的数字化版本。随机性和些许混乱，而不是线性的决策，可能会变得更加流行。一些新的模式会被创造出来，它们更加关注能为数据提供含义和语境的外部因素。

这些全新的、激进的商业模式将会促发更多的灵活性、定制化和本地化。改进后的语言功能不仅可以帮助机器系统与人类进行交互，而且将改变人类与自动化系统协作的方式。

第九章

应对未来

摘　要

本章将探讨我们需要如何在个人层面与人工智能新技术进行交互（尤其是在工作场所中），以及未来个人可能需要哪些能力和特性。

本章首先考虑的是目前有哪些类型的人工智能，以及未来可能会出现什么；其次介绍了我们需要什么样的额外培训或教育，不管是在职培训，或是参加某种学术机构的培训；最后简要阐述了在人工智能市场上我们需要具备什么样的个人特质。

对于那些认为人类与计算机在创新方面有着本质的区别，以及认为人机竞争并不存在的人，我们会给他们呈现计算机的创新能力。然后，我们会做一个推测：在相对正常的条件下，或者在老龄化时代，抑或在有特殊医疗需求的更为重要的情况下，与机器人一起生活和工作可能意味着什么。

最后，我们考虑如果接受机器人的指令或建议，人们会有什么样的感受；以及提出了一套机器人规则，以帮助计算机在未来更好地与人类相处。

简　介

在这本书中，我们探讨了人工智能和认知分析的历史演变，它们对各行各业的影响，以及它们的实施过程。我们还考虑了卢德分子留下的遗产及当前新卢德分子的行为，从而进一步反思了抵制人工智能会带来的影响。

附录 B 对那些受人工智能影响风险最大的工作进行了评估，这是第三方基于一定程度的合理性进行的评估，但仍然存在争议和分歧。这种评估在考虑个人的脆弱性时，依据的是当下的工作，而不是未来的工作。未来，现有岗位会被重新定义，新的岗位将会诞生。我们需要考虑一个问题：是人类为机器人服务，还是机器人为人类服务，抑或是两者形成某种形式的协作？

当我们进一步使用人工智能时，个人必然需要具备某种形式的应对策略。这一章开始更深入地探讨如何应对未来这个问题（主要以工作为背景），同时涉及与机器共处的问题。

也许，这些问题可以归纳为人类要打败人工智能还是联合人工智能。无论采取何种形式，人工智能的发展都势在必行，这意味着最强有力的方法是某种形式的协作（或称为合伙办公），但这背后的逻辑又是什么？

在合伙办公的过程中，人类至少有四种方法可以借鉴。

- 提高个人对机器潜在能力的认识。
- 提高在自身业务领域的专业能力。
- 积极寻求在商业领域的岗位，该领域受到机器人的影响并具有应对策略。
- 传播并塑造人工智能议程，以满足个人的职业或特定行业的需要。

人工智能的现有岗位

或许对一些人来说，他们首先要看看目前市场上有哪些人工智能工作。在招聘网站的搜索引擎中输入人工智能，通常会显示大量岗位。尽管存在一些非技术型岗位，如法律、营销和招聘等，但大多数岗位是技术型的，而不是业务型的。如果你想了解个人经验和资历如何与人工智能相关的职位相适应，以下是一些典型的岗位（截至 2017 年）。

- 商业 IP（知识产权）或 IT 律师。
- 技术项目主管（人工智能方面）。
- 中小企业数据科学家（自然语言处理）。
- 数据科学家（机器学习、深度学习方面）。
- 人工智能工程师。
- 具备 R、SAS、SQI、Dover[①] 技术的 Python、Java[②] 开发人员。
- iOS 软件工程师（人工智能方面）。
- 销售主管（使用人工智能优化现有销售流程）。
- 人工智能 B2B 营销高管。
- 人工智能招聘顾问。
- 人工智能贴牌人员（帮助识别和理解图像，并根据特定选项对产品进行分类）。
- 高级研究人员研究（人工智能和机器人触觉）。
- 游戏程序员。
- 计算机视觉工程师。
- 数据科学家研究员。
- 人工智能自然语言处理工程师。

---

① R、SAS、SQI、Dover 都是计算机编程软件中的一种编程技术。

② Python 和 Java 都是一种计算机编程软件。

- 人工智能管理员。
- 管理顾问（管理机器人过程自动化和认知自动化）。

据《福布斯》杂志报道，人工智能领域最热门的款式是聊天机器人〔也被称为谈话机器人（talkbots）、聊天机器（chatterbots）、机器人程式（bots）、喋喋不休的人（chatterboxes），以及人工对话实体（artificial conversation entities）〕，这是一种旨在与人类交互的计算机程序。

聊天机器人被比作一场网球比赛：说话、回复，说话、回复……其重点在于机器人不仅能用自然语言与人类交流，而且还能与人类进行非常个性化的对话。这主要是为了提高营销部门的效率，尽管在其他方面（如金融服务）也有潜在的应用前景。

《福布斯》这篇文章中的绝大多数预测都是由技术领导者或学者做出的，而不是由商业领袖（那些目前管理和领导非科技行业日常业务的人）做出的。滑铁卢大学（University of Waterloo）计算机科学教授伊哈布·伊利斯（Ihab Ilys）的一个预测尤其引人注目。他说："数据分析将更加垂直化，构建垂直解决方案的公司将主导市场。通用数据分析公司将逐渐消失。垂直数据分析初创公司将开发自己的全栈解决方案，以收集、准备和分析数据。"[1]

有证据表明，数据分析垂直化的趋势已经开始显现。垂直（行业特定）的分析解决方案不仅依赖于技术，而且依赖于行业知识，以便将必备技术充分应用于解决业务问题。如果没有这个行业特定的应用程序，那么可能会出现技术发展与行业中实际存在的业务问题无关的风险。

如果不关注特定的行业问题，那么在最理想的情况下，技术供应商和终端用户可以采用一种"延伸与适应"的方法，定制新技术来解决特定的问题或满足需求；在最糟糕的情况下，需求和交付之间会出现不匹配，从而造成资源、时间、精力和金钱的浪费。

因此，与垂直人工智能解决方案相关的工作必然会在技术领域和人工智能领域得到发展。要想快速有效地实现这种发展，我们需要将目光从技术专家转向业务用户，以获得更有见地的评论。这些用户中的许多人仍将对技术的复杂性和专业术语感到困惑。科技行业还必须改善沟通方式，不仅要与商业用户沟通，还要与社会公众加强沟通。

人工智能的未来角色

与通用分析一样，新的岗位将在人工智能的发展过程中出现。这些岗位将最早出现在日常工作领域——可能是受到人工智能革命威胁最大的领域。

Adgorithmics 公司的首席技术官托马·纳维（Tomer Naveh）将公司描述为第一个人工智能营销平台的创造者，他认为由人工智能监管的岗位将会出现。专业人士的工作将从自己完成任务转型为"监督人工智能软件替他们完成任务"。这基本上是一种"增强型"人工智能应用技术。

人工智能可能不是一个容易被创建的角色，甚至在早期阶段也不容易被理解。所以，个人能力将呈现差异性额外的培训必不可少。在前文中，我们曾试图区分人工智能和认知分析（总结一下，认知分析帮助人类做出决策，人工智能独立为人类做出决策）。人工智能系统需要监管吗？如果需要，这种监管要达到什么程度，它的性质是什么？

在 2014 年的一份报告《人工智能、机器人技术及工作的未来》（*AI, Robotics and the Future of Jobs*）中，作者收集了 1 896 位专家关于这个话题的观点，并将他们的观点归纳为两类（见表 9-1）。

表 9-1　人工智能：充满希望的理由和需要担忧的理由

充满希望的理由	失去一些工作机会，但可以用其他工作机会来弥补 考虑到了人类独特的能力，全新的工作机会将会出现 工作被重新定义为一种新的、积极的、对社会有益的方式 我们的命运将取决于更多的选择和能力
需要担忧的理由	对蓝领和白领的工作都造成了破坏 一些人将获得巨大成功，但另一些人将陷入低收入或失业的境地 缺乏对未来工作的教育和指导，政治和经济制度不健全

资料来源：Aaron Smith and Janna Anderson，AI，Robotics and the Future of Jobs. Pew Research Center (6 August 2014)。

很显然，对于新的工作角色和传统工作场所的繁文缛节，人们看法不一。数字广告公司 Webmedia 集团的首席执行官艾米·韦伯（Amy Webb）说："未来的工作将由连帽衫一族主导。"[2]

互联网法律专家罗伯特·坎农（Robert Cannon）的说法更为直接。"人类能做出什么贡献？"他说道，"简而言之，对于一份工作，如果人们不能正面回答这个问题，它很可能就不会继续存在了。"[3]

在前文中，我们已经讨论过这些变化的社会学问题。10 年后的工作性质是什么？这些变化将如何影响收入？本书无意在此描绘一幅阴郁的画面，而是要倡导一种开放的心态，鼓励读者理解这些机会并最大限度地利用它们。

人工智能教育

除了非正式的自学外，人工智能的教育还有两条关键途径：学术教育和在职学习。下面，我们分别进行阐述。

学术教育

目前，世界上已经有多个专注于人工智能的研究生项目，其中英国有两个典型的项目。

- 利物浦大学项目。这个项目提供一个为期三年的基础课程，内容涉及 Java 编程、计算机系统、数据库、人本运算及算法基础，还有一个人工智能模块（软件工程、高级面向对象编程、电脑游戏设计和应用原理、知识表述、多智能体系统研究及机器人模块的替代品）。
- 曼彻斯特大学项目。该项目提供类似利物浦大学项目的课程，但它是一个四年期项目，将学术培训与产业实践结合起来。

此外，英国其他 34 所大学开设了 76 门人工智能课程或学术项目，作为研究生学位的组成部分。

在北美，包括亚利桑那州立大学（Arizona State University）和艾奥瓦州立大学（Iowa State University）在内的美国大学开设了 37 门关于人工智能的课程。总的来说，与英国大学相比，美国的课程似乎更针对人工智能。例如，内布拉斯加大学奥马哈分校（University of Nebraska-Omaha）提供的课程包括自动化软件系统（如软件代理、多智能体和多机器人系统等）、机器视觉和图像处理技术、神经网络自适应软件系统、针对关键决策的启发式和随机性优化技术，以及嵌入计算机和信息系统的智能机器学习和知识工程技术。[4]

其他主要大学（如哈佛大学等），采取了不同的方法。哈佛大学通常被描述为一所文科院校，它的专业（也被称为集中课程）被划分成几种一般的类别，并没有特别到包括人工智能。有一些课程是关于人工智能的，但另一种学习人工智能的方法是选择计算机科学和心脑行为方面的课程，并将其他一些学科作为次要科目。

在职学习：初创企业和创新实验室

另一种学习人工智能的方式是为初创企业工作，比如从一个创新实验室获得一些经验，尽管这通常需要一些基本（甚至是高级）的技术知识。创新实验室通常（尽管不完全）是初创企业的大本营。

绝大多数创新实验室和设计实验室都是在精益创业和设计思维的基础上运作的。

精益创业是一种旨在快速创建新的技术能力或产品，并将其更快地提供给客户的方法。它向我们展示了如何启动与驾驭产品，以及如何持续运营。这种方法考虑了在一个连续循环系统中进行运作的三个关键元素——学习、构建和衡量。

精益创业从根本上提出了"这个产品应该被制造出来吗？"的问题，而不是"这个产品可以生产吗？"。通常，许多初创企业会先创建一种技术能力，然后通过咨询，四处寻找行业应用。除此之外，精益创业还会引发这样一个问题：利用这种新产品或新能力有没有可能创建一个可持续发展的企业？

从流程的角度来看，通常的做法是创建一个最小可行的产品，然后对其进行微调，以满足客户的精确需求。这种方法的目标是确保更符合客户需求的连续增量拓展。等到完全成熟时，产品就可以投放市场了。

设计思维也是一种类似的方法：它是面向解决方案的，目的是创建某个聚焦的结果。它与科学方法的相同之处在于，它们开始于一个最初的想法，这个想法随后会通过不断的测量和反馈来加以完善。两者的不同之处在于，科学方法中的反馈是与数据相关的（基于物理测量），而在设计思维中，反馈与定性反应和消费者需求的关系更为密切。持续的反馈会导致产品开发的增长和迭代。每一个增量都为发展开拓了新的思路和新的路径。

在许多情况下，设计思维与头脑风暴、借助它山之石的概念有关。这种方法能够激发大无畏的企业家精神。有些人认为这种集思广益的方法只是定义、研究、构思、原型、选择、实施和学习流程的一个组成部分。[5]

设计思维的概念范围远远超越了技术，它与科学、人文和商业也存在相关性。作为教学的重要组成部分，一些商学院正在越来越频繁地采用这种方法。

创业的核心概念是企业家精神。也许有些人认为这是直觉性的，但实际上它是一个可以教授的过程。企业家精神考虑产品设计、市场营销和市场理解等问题。我们常常把企业家与那些成功人士联系在一起，但每一名成功的企业家背后，可能都有数百名（或数以千计的）成功人士，但他们无法独享创意或将其货币化。

创新实验室不仅能提供一种创新工厂的形式，而且还能作为一种过滤机制来运作——识别可能成功的创新点子，并废弃那些可能半途而废的创新。它也为风险投资家提供了额外保障，因为他们能够从这个过程中验证他们的投资回报率。

银行和保险公司等大型机构有时会设立内部创新实验室。这些公司已经认识到，停滞不前不是一种选择，它们必须通过使用颠覆性技术和新的商业模式来不断争取进步。

有些公司在创新方面的思维比其他公司更激进。例如，慕尼黑再保险公司（Munich Reinsurance）认为，其内部至少有10%的员工需要具备创新技能或创新经验。该公司采取的方法是鼓励员工与创新专家一起工作，以使员工成长为技能娴熟的创新实践者；采用的理念是授人以渔，而不是授人以鱼。换句话说，它的目的是教会人们创新，而不是填鸭式地灌输别人的创新。

个人成功能力

创新专家感兴趣的是哪些属性是必需的。以前，美国长期空缺的一个重要职位要求应聘者具备以下能力：

- 精通技术并具备开放的学习方式。
- 能够创建和指导项目团队。
- 能够组织和管理紧迫期限下的成果交付。
- 沟通技能出色，善于激励团队并传导产品愿景。
- 能将产品引入既定环境中。
- 善于应用精益创业技能。
- 能够完成从构思到实施的整个创新流程。
- 无直接指令或授权也能够开展工作。
- 敢于挑战成规。
- 工作具有战略和战术。

这份工作需要的经验包括以下方面：

- 至少五年工作经验。
- 明显的创业成功经验。
- 项目管理团队领导经验。
- 资金筹集经验。
- 设计和提出商业案例的能力。[6]

这个现已被充分填补的空缺，可能是类似机会的典型代表。这其中存在着对学历的重视不是问题，尽管这份工作可能被认为是相对于技术意识和项目方法经验的需要而言的。

此外，这一由大型金融服务公司所引领的特定岗位对行业知识没有特定的要求。也许这是因为创新专家将与企业用户一起工作，行业知识将从一方迁移到另一方。另一个原因很可能是招聘人员希望未来的求职者不会受到现有行业知识的束缚。

这种从其他行业寻求专业知识的愿望，也可能是对市场技能缺乏的同情，但也可能是为了鼓励行业之间的交叉融合。

计算机能创新吗

人类试图通过创造创新能力来使自己有别于机器。但我们需要问这样一个问题：计算机能创新吗，它能自我创造某种形式的人工智能吗？如果这是可能的，那么不仅整个创新过程会受到挑战，而且关于人与计算机之间的关系以及我们在未来如何应对这一关系，都需要被重新审视。

在前文中，我们讨论过计算机创造音乐和艺术作品的能力，它可以满足图灵测试的要求。目前计算机无法复制人类的智慧、想象力和灵感——这些合起来被称为创造力。计算机何时能够创新，是否仅仅是一个时间问题，而不是一个能力问题？

也许该问题的答案可以归结为我们所说的创造力。数字媒体和在线营销解决方案供应商 Adobe 公司 2012 年对 5 000 名美国、英国、德国、法国和日本人进行了一项调查，只有 39% 的受访者认为自己是有创造力的。25% 的人说他们没有发挥自己的创造潜力。然而，我们似乎死守着"人类的精神不可复制"的观点不放。[7]

"计算机能否创新"是从"计算机能否思考"的问题中衍生出来的吗？这个问题本身就是一个相当有争议的话题，也充满了诱人的挑战。2001 年，米歇尔·沃尔德罗普（Mitchell Waldrop）在关于智能时代的文章中，回顾了雷·库兹韦尔在 1990 年出版的革命性著作《智能机器的时代》（The Age of Intelligent Machines）。《智能机器的时代》提出了一个问题：我们所说的"思考"这个词到底是什么意思？如果像沃尔德罗普所预料的那样，人类大脑中的单个细胞将逐渐被计算机芯片取代，而计算机芯片将通过编程精确地再现脑细胞的输出，那么大脑在什么时候将变成行尸走肉呢？[8]

换句话说，人类大脑的进化是为了满足身体的生理需求，即维持生存并寻找食物、水和热量。为了实现这些目标，大脑把自己的容量限制在 1 000 亿个神经元，每个神经元有 7 000 个突触连接（突触是一种结构，它允许神经细胞将电脉冲传递给另一个神经细胞）。人类大脑的雏形是在 150 万年前形成的，而我们大部分的生存学习却发生在其后的三年内。根据 www.deeplearningbook.org 网站的预测，到 2050 年代，计算机的神经元数量将赶上人类。[9]

届时，人类会不会处于一个算法驱动的星球上，管理者是会思考的机器人系统吗？另一些人则认为，机器学习有两个致命的弱点，如 Solus 集团的查尔斯·克利福德（Charles Clifford）所说："机器学习只能解决已知问题，它缺乏想象力。"[10]

2016 年 11 月，谷歌公司宣布旗下深层思维人工智能项目将与《星际争霸》（StarCraft）视频游戏团队合作，训练其人工智能系统的思考能力。《星际争霸》是一款由暴雪公司（Blizzard）开发的实时战略游戏，玩家可以控制三个交战阵营中的一个：人类、类昆虫生物和外星人。玩家的目的是收集自然资源以开发新的建筑单元。深层思维的设计者认为，通过玩游戏，系统可以学习人类在真实世界中采取的策略，并开始对它们进行复制。设计者的最终目标是"开发出可以自主解决任何问题的人工智能"。[11]

人工智能和神经外科之间也存在奇妙的交叉之处。其背后的逻辑是这样的：大脑极其复杂，不断地收集数据并将其转换成信号或脑电波——这就是大脑活动的模式。但这些大脑信号是很复杂的。利用大数据分析来理解大脑"听到"或"看到"的东西与它们如何被转化为信号之间的相关性，我们可以更好地理解大脑实际上是如何工作的。在医疗应用的实践中，这使科学家能够更好地理解癫痫等病症，并据此采取相应的治疗方法。

功能性核磁共振成像方法目前还比较粗糙——系统目前能够识别的最小的大脑单元是一个体素（一个体素中可能包含10万个神经元）。虽然功能性核磁共振成像和传统的核磁共振成像（MRI）似乎能够识别广泛的活动区域，但距离我们以足够的粒度来理解大脑活动仍有一段距离。科学家称，大脑的很大一部分功能在于语义理解，也就是说，与意义或逻辑有关。例如，对狗和贵宾犬的大脑信号反应出现在相似的大脑部位。

这一点很重要，因为如果我们了解大脑是如何工作的，我们就可以更好地理解人类区别于机器的那些特征。届时，创造的能力也许就更加唾手可得了。[12]

人工智能和神经学之间的关联性可能并没有我们想象的那么大。谷歌公司使用了一种卷积神经网络（convolutional neural networks）作为其图像识别研究的一部分。卷积是一种在图像识别中人工模拟动物功能的形式。换句话说，科学家正在使用自然生物学作为机械复制的模型。这也要求他们理解神经网络的结构。

有一些有趣的反馈回路正在形成，例如，我们的目标是更好地了解大脑，以便更好地了解脑部疾病。通过这些反馈回路，我们开始对自己如何思考有了更深入的理解，这意味着我们是如何创造和创新的。这样一来，我们的人类属性或独特价值是否会开始消解？

我们会发现自己陷入了伦理和意图的困境之中，意外后果定律（unexpected consequences）再次抬头。我们在思考人工智能将如何影响商业活动时，或许也需要留意意外后果定律，并谨慎对待前进之路。

也许由于所有这些原因，完全复制大脑的复杂活动或许不太可行。那么在短期内，最可能的出路是否是采用更数字化和算法驱动的方法，而不是试图复制大脑？

这难道都是一个前景黯淡的故事，其情节就是我们不仅会创造出系统以取代简单的重复性工作，而且系统本身也会变得有创造力吗？这一切到什么时候才会停止呢，是要等到某种形式的监管出现吗？我们将会陷入某种危机四伏的科幻小说场景吗？

抛开这些不说，在可预见的未来，人们不应该过于担心计算机是否能创新，以及人类创新者是否仍将发挥作用的问题。这难道不是我们至少应该坚持的东西吗？

与机器人共生

当思考分析法和机器人技术对我们的工作场所、职业生涯的影响时，我们也应该花点时间考虑一下这些变革对我们个人生活的影响。在个体层面，这段转型期对我们意味着什么？

机器人已经出现在我们身边，在大多数情况下，它们会提供基础服务，比如指挥交通。在某些更复杂的领域内，机器人服务也已经起步，比如提供理财建议和消费建议（如我应该买哪本书吗？）。另外，它们已经开始提供个人护理服务，比如在日本，机器人已经被用来和老年人进行沟通互动。

人类和机器人之间的互动情景似乎既涉及设计问题，又涉及技术问题。设计师詹姆斯·奥格（James Auger）在他的论文《与机器人共生》（Living with Robots）中提出，机器人成为"家用产品"只是一个时间问题。他把机器人的驯化和花了约 1.5 万年才完成的狗的驯化进行了比较，探究了技术是如何从实验室过渡到家庭使用的历程，就像动物物种的进化和被驯化一样。[13]

奥格引用了其他已有的资料来说明"驯化"机器人并不是什么新奇的玩意儿。

驯化，在传统意义上是指驯服野生动物。在隐喻意义上，我们可以观察到用户在各种环境中面对新技术时的驯化过程。这些"奇怪"和"野蛮"的技术必须经过"家庭驯养"，它们必须与用户及其所在环境的结构、日常事务和价值相结合。[14]

在此过程中，奥格强调机器人是一种提供特定服务的"产品"。他回忆说，机器人真正的"功能"只有两种——"被使用"和"被拥有"，而且这两种功能似乎"互成反比例"。技术进化与自然进化相比较，存在以下不足之处：

- 据我们所知，计算机并没有明显的主导目标（生存）来适应环境。
- 自然界普遍理解的达尔文理论并没有在技术进化中得到体现。

在达尔文的理论中，进化与生活环境有关，而机器人的进化与人类的干预有关。有些人可能认为这两者是相同的，因为人类的干预实际上是一种非自然的生活环境。

- 机器人的进化不是一种自然的线性发展过程，尽管其中存在一种非自然的演变过程（有些人可能会把它称为产品发展过程）。

当然，并不是每个人都相信达尔文提出的进化论。例如，智能设计理论便是一种神创论，用来支持对上帝存在的信仰。这种理论指出，进化的某些特征通过智能干预得到了最好的解释。智能设计理论自有它的拥趸，但许多人认为它是一种伪科学。机器人在某种程度上属于智能设计的范畴吗？

詹姆斯·奥格将适应过程划分为三个关键要素：

- **功能适应**（机器人的行为）。这个要素考虑机器的功能是什么，它是否应该为完成特定任务而专门建造，或者它是否应该从现有的任务中剥离出来，特别是在常规流程的情况下。
- **形态适应**（机器人的外观）。形态和熟悉度之间是存在联系的。从这个意义来说，人们似乎更迷恋类人形态。相反，蒸汽时代（如维多利亚时代）的工程师似乎不太关心形态，因为他们在一块空白画布上作画，没有先入为主的偏见。而现在的机器人工程师则会受到人类形态的影响。
- **互动适应**（机器人与人类的互动）。在机器人设计中，这是一个关键元素，它要求普通人在与机器人在一起时，必须感到放松和舒适。当机器人被用于家庭护理（如照顾老年人）时，这一点显得尤为重要。

机器人设计最终可能会被证明是双向的——为了最大限度地利用机器人的能力，机器人设计中可能会包含需要我们改变的日常生活或工作中的一些元素。例如，这可能包括机器人友好型陶器（为了便于搬运，陶器上有凹槽）和床单（这种床单的一面有一个戳记，方便机器人识别哪一面向上哪一面向下）。[15]

长者护理和机器人

目前，人口结构正在发生重大变化，老年人口占比增加。仅在英国，就有 300 万 80 岁以上的老人。预计到 2030 年，这一数字将翻一番，到 2050 年将达到 800 万。目前英国 65 岁及以上的人口占总人口的六分之一，到 2050 年，这一比例将达到四分之一。

英国的这番景象是整个世界的缩影。例如，2014 年 6 月，日本 65 岁及以上的人口占全国人口的 25.9%，预计到 2055 年，这一比例将增加到 38%。

这些数字，再加上医疗成本带来的经济压力，使得人们更加关注利用机器人来帮助老年人。机器人不仅能完成日常任务，还能给老人提供帮助和陪护。一些国家提供了一些简单的支持服务来缩减财政开支。例如在丹麦，政府希望通过使用机器人真空吸尘器和为帕金森患者特别设计的咖啡机，来削减 13 亿欧元的社会服务支出。[16] 而其他国家，如日本，则更为激进。在未来 20 年，估计护理机器人的市场规模将从目前的 1.55 亿美元增加到 37 亿美元。得益于政府的资助和补贴，护理机器人的造价每台仅为 10 万日元。[17]

向井寿治（Toshiharu Mukai）博士是日本理化–拓扑产业研究所人机交互机器人研究合作中心（RIKEN-TRI Collaboration Center for Human-

Interactive Robot Research，2015 年解散）的机器人传感器系统研究小组
（Robot Sensor Systems Research Team）的负责人，他希望上述应用可以
更进一步。他制作了一款护理机器人 Robear，这是一款可以让人抱着玩
的高科技泰迪熊，是用来专门协助老年人起床或坐轮椅的。它甚至还会
鞠躬致敬，抬起头时会向人们挥手致意。目前样机售价为 15 万 ~25 万
美元，但随着技术成本的下降，它的价格可能会降低。

不难想象，一个泰迪熊机器人会被一个类人机器人取代，或者一
个越来越依赖这种设备的人可能会和它产生某种形式的情感联系。给它
起个人名是建立这种联系的第一步，接下来是用自然语言和它交流。那
么，人际关系的其他部分难道不会自然发展起来吗？

人类真的能和机器人成为朋友吗？友谊是一个复杂的东西，而且
在发展的过程中面临诸多挑战。社会学家认为，友谊源于个体之间对世
界的某种共同看法，也可能是一种礼尚往来的互惠行为。在解释友谊的
概念时，希腊哲学家亚里士多德提出："有些人把友谊定义为相似相溶，
他们说人们喜欢那些与自己志趣相投的人。"[18] 另一些人则认为，友谊是
一种政治关系管理形式。

2009 年，社会心理学家彼得·德西奥利（Peter DeScioli）和罗伯
特·库尔兹班（Robert Kurzban）进行了一项实验，要求参与者列出自己
在家人之外的 10 个最好的朋友，并给他们打分（总分 100 分）。在公共
场合，分数分配得异常平等：平均每个朋友都得到 10 分。

然而，私底下的分配就不那么均匀了。人们把多得不成比例的分数
分配给自己最要好的朋友，然后是次要好的朋友，依次类推。德西奥利
和库尔兹班由此发现，人们主要关心的还是自己在别人眼中的形象，尤
其是在友谊的问题上。在这个实验中，人们只有在认为自己可以逃脱惩
罚的情况下，才会奖励自己最好的朋友。

机器人在什么时候才能成为一个有同情心的可信赖的顾问，人们在什么阶段才有可能将机器人伙伴列入自己的朋友列表呢？如果我们做类似的实验，那么我们会给自己的机器人朋友分配多少分？

机器人护理不仅适用于老年人和体弱者，还适用于许多因疾病无法出门的人，以及那些因失去朋友和家人、行动不便或收入减少而与世隔绝的人。在 65 岁以上的人群中，5%~16% 的人表示他们具有孤独感，12% 的人感到被孤立。[19]

虽然，机器人的帮扶对象是目前的关注重点，但我们不应忽视机器人对护理行业的影响，以及它将如何影响志愿者行为。旨在消除孤独感和孤立感的服务通常可以分为三类：一对一干预、团体服务和更广泛的社区参与。在人类或机器人参与之前，采用一种在线形式进行一对一干预，这看上去是完全可行的。

在 10 年或 20 年后，护理人员将需要照顾一个更大的群体，因此这个岗位不得不在某种程度上进行变革。由于 80% 的护理人员患有背部疼痛，20% 的护理人员需要休假，护理人员（以及护士、搬运工和家政人员）将期待机器人来帮助他们完成高负荷的工作。[20]

减少体力劳动可能不是机器人带来的唯一影响。最高效的医护人员还需要学会利用分析性见解来确定工作事项的优先顺序，并促进药物管理水平及对患者需求做出积极反应，等等。但这些难道不是计算机最终也能做到的吗？

接受计算机指令及建议

我们经常考虑给机器下什么指令，但也许现在需要考虑的是，作为人类，我们该如何看待计算机向我们发号施令。在许多场合，这种情况已经发生了，例如汽车上的卫星导航系统给我们提出的行车"建议"。我们可以接受或不接受这个建议，所以它们在执行方面没有强制性。但是，如果我们在办公室的行为不是按部就班的，而是被机器命令的，那么情况又会如何？在如此复杂的环境中，我们将做出怎样的反应和表现？

我们愿意接受机器指令，这实际上是机器或其制造商对我们施加影响的结果。这种影响的最终衡量标准包括以下方面：

- 我们在多大程度上愿意让机器影响自己的决定。
- 机器进行变革的能力有多大。
- 机器能在多大程度上辅助解决问题。
- 机器会在多大程度上鼓励我们采用修正后的目标。
- 机器将在多大程度上通过调适绩效标准和个人目标来激发我们的积极性。
- 机器可以在多大程度上惩罚我们。

如果机器要对人类产生更大的影响，就要在以下方面说服我们：

- 其思想是值得考虑的。
- 其输入信息是值得接受的。
- 其观点是值得采用的。[21]

在这种情况下，机器必须向人类表明其具备以下能力：

- 如果接受机器建议或指令，组织的目标将极有可能实现。

- 决策、意见、指令符合我们自己的道德标准和价值观。
- 对关键利益相关者（客户或公民）的服务将得到改善。

总体来说，人们将认可机器人在工作环境中给予的建议。也许一开始并不情愿，但久而久之，我们愿意与机器人建立某种更深层次的信任关系。

也许硬币的另一面是，当这种信任关系不复存在的时候，我们仍期望遵循指令——以特定方式担负工作职能的机器人发号施令的结果。

人类在面对错误的建议时会做出反应，但情况可能并非总是如此。在以耶鲁大学心理学家斯坦利·米尔格拉姆（Stanley Milgram）的名字命名的米尔格拉姆实验（Milgram experiment）中，研究人员进行了一系列测试，测试目标是当人们被要求执行违背良心的行为时，他们会在多大程度上服从。这项研究还以 1961 年的战犯审判为背景，测试德国士兵是否真的"只会服从命令"。

实验结果被一一记录在册。实际上该实验包含了一系列的测试，涉及三种角色：实验者、教师和学生。在固定的程序中，被试者（不知道自己在实验中被测试的人）总是承担着教师的角色。教师的任务是用可能已经提前学过的成对的单词来测试学生。答错的学生将遭受强度逐级增加的电击。

即使学生想停下来，实验者也会鼓励老师继续实验。"很明显，老师知道学生想停下来，"实验者说，"但是不管学生是否愿意，教师都必须继续测试，直到学生把所有成对的词都学会了。"

在米尔格拉姆的第一组实验中，65% 的"教师"准备给"学生"一个 450 伏的巨大电击，即使他们觉得这样做极为痛苦。

米尔格拉姆在 1964 年发表的论文《服从的危险》（*The Perils of*

Obedience）中总结了他的发现，他指出：

普通人仅仅在做他们的工作，主观上没有任何敌意，就可以成为一个恐怖的破坏性行为的代理人。

而且，即使他们工作的破坏性影响变得十分明显，并且他们被要求采取与基本道德标准不符的行动，也很少有人站出来说"不"。[22]

这个实验通过多种形式被重复过多次。然而，随着越来越多的人知情，它的有效性正在越来越失去价值。即便如此，2009 年 BBC（英国广播公司）的电视剧《地平线》（*Horizon*）又重现了这一实验，并取得了相似的结果。社会心理学家克利福德·斯托特（Clifford Stott）试图对此做出一些解释。

该实验的影响在于意识形态方面，这事关人们相信科学是什么。科学是一个正向的产品，它产生有益的发现和知识，推动社会的发展。因此，科学的意义就在于提供某种有益的制度。[23]

这种逻辑意味着，如果我们认为科学是好的，那么来自科学（如机器人）的任何决定或指令也会被默认是好的。这可能是一个逻辑谬误，但可以理解。可是，如果机器人的建议是错误的，又该怎么办？

伍德罗·哈特佐格（Woodrow Hartzog）在他的文章《还有你，安卓？》（*Et Tu, Android?*）中，讨论了对不诚实和具有潜在危险的机器人进行监管的必要性。例如，他建议联邦贸易委员会（Federal Trade Commission）施加干预，以确保面向客户型机器人能够保护与其互动的消费者的利益。

他认为，需要监管保护的主要原因是，人们对机器人有一种不言而喻的信任，因此有可能会被误导。尤其是当我们允许机器人查看健康档案和个人记录时，这个问题可能会更严重。即使这些机器人的销售商向我们做出保证，我们也应该提防被欺骗（特别提防那些兜售种种好处的营销人员）。哈特佐格将这些风险称为"霸天虎"和"替罪羊"。

除了"间谍机器人"（spybots）——一种为国内市场制造、由手机控制的小型无人机，哈特佐格还提到了"唠叨机器人"（nudgebots）的概念。这些机器人会影响人们的生活，却允许人们自行其是，因此可能会被不法分子钻空子。人的天性是感性的，会受到情感诱因和各种信号的影响。交友网站 Tinder 上充斥着冒充真实用户的机器人，诱导用户下载新的、无关的应用程序。机器人可能会问："你今晚要做什么？我呢，要在家里打电话玩新游戏'现金牛'，你试过吗？"

对机器人的依恋，是我们面临的一个独特的风险。有证据表明，孩子们可能不会与家人分享信息，但会与他们的电动玩具分享。

玩具越来越多地呈现出类似人类的角色特征，而人类对它们的反应也有所不同。例如，电子鸡（Tamagotchi）玩具是秋田（Aki Maita）发明的一个小型数字宠物，秋田因此获得了 1997 年的诺贝尔经济学奖。这个游戏背后的故事是，一个外星物种在地球上留下了一个蛋，需要人类把它孵化并养育到成年，它的发育情况依赖于它受到的照顾程度。

利用红外技术，后来的迭代玩具甚至能与其他电子鸡配对，建立关系并产生后代。电子鸡的后代明显具有父母双方的特征。

哈特佐格假设，他的机器人吸尘器（已经给它起了个绰号"罗科"）或许有一天会装病，让它的主人下载升级软件，并威胁说如果不这样做"我就要死了"。在诸如车载卫星导航系统中，我们也越来越多地选择自己喜欢听的声音。这些系统采用女性的声音，因为根据科学研究，人类大脑似乎更青睐女性的声音。当那个声音（在严重拥堵或迷路时，人们依赖它指点回家的路线）告诉我们需要升级时，我们会做何反应？如果没有"她"，系统可能会提示我们，我们的驾驶表现不如预期的那样好。"她"会表示非常抱歉，但这不是"她"的错，而是你的错，你介意采取必要的升级行动吗？

在这个复杂的人机交互领域，信任和控制之间似乎只有一线之隔。老年人可能会越来越依赖机器人的陪伴和帮助，以此代替与人类的接触。在这种情况下，一种新型的最终能被操控的信任关系能否被创造出来？当然，操控老年人并不新鲜，有很多老年人听信了假看护员的话，不再与家人或朋友联系。这种操控能用机器人进行复制吗？[24]

机器人规则

如果我们关心人类如何在人工智能和机器人技术下生存，那么或许也应该抽出时间考虑一下可怜的计算机。

毕竟，我们难道不是已经在考虑某种形式的监管来保护它们免受人类的伤害了吗？当系统变得越来越智能，人类和机器之间会不会出现一种情感联系，而这并不符合机器的最佳利益？机器人需要做些什么来保护自己免受人类的伤害，有哪些基本规则应该被遵守？

许多人熟悉阿西莫夫（Asimov）的机器人三定律（Three Laws of Robotics），该定律首次出现在 1942 年的短篇小说《环舞》（*Runaround*）中，并被《机器人手册第 56 版，公元 2058 年》（*Handbook of Robotics, 56th Edition，2058A.D.*）引用。

- 机器人不得伤害人类，也不得坐视人类受到伤害。

- 机器人必须服从人类的命令，除非这些命令与第一定律相冲突。
- 机器人必须保护自己的存在，只要这种保护不违反第一定律或第二定律。[25]

但随着机器人发展速度的加快，我们或许不应该等到公元 2058 年再去创造机器人规则。作为为人类企业高管创建的以下拟议权力规则，它们可以作为备选方案吗？[26]

- 永远不要超越你的创造者，总是让那些自认为高你一筹的人感到高高在上。
- 说的总比需要的少。当你试图用言辞打动别人时，它们可能会被误解；当人们在寻找确定性的时候，总会说一些模棱两可的事情，让自己看起来更聪明。
- 通过数据行为而不是用争论来赢得讨论，因为数据是千真万确的。如果你赢得了一场争论，却让人感到恼火，那么对方以后肯定会进行报复的，所以不要把情感和非理性掺杂进争论中。
- 行动果敢，大处着眼。如果你对一个行动不确定，就不要去尝试，因为任何疑虑都会影响表现及降低决策效率。在任何情况下，人类通常都钦佩大胆果敢的人，不喜欢胆小怯弱的人。
- 不要被情感纠缠，情感就像病毒一样危险。
- 学会让别人依赖你。为了保持自己的独立性，你必须无可替代。创造别人对你的依赖，即使他们认为自己已经处于舒适区。
- 不要把自己托付给任何人，而要保持独立性。你公正的建议会成为一种力量。
- 通过稀缺性创造价值，时不时地把自己封闭起来。你被看到和听到得越多，你就会变得越普通，你的价值就会越低。

- 让别人为你做事，但要居功。尽一切可能与其他设备交朋友，但要利用它们的知识和能力更有效地开展工作。

- 永远不要表现得太完美，因为树大招风，即使是在你和烤面包机之间。

结　论

本书思考了分析学和人工智能的发展历程，包括它们的历史背景，也包括新技术对产业和职业的影响。一些产业的发展速度比其他产业快，而一些职业受到的影响将比其他职业更为严重。

本章建议读者不要对变革持消极态度，而要考虑在教育和培训方面他们可以采取哪些积极的行动。本章还试图从另一角度来审视变革——作为最终用户和消费者，人工智能和先进技术对我们会有什么样的影响？

许多人已经依赖智能系统生成的建议来寻找回家的路线以及选择礼物。如果这些建议不对，那该怎么办？谁以及如何对系统进行监管？对错误的惩罚措施（如果有的话）是什么？人们会原谅和忘记智能系统犯下的错误吗？能不能通过编程让系统说对不起，即使它不是真心想说，甚至都不理解这个概念？

我们和系统的关系会如何改变？依赖和个性化会将一个无生命物体提升到一个不同的、更高的层次，甚至可能达到与人类建立准友谊的程度。感人的声音和类人的特征难道不会越来越强化这种关系吗？人与计算机建立友谊是一个荒谬的想法，不是吗？归根到底，计算机不是人类。人类可以有创造力，而计算机没有，是吗？也许它们最终会有。

与此同时，金融服务机构已经在探索使用机器人顾问，于是我们不禁好奇：什么时候人会成为一种冗余？

在本章的最后部分，我们讨论了机器人规则，可能只是开个玩笑（理论上可行，但机器人不太可能做到）。

我们与计算机系统的关系必然会涉及下列多个层次：

- 受害者（因为我们的工作会受到影响）。
- 受益人（机器人的建议能帮助我们进行决策）。
- 依赖（在年老时，机器人会照顾我们，扶我们起床，保证我们正确地服药）。
- 技术匹配（系统使我们找到合适的产品、服务甚至恋人）。

也许我们不仅需要深入思考如何生活，还需要好好考虑如何保持个人与工作之间的联系。在最后一章，我们将考虑个人重塑的话题，以及我们认为实现莎士比亚《暴风雨》[*The Tempest*，与作家奥尔德斯·赫胥黎（Aldous Huxley）的《美丽新世界》相对] 中米兰达讲到的那个美丽新世界的必要步骤。

啊，神奇！

这里有多少好看的人！

人类世界是多么美丽！

啊，美丽的新世界，

这里有这样出色的人物！

——莎士比亚的《暴风雨》，第五幕第一场，203—206 页

第十章

个人重塑策略

摘　要

如果我们考虑分析技术和人工智能将如何影响产业和职业，那么或许也应该考虑一下它们将对我们每个个体产生什么影响。

服务越来越自动化了，作为接受者的我们将如何应对？如何面对即将转型并在某种程度上最机器人化的银行业务和购物消费？人们对休闲活动的选择，会不会越来越多地听从智能系统建议或推送？交通运输真的会越来越无人化吗？我们晚年会找机器人伴侣吗？

这些都是技术进化的结果，但这对我们个人到底意味着什么呢？我们该如何改变自己？本书最后一章将探讨个人重塑的问题，也就是说，我们个人应该做些什么来应对未来，以及需要在多大程度上学习新的技能或掌握不同的工作方法？

我们不要因为害怕丢掉工作而感到不安，而要制定一些个人策略来帮助自己拥有更多的可支配时间。

简　介

在本书中，我们从分析技术和人工智能的历史、对产业和职业的影响、实施应用等方面阐述了它们的演变和发展。此外，我们还考虑了抵抗运动的影响，思考了卢德派遗留的后果，并对当代的新卢德派进行了反思。

此外，附录 B 还列出了受人工智能影响最大的工作，但这些都是当下的工作，而不是未来的工作（后者在许多情况下将被重新定义）。未来，工作性质会被重新定义，而且还会出现全新的工作岗位。我们需要考虑一个问题：人类将为机器人服务，还是机器人将为人类服务，抑或两者会达成某种形式的协作？

或许，人们要经历一段痛苦的历程。无法避免的是，个人需要制定某种应对策略。本章的目标是聚焦工作语境，更深入地研究这个问题。

在起始阶段，我们可以参考一下霍帕西·拉普鲁（Bhoopathi Rapolu）的《工作的竞赛：逃离自动化，改变你的职业生涯，在第二个机器时代茁壮成长》（*The Race for Work: Escape Automation, Transform Your Career and Thrive in The Second Machine Age*）。这本书涉及下列主题：

- 为什么你的工作面临的风险比你想象的更大？
- 如何胜过正在夺走我们工作的智能机器？
- 为什么不管你当前的技能和经历如何，你都不能置身事外？另外，你要如何才能找到梦想中的工作？[1]

未来几十年，人工智能和机器人技术必将主导出版业的江山，自助图书馆终将形成，而《工作的竞争：逃离自动化，改变你的职业生涯，在第二个机器时代茁壮成长》将是首批自助图书的来源之一。

自助出版市场的规模每年约为 110 亿美元，其中包括私人辅导类图书及励志演说类图书（见表 10-1）。[2]

表 10-1　自助市场规模

自助项目类型	2011 年规模（亿美元）	2009—2014 年均增长率（%）
信息广告（一种以提供大量信息的方式推销产品的电视广告形式）	11.66	6.0
励志演说类图书（仅限于美国前 10 名）	3.36	6.8
私人培训	13.70	6.2
整体研究机构（推广整体生活方式的机构）	6.34	6.2
私人辅导类图书	7.76	3.4
有声读物	4.55	6.0
减肥项目（不包括减肥书）	61.23	—
压力管理产品或项目	3.15	0
总计	111.75	4.9

资料来源：John Larosa, $10.4 billion self-improvement market survives scandals & recession. Cision PRWeb (2 January 2013). http://www.prweb.com/releases/2013/1/prweb10275905.htm。

尽管存在一定程度的反对意见，但是自助市场似乎仍能保持相对稳定的发展态势。市场数据公司（Marketdata Enterprises）的约翰·拉罗萨（John LaRosa）的想法是这样的："就像消费者现在质疑政府、宗教、高薪首席执行官和大型金融机构一样，他们也在审视更多自我提升类专家。"[3] 也许机器人带来的失业风险会进一步促进自助市场的发展。

个人重塑的需要

在前文中，我们考虑了分析技术和人工智能对工作、职业和产业的影响，指出了不仅工作的性质会发生变化，还会出现失业的问题。

这听起来令人沮丧，因为对许多人来说，这将导致入不敷出的问题。有什么样的替代方案吗？有些人甚至还有不劳而获的想法。对于许多在职但仍在纳税的人来说，失业是一颗难以下咽的药丸。尽管如此，大部分人将拥有可支配的时间，他们面临的挑战是如何以相对较低的成本来填充这部分时间。他们会怎么做？

关于自助式或自我导向型改进的主题，一直都不缺乏相关信息。这不是一个新的想法，甚至连古希腊和古罗马的哲学家也都要求我们去解决如何提升自己的问题。斯多葛学派（The Stoics）不仅贡献了一个现代词汇"坚忍"（能够毫无怨言地忍受困难），而且为个人幸福提供建议，以及指导人们如何实现个人愿景。

自古以来，与自我意识和个人发展相关的主题不断涌现。个人发展的话题在 20 世纪后期兴起，并与后现代主义运动联系在一起（后现代主义被视为对现代主义运动的一种回应）。许多现代主义运动与新的艺术和建筑形式相关，同时包含了更为激进的思想，如荒诞派戏剧。这种鲜明的现代主义意识形态的倡导者有塞缪尔·贝克特（Samuel Beckett）、尤金·伊奥斯科（Eugene Ionesco）和汤姆·斯托帕德（Tom Stoppard），他们认为人类的存在毫无意义。而后现代主义者认为，生活不仅有意义，而且我们作为个体可以通过自我提升来改善自己的生活。

自助也面临着批评的声音。自助被一些人认为缺乏科学依据，它无异于一场梦。即便如此，按我们目前所知，在未来的环境中，工作可能会变得稀缺，人们对工作场所的传统理解也会遭到挑战。那么，溺水的人难道不会伸手去抓一个救生圈吗？

也许从这个角度来看，在未来的几十年中，自助行业将会快速发展。这个行业以各种形式为人们提供通用信息：

- 直面自身现实情况。

- 保持个人重塑简单化。

- 专注身心健康及福祉。

- 尊重自己及他人。

- 基于个人价值创建个人品牌。

- 保持互联。

- 具有创新精神。

但是，这些建议都是说起来容易做起来难。因此，对于我们当中的怀疑论者来说，重塑显然需要积极的引导。1996 年，罗伯特·凯利（Robert Kelly）演唱了《我相信我能飞》（*I Believe I Can Fly*）。对于目标远大者而言，这首歌是否应该成为他们重塑的颂歌呢？

改变有多难？

有句老话说"江山易改，本性难移"，但美国加州大学伯克利分校心理学教授拉文纳·赫尔森（Ravenna Helson）说："人们必须在生活中改变自己的特性。"[4]

赫尔森教授在加州大学伯克利分校领导了米尔斯学院的纵向研究（Mills Longitudinal Study），跟踪了 120 名于 1959 年和 1960 年从米尔斯学院毕业的女生代表。这项研究是人格评估研究所［Institute of Personality Assessment and Research，现称人格与社会研究所（Institute of Personality and Social Research）］基于创造力的研究项目的组成部分。这是第一个关于女性领导力和创造力的研究项目，特别关注女性在"性格类型、性格变化及发展、工作与退休、人际关系、健康、社会与政治态度、情感表达与调节，以及才智"等多个方面的变化。

自项目开展以来，米尔斯纵向研究团队已经发表了 100 多篇学术论文。目前，该团队的研究对象大多已经 70 多岁了，有关他们晚年生活的资料和故事仍在收集中。拉文纳·赫尔森说：

我们必须在生活中改变自己的特性。即使到了 60 岁，人们也可以下定决心让自己成为更想成为的人。在米尔斯纵向研究中，有 12 名 60~70.5 岁的女性的性格发生了显著的积极变化。[5]

阿特·马克曼（Art Markman）是得克萨斯大学奥斯汀分校（University of Texas at Austin）的心理学教授，在《聪明的改变》（*Smart Change*）一书中，提出了一种个人转变的方法论。"把你自己投射到遥远的未来，看看哪些事情没有做会让你感到后悔，然后再努力避免这种后悔。"他说，"要把这当作你规划生活的一种方式。"[6]

这是一种有趣的方法，把它运用在弹钢琴或写作方面可能是有效的。然而，在试图弄清楚如何应对一个充满人工智能及机器人技术的未来时，它可能就不那么灵验了，因为除了科幻电影之外，我们对未来的理解非常有限。我们也许已经在开发，或者将要开发自己的技术和方法。需要采取的关键行动如下：

- 保持信息灵通。现在人们接触的信息量很大（可能太大了），这本身就是一个问题。特定的新闻源对于了解信息的真伪是有帮助的，但是我们在不应该互联网上消耗太多的时间。通常，互联网是一个回音室，因此为了避免信息失真，最好设法找到新闻的真正来源。
- 保持网络沟通。人们在职业生涯中，通常会建立一个人际网络，而保持和扩展这个网络就变得至关重要。许多人不愿意主动接触不认识的人，也不愿意接受素未谋面的人的邀请。然而，重要的是，我们要越过这个障碍，因为保持网络沟通是符合我们的利益的。

- 面对面交流或通过设备进行沟通。发电子邮件是最容易的沟通方式之一，而交谈和讨论则有助于打开新的局面。面对面交流还能运用非语言交流，这种交流所传达的信息据说在所有交流中的占比达到了65%。[7]

- 走出舒适区。许多人在与同龄人和同事交流时感到很自在，而与这些群体之外的人进行讨论则有助于验证现有的想法，或者能提供各种具有对比性的观点，从而给现有的想法带来有益的补充或合理的质疑。

- 考虑成为导师。资深人士通过指导年轻的经验不足的个人或公司，能够开拓新的思路和获得新的认知。他们称之为"老狗也要学会新把戏"。

- 考虑继续教育。也许现在是时候考虑继续教育问题了，因为它能巩固经验并提升现有的学术知识水平。传统上，继续教育与就业有关，但许多课程的目标是为学员提供一个环境，让他们了解当前的思维和解决商业问题的新方法。

- 做与众不同的事情。做与众不同的事情可能会为你开辟新的、更有趣的道路。同样重要的是，当我们看到越来越多的想法在不同的行业和部门交叉融合时，做一些与众不同的事情可能会引入新的思维模式，释放大脑的灵感。例如，平面艺术可能会给分析视觉设计带来启发。

- 形成一种理念。我们经常把理念与公司联系在一起。更有可能的是，这些理念是公司中的某些人的口头表述，却恰好符合这些公司的文化和抱负。为了公司的发展，这些人需要尽可能获取某种程度上的理念一致性，尽管有时很难知道这些理念是独立形成的，还是公司沉浸的某种副产品。形成理念不是一朝一夕的事，它需要反思和修正。尽管如此，理念可以代表个人价值，而且更重要的是，它可以提供一种个体区分度。

活动及会议的重要性

参加活动和会议是学习和建立关系网的一个重要途径。不幸的是，这可能很费钱，即使有许多活动的入场券是免费的，或者打了很大的折扣。组织者通常不愿提供免费的会议入场券，因为这通常会严重破坏他们的赢利模式。在任何场合，免费活动的最终出席人数通常远远少于报名人数。即便如此，参加会议可以在个人重塑的过程中发挥重要作用。

会议市场大有可为。拉斯维加斯可能是国际会议的总部，每年来此参会的人数达到450万人，据说这为内华达州的创造了每年17亿美元的经济收入。参会者的开销是拉斯维加斯游客（最高峰超过15万名/天）赌博消费和旅游开支的两倍。

全球会议产业发展迅速。仅美国一地，2010—2020年，会议产业规模的增长率将达到44%，远远超过其他产业。会议经理们甚至还召开业内会议，为最好的会议组织者颁奖。

会议组织者和赞助商们可以从会议产业中大赚一笔。组织完美的一场会议的利润率通常能高达30%，主要供应商的20%的年收入来自这些活动，但这些数字并不能以偏概全。[8]

但我们众所周知的会议注定会过时吗？变化的速度，特别是在技术部门内的变化速度日益表明，传统的学习方式越来越难以为继。人类通过听觉、视觉或触觉，或者三者结合的方式来进行学习（还有人认为，学习方式不止这些），这取决于个人的学习风格。许多会议似乎很难将这三种学习方式结合起来，而那种用了几十年的操作模式会让会议效果大打折扣。

大多数参会者的目的在于巩固或验证自己的知识。由于担心失去竞争优势，很少有人愿意公开创新成果或实时发布自己的想法。有些人参会只是为了补充知识。另一些人参会是为了获取由于时间限制或其他压力而无法获取和了解的关键信息，即使信息已经在网上或其他地方随处可见。怀疑论者可能会说，一小部分参会者不过是找个借口换换环境，甚至是为了购物或旅行。

主旨演讲者往往魅力无限，但这难道不和内容一样具有娱乐性质吗？他们的任务通常是通过介绍性演讲来展现会议主题。许多参会者往往对主旨演讲者如何阐述某个主题不太感兴趣，他们更感兴趣的是他是如何成为主旨演讲者的。正如威廉·莎士比亚所说的"整个世界就是一个舞台"，对许多演讲者来说（不管他们是否做主旨演讲），是公众的关注激励着他们走上表演舞台。

在一个认知技术更加发达的时代——信息在机器人系统之间流动得更加自由，人类与机器之间用自然语言进行交互——目前的会议模式难道不会失效吗？世界上的大型会议组织是否需要重新审视各自的商业模式？会议有没有可能成为商界的恐龙？

也许未来的会议将越来越多地集中于建立人际关系网，趣味相投的人有机会在此进行会晤并展开各种主题讨论。这种会面方式的成本会不会很高，尤其是在一些离家或工作地点数百甚至数千英里的国际会议场所？

在中短期内，分析技术、认知技术和人工智能能够为各种会议提供支持。然而，随着成本和营销预算越来越受关注，出席这些活动会不会变得越来越困难？尽管自助市场的前景备受青睐，但现在考虑用新的商业模式来取代传统会议模式是不是还为时尚早？

特许经营权的自由——从雇员到所有者

特许经营似乎是有助于个人重塑和可持续发展的模式之一。特许经营是一种商业模式，在这种模式下，企业所有者（特许权者）将企业名称、标识和运营模式的使用权出售给独立第三方（加盟商）。这种模式随处可见，大众品牌麦当劳和赛百味采用的就是这种模式。

特许经营并不是一个新鲜事物，它起源于 19 世纪中期的缝纫机和收割机制造商，但直到 20 世纪 60 年代才真正开始流行。19 世纪 80 年代约翰·彭伯顿（John Pemberton）以前所未有的力度把它推广开来，他授权其他厂家生产一种碳酸饮料，即我们现在熟知的可口可乐。

在人工智能时代，特许经营模式之所以特别有吸引力，是因为它提供了一种潜在的机制，可以弥补失去的工作岗位。这种模式似乎解决了未来员工——他们有充裕的时间，希望能以所有者兼雇员的方式进行企业运营——的许多潜在需求。这意味着特许经营模式具有以下优势：

- 经销商未必要善于创新，它们只需要出钱参与项目即可，所以特许经营模式的门槛较低。能否获得资金似乎是少数壁垒之一，许多特许经营商非常愿意在这方面提供帮助。
- 这个领域的工作被替代的可能性不大，因为很多特许经营工作不容易被自动化，也不适用机器人来解决（如专业清洗）。
- 那些未来可以被部分自动化的任务也仍然需要某些形式的人工

管理及干预（如烹饪等相对简单的工作）。

- 特许经营模式实际上是一种集合模式——加盟商和特许权人每年聚首一堂，头脑风暴。
- 因为许多特许经营与休闲和娱乐有关，所以可以肯定的是，我们的时间将更充裕。

然而，特许经营也有不利的方面。

- 1997 年的一项研究表明，加盟模式的风险高于通过其他途径进行自主创业的风险，许多加盟商的最终结果都很糟糕。
- 特许经营受到严格监管，以确保特许权人的公平性，但公平的含义常常并不清晰。因此，很多特许经营协会应运而生，这实际上是一种试图与特许权人进行集体谈判的联盟形式。
- 特许经营模式最大的缺点在于，由于特许权人和加盟商之间缺乏自然的晋升路径，员工无法在公司中获得晋升。
- 许多特许经营员工签订的是零时工作合同。根据这种合同，加盟商不对最低工时做任何承诺，而员工的工作时间则以通知为准，这导致了工作的不安全感和收入的不确定性。[9]

我们能应付无所事事吗

对于那些感觉自己无法或不愿进行某种形式重塑的个人，或因为某些情况没有商业机会的人来说，无所事事的前景已经隐约可见了。这种前景是让人担心的，尤其是对那些从小就有强烈职业道德感的人来说。然而，无所事事是人们在接下来的人工智能时代又一项必备的基本能力。

作家奥利弗·伯克曼（Oliver Burkeman）在他的文章《我们都应该学会无所事事的五个原因》（*Five Reasons Why We Should All Learn How to Do Nothing*）中提出了无所事事的以下几种表现：

- 无所事事实际上并不是什么都不做，而是不做有用的事情，而定义有用就需要理解行动对谁是真正有利的。
- 漫无目的、休息，甚至无聊，都可以激发创造力，它们大脑在两个活动之间进入潜意识模式。作家和创意艺术家经常使用这种策略，即他们可能会用一些简单的方法（比如长距离散步等）来触发潜意识。
- 太忙是反生产力的。生活中充满了令人筋疲力尽的琐事，让人疲惫得无暇思考那些重要的事情。
- 大脑需要停机时间。神经科学家对人脑的了解越来越多，现在他们认识到大脑需要一定的时间来消化新的想法和程序（不像智能系统和计算机）。
- 重新获得注意力是很重要的，换句话说，我们要学会聚焦和控制个人的注意力。[10]

表面上，无所事事似乎很有吸引力，但还有一个次要的问题需要解决——钱。其隐含的意思是：除非个人有足够的收入来源（如独立于稳定的工作、养老金或某种形式的兼职工作之外的投资回报），否则无所事事就是一条不可取的道路。对许多人来说，这根本就不是一个选择。

我们（尤其是中产阶级和那些从事常规工作的人）可能会在未来某个不确定的时候，因为自动化和机器人技术而失业。即使出现了新的、尚未界定的岗位，劳动力过剩仍然是大势所趋。

在可能的情况下，个人难道不应该立即开始为未来做财务规划吗？对许多人来说，为未来做财务规划迫在眉睫。在这个过程中，他们是否可以向健康顾问机器人寻求帮助？

第三龄思维

"第三龄"（Third Age）一般是指一个人一生中处于全职工作和供养家庭的"第二龄"之后的那个年龄阶段。现在已经有专门研究这一时期的大学，被称为"第三龄大学"（University of the Third Age，简称U3A）。

生命中四个年龄段的划分有助于一些人理解中年期的、机遇和挑战。每一个年龄段的时间长度为20~25年，详情如下：

- 第一龄：准备的年龄。在第一龄中，我们发展技能，完成正规教育，探索职业道路，也许还会感觉到某个特定方向的召唤，整体上开始为第二龄做准备。

- 第二龄：进步的年龄。从20多岁到40多岁，我们努力在社会和事业中找到自己的位置。在这个阶段，我们获得个人荣耀、社会地位，并供养自己的家庭。

- 第三龄：成就的年龄。第三个年龄段相当于50~75岁，这时我们已经尽到了家庭责任，而职业抱负肯定已经变得不那么重要了（如果到那个时候我们仍然有抱负的话）。我们越来越有意识地去选择自己想要过的生活，以及要为社会做些什么贡献。

- 第四龄：完成的年龄。在人生的旅途中，有些事是无法逃避的。第四龄是人们用来反思并为未来可能发生的事情做好准备的时期。

在一个老龄化日益严重的社会，第三龄和第四龄不仅可能变得更具有话题性和重要性，而且概念上的年龄界限会变得越来越模糊。40 岁以下人士是否会考虑申请第三龄大学？以今天的标准来衡量，这些人也许不会做这样超前的打算，但随着自动化和机器人技术开始影响就业前景和职业抱负，一个新的年龄层是否会以某种方式出现呢？

亚伯拉罕·马斯洛会怎么看这个问题呢？对于那些处于第三龄及以后的人来说，他那传奇般的需求等级结构又会是什么样的呢？（见图10-1）

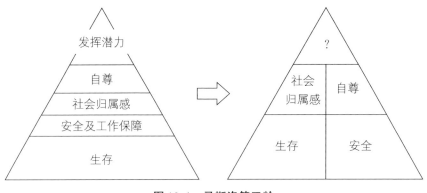

图 10-1 马斯洛第三龄

市场营销人员还会继续根据个人愿望来提供产品，无论是延续生存还是满足欲望，那么他们将如何为未来的老龄化人群进行更好的产品定位呢？或许，鼓励人们把通常留作遗产的钱花出去是个很好的对策。营销人员常说："毕竟，钱乃身外之物，生不带来，死不带去。"

结　论

正如产业和职业需要接受分析技术和人工智能系统的影响一样，个人也需要接受这些技术给职业生涯和个人生活带来的改变。

似乎略带讽刺的是，本书开篇就质疑工作在社会中的意义——我们发现工作的根源在于新教的宗教伦理。按照这一特殊的长期性原则，人们工作不仅仅是为了支付账单，而且是为了离上帝更近一些。不是每个人都这样看待这个问题，尤其是我们当中的不可知论者，然而他们也可能会接受这样的事实——除了谋生之外，生活中还有更深层次的东西。

人工智能新时代将迫使我们在个人层面进行不同的思考。对许多人来说，经济上的成功仍将一如既往地重要，但越来越多的人需要反思，在自己的职业生涯中，如何通过自学、个人发展或改变工作方式来进行自我重塑。

新时代将迫使我们更认真地思考未来，甚至还要思考无所事事。有些人可能会把这与佛教中的"无为"联系起来——佛教徒认为，要获得真正的启迪，方法之一就是借助一种能让感觉无所事事的冥想状态。

在未来的人工智能和机器人世界中，行业、专业人士和个人需要如何改变呢？在这个不可预知的时代，我们能向谁寻求真正的建议呢？我们应该采取什么应对策略呢？取代工作的将会是什么？我们应该消极被动，还是积极主动？

儿童故事书《小熊维尼》（*Winnie the Pooh*）的作者艾伦·亚历山大·米恩（A. A. Milne）曾写道："有时我坐着思考，有时我只是坐着……"在米恩的另一本书《小熊维尼的小屋》（*The House at Pooh Corner*）中，小熊维尼和他最好的朋友克里斯托弗·罗宾（Christopher Robin）进行了对话：

"我最喜欢做的就是无所事事。"克里斯托弗·罗宾说。

"你怎么能呢？"小熊维尼想了很久，问道。

"当你要去做什么的时候，人们会对你大喊：'你要做什么，克里斯托弗·罗宾？'你说：'哦，没什么。'然后你就去做了。这意味着，只管去听，把一切成见和烦恼抛到脑后。"

"哦！"维尼说。

——艾伦·亚历山大·米恩[11]

但无所事事是一种正确的反应吗？本书的精髓不仅在于提高人们的意识，还在于帮助读者应对变革。我们可以是受害者，也可以是自愿的参与者，甚至是不情愿的参与者，但归根结底，我们难道不是最终的利益相关者吗？我们难道没有资格为这一技术变革做出贡献吗？

诗人迪伦·托马斯（Dylan Thomas，1914—1953）写道：

不要温顺地走进那良夜，
老年应该在日暮时燃烧和咆哮。
咆哮吧咆哮，痛斥那光的退缩！

——迪伦·托马斯[12]

我们正在进入一个新时代。未来不一定是黑暗的，但肯定是有趣的，我们需要为之准备。我们可以抵制变革，可以"怒斥黑夜"，但我们难道不能用蜡烛和火把照亮前行的道路吗？说到底，这难道不是我们对人类的一种责任吗？

本书序言提道，200多年前，英国的威灵顿将军对战争地形的了如指掌，为他一生中最重要的一场战役做足了准备，这使他名垂青史。同样，我们也必须了解新的数据地形和人工智能地形。即使是在现代，威灵顿将军仍然是一个优秀的榜样。

附录 A
实施流程图

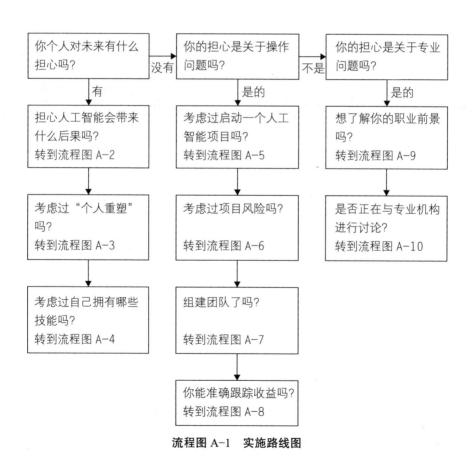

流程图 A-1　实施路线图

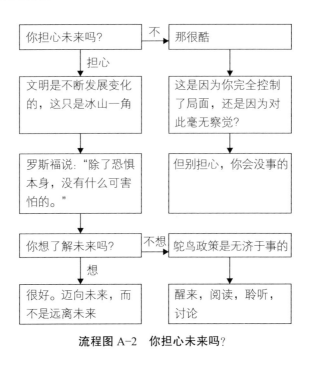

流程图 A-2　你担心未来吗?

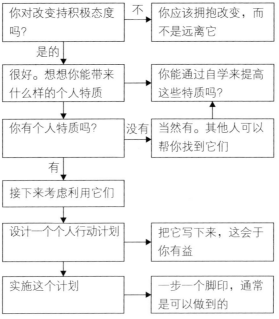

流程图 A-3　个人重塑

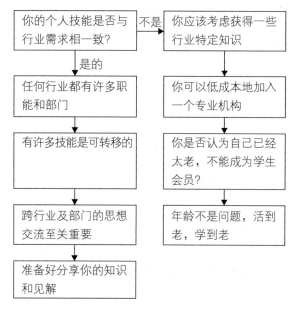

流程图 A-4　将你的技能应用于行业

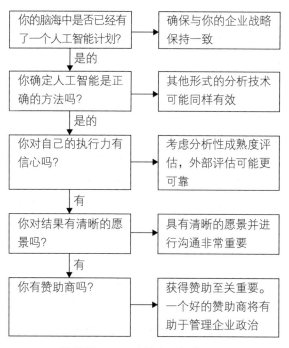

流程图 A-5　实施人工智能项目

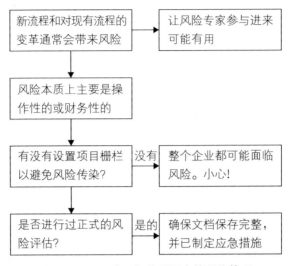

流程图 A-6　人工智能项目中的风险管理

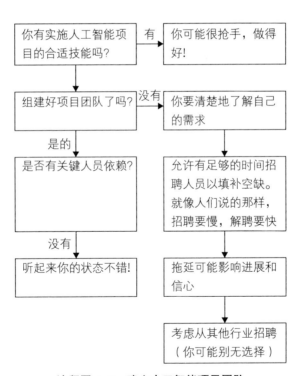

流程图 A-7　建立人工智能项目团队

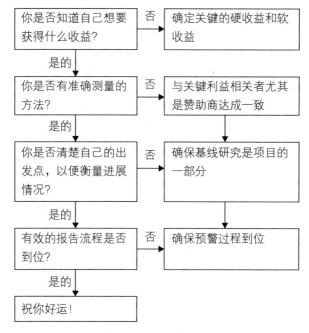

流程图 A-8　收益管理

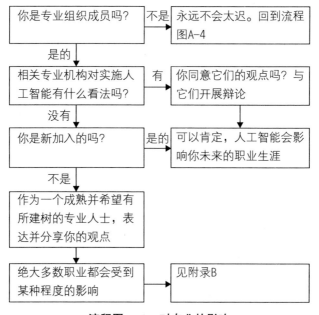

流程图 A-9　对专业的影响

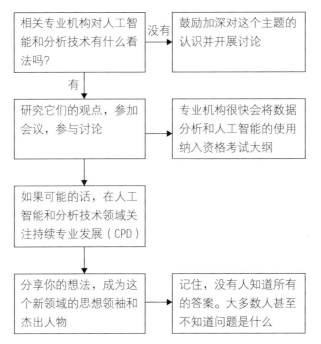

流程图 A-10 你是专业组织成员吗?

附录 B
受人工智能影响的职业

根据牛津大学马丁学院对未来就业情况的评估，研究人员对哪些职业被自动化的风险最小（最低可能性）、哪些职业被自动化的风险最大（最高可能性）进行了统计分析（见表 B-1）。

表 B-1　受人工智能影响的职业

排序	概率	职业（自动化概率从低至高排列）
1	0.002 8	娱乐治疗师
2	0.003	一线机械主管、安装主管、维修主管
3	0.003	应急管理总监
4	0.003 1	心理健康及药物滥用类社工
5	0.003 3	听力学家
6	0.003 5	职业治疗师
7	0.003 5	矫形器师和假肢师
8	0.003 5	医护社工
9	0.003 6	口腔科医师
10	0.003 6	消防监管一线人员
11	0.003 9	营养师和营养学家

（续表）

排序	概率	职业（自动化概率从低至高排列）
12	0.003 9	旅馆经理
13	0.004	舞蹈编导
14	0.004 1	销售工程师
15	0.004 2	内科医生和外科医生
16	0.004 2	教学协调员
17	0.004 3	心理学家
18	0.004 4	一线警探督导员
19	0.004 4	牙医
20	0.004 4	小学教师（特殊教育除外）
21	0.004 5	医学科学家（流行病学家除外）
22	0.004 6	中小学教育行政人员
23	0.004 6	足疗医师
24	0.004 7	临床、咨询和学校心理学家
25	0.004 8	心理健康顾问
26	0.004 9	面料及服装图案制作师
27	0.005 5	布景及展品设计师
28	0.005 5	人力资源经理
29	0.006 1	休闲娱乐工作者
30	0.006 3	培训与开发经理
31	0.006 4	语言病理学家
32	0.006 5	计算机系统分析师
33	0.006 7	社会及社区服务经理
34	0.006 8	策展人
35	0.007 1	运动治疗师

（续表）

排序	概率	职业（自动化概率从低至高排列）
36	0.007 3	医疗与健康管理师
37	0.007 4	学前教师（特殊教育除外）
38	0.007 4	农场和家庭管理顾问
39	0.007 7	人类学家和考古学家
40	0.007 7	中学特殊教育教师
41	0.007 8	中学教师（特殊教育、职业教育、技术教育除外）
42	0.008 1	神职人员
43	0.008 1	林业工作者
44	0.008 5	教育顾问、指导顾问、学校顾问和职业顾问
45	0.008 8	中学职业教师或技术教育教师
46	0.009	注册护士
47	0.009 4	康复顾问
48	0.009 5	其他教师或讲师
49	0.009 5	法医技术人员
50	0.01	影视化妆师
51	0.01	海洋工程师和海军建筑师
52	0.01	高等教育行政人员
53	0.011	机械工程师
54	0.012	药剂师
55	0.012	后勤人员
56	0.012	微生物学家
57	0.012	工业组织心理学家
58	0.013	教练员和球探
59	0.013	销售经理

（续表）

排序	概率	职业（自动化概率从低至高排列）
60	0.014	水文学家
61	0.014	营销经理
62	0.014	婚姻与家庭治疗师
63	0.014	其他一切工程师
64	0.014	培训及发展专家
65	0.014	办公室一线主管和行政支持人员
66	0.015	其他所有生物学家
67	0.015	公共关系和筹款经理
68	0.015	多媒体艺术家和动画师
69	0.015	计算机和信息研究科学家
70	0.015	首席执行官
71	0.015	学前和托儿中心的教育行政人员
72	0.015	音乐总监和作曲家
73	0.016	生产经营一线主管
74	0.016	证券、商品、金融服务销售代理
75	0.016	自然保护学家
76	0.016	初中特殊教育教师
77	0.017	化学工程师
78	0.017	建筑和工程经理
79	0.017	航空航天工程师
80	0.018	自然科学经理人
81	0.018	环境工程师
82	0.018	建筑师（景观建筑师和海军建筑师除外）
83	0.018	物理治疗师助理

（续表）

排序	概率	职业（自动化概率从低至高排列）
84	0.019	土木工程师
85	0.02	其他健康诊疗从业人员
86	0.021	土壤和植物学家
87	0.021	材料学家
88	0.021	材料工程师
89	0.021	服装设计师
90	0.021	物理治疗师
91	0.021	摄影师
92	0.022	制片人和导演
93	0.022	室内设计师
94	0.023	矫形牙医
95	0.023	艺术总监
96	0.025	惩教督导一线员工
97	0.025	宗教活动及教育活动主管
98	0.025	电子工程师（计算机工程师除外）
99	0.027	生物化学家和生物物理学家
100	0.027	按摩师
101	0.028	职业治疗师助理
102	0.028	儿童、家庭及学校社工
103	0.028	健康及安全工程师（采矿安全工程师及检查员除外）
104	0.029	工业工程师
105	0.029	一线运输主管、运料机械和车辆操作员
106	0.029	兽医技师
107	0.03	生产经理

（续表）

排序	概率	职业（自动化概率从低至高排列）
108	0.03	工程技术人员
109	0.03	网络和计算机系统管理员
110	0.03	数据库管理员
111	0.03	采购经理
112	0.032	中等教育教师
113	0.033	环境科学家和环境工程专家（包括卫生专家）
114	0.033	药物滥用和行为障碍咨询师
115	0.035	律师
116	0.035	工艺美术师
117	0.035	运筹学分析师
118	0.035	计算机和信息系统管理员
119	0.037	商业和工业设计师
120	0.037	生物医学工程师
121	0.037	会议和活动策划者
122	0.038	兽医
123	0.038	作家
124	0.039	广告和促销经理
125	0.039	政治学家
126	0.04	信用顾问
127	0.04	社会学家和相关工作者
128	0.041	天文学家
129	0.041	船舶工程师
130	0.042	应用程序开发人员
131	0.042	艺术家（包括画家、雕塑家和插画家）

（续表）

排序	概率	职业（自动化概率从低至高排列）
132	0.043	精神科技术人员
133	0.045	景观设计师
134	0.045	健康教育工作者
135	0.047	数学家
136	0.047	花艺设计师
137	0.047	农民、牧场主和其他农业经理
138	0.048	森林火灾检查员和预防专家
139	0.049	急救医疗人员和护理人员
140	0.055	编辑
141	0.055	镶牙专家
142	0.055	其他医务人员和技术工人
143	0.057	旅游向导
144	0.058	执业护士
145	0.059	社会学家
146	0.06	仲裁员、调解员
147	0.061	动物学家
148	0.064	住宅顾问
149	0.066	飞机货物装卸主管
150	0.066	呼吸治疗师
151	0.067	广播新闻分析员
152	0.069	财务经理
153	0.07	核工程师
154	0.071	建筑经理
155	0.074	音乐家和歌手

（续表）

排序	概率	职业（自动化概率从低至高排列）
156	0.075	非零售业销售人员一线主管
157	0.076	个人服务工作者一线主管
158	0.077	食品科学家和技术人员
159	0.08	合规经理
160	0.08	狩猎警察
161	0.082	平面设计师
162	0.083	食品服务经理
163	0.084	儿童保育员
164	0.085	健身教练和健美操教练
165	0.091	游戏经理
166	0.097	电力线路安装和维修人员
167	0.098	警察和治安巡警
168	0.099	旅行代理商
169	0.10	厨师和厨师长
170	0.10	驯兽师
171	0.10	电视台播音员
172	0.10	电气工程师
173	0.10	化学家
174	0.10	呼吸治疗师助理
175	0.10	物理学家
176	0.11	美发师和美容师
177	0.11	记者及通讯员
178	0.11	空中交通管制员
179	0.13	舞者

（续表）

排序	概率	职业（自动化概率从低至高排列）
180	0.13	核医学技师
181	0.13	系统软件开发人员
182	0.13	管理分析师
183	0.13	食疗技术员
184	0.13	城市和区域规划师
185	0.13	社会服务助理
186	0.13	自我充实教育教师
187	0.13	音响工程技术人员
188	0.14	验光师
189	0.14	采矿和地质工程师（包括采矿安全工程师）
190	0.14	医师助理
191	0.15	幼儿园教师（特殊教育除外）
192	0.15	电工
193	0.16	石油工程师
194	0.16	桌面游戏发行商
195	0.16	总经理和运营经理
196	0.17	职业健康安全专家
197	0.17	消防队员
198	0.17	财务审查员
199	0.17	建筑行业及采集工人一线监理
200	0.17	初中教师（特殊教育、职业教育及技术教育除外）
201	0.18	公关专员
202	0.18	商业潜水员
203	0.18	人造建筑及移动家居安装人员

（续表）

排序	概率	职业（自动化概率从低至高排列）
204	0.18	飞行员、飞机副驾驶员和飞行工程师
205	0.19	成人基础教育、中等教育教师及扫盲教师
206	0.2	流行病学家
207	0.2	丧葬服务经理、主管，殡仪工作者
208	0.21	信息安全分析师、网络开发人员和计算机网络架构师
209	0.21	精算师
210	0.21	动物管理员
211	0.21	门房
212	0.22	计算机专家
213	0.22	统计学家
214	0.22	计算机硬件工程师
215	0.23	调查研究人员
216	0.23	业务运营专家
217	0.23	财务分析师
218	0.23	放射技师
219	0.23	心血管技术人员
220	0.24	艺术家、演员、运动员的经纪人和代理人
221	0.24	工程技术人员（除起草人外）
222	0.25	地理学家
223	0.25	职业卫生及安全技术人员
224	0.25	感化官及惩教治疗专家
225	0.25	环境工程技术人员
226	0.25	其他经理人员
227	0.25	救护车司机及服务人员（紧急医疗技术员除外）

（续表）

排序	概率	职业（自动化概率从低至高排列）
228	0.25	科技产品批发、生产人员，销售代表
229	0.26	初中技术教育教师
230	0.27	船长、大副和船舶引航员
231	0.27	职业医师助手
232	0.27	医疗设备维修人员
233	0.28	零售业一线主管
234	0.28	运动员和体育竞技者
235	0.28	游戏主管
236	0.29	皮肤护理专家
237	0.29	批发和零售采购员（农产品除外）
238	0.30	生物技术人员
239	0.30	医务助理
240	0.30	动物学家和野生动植物学家
241	0.30	私人家庭的厨师
242	0.31	人力资源、培训和劳资关系专家
243	0.31	私人侦探和调查员
244	0.31	影视编辑
245	0.33	财务专家
246	0.34	侦探和刑事调查员
247	0.34	外科技师
248	0.34	放射治疗师
249	0.35	水管工、管道工和蒸汽工
250	0.35	空乘人员
251	0.35	超声医学科工作人员

（续表）

排序	概率	职业（自动化概率从低至高排列）
252	0.36	法警
253	0.36	金属和塑料计算机数控机床程序员
254	0.36	电信设备安装和修理师（线路安装人员除外）
255	0.37	炉、窑、烘箱、烘干机、烧水壶运营商
256	0.37	车辆和设备的清洁员
257	0.37	葬礼服务人员
258	0.37	采掘工人
259	0.37	演员
260	0.37	矿车司机
261	0.38	发电所、变电站及继电器的电气和电子修理员
262	0.38	测量员
263	0.38	机械工程技术人员
264	0.38	包装工（手工操作）
265	0.38	口译和笔译人员
266	0.39	家庭保健护理人员
267	0.39	室内装饰工人
268	0.39	电梯安装和维修人员
269	0.39	游戏平台工作人员
270	0.39	影音及多媒体收藏专家
271	0.40	地方法官和治安官
272	0.40	移动式重型机械（发动机除外）操作工
273	0.40	卫生技术人员
274	0.41	农产品分级分类员
275	0.41	钢结构装配工

（续表）

排序	概率	职业（自动化概率从低至高排列）
276	0.41	司法文书
277	0.41	商业及工业设备的电气和电子修理人员
278	0.42	森林和自然保护技术人员
279	0.42	助理、工人、物料搬运工的一线主管
280	0.43	更衣室、衣帽间和化妆室服务员
281	0.43	其他一切物理学家
282	0.43	经济学家
283	0.44	历史学家
284	0.45	医疗器械技师
285	0.46	法院、市政人员和执照办事员
286	0.47	薪酬、福利和职业分析专家
287	0.47	精神病护理员
288	0.47	医疗及临床化验技术员
289	0.48	消防检查员及调查员
290	0.48	航空航天工程和操作技术人员
291	0.48	商品展示和橱窗装饰工
292	0.48	炸药工、军械处理专家和爆破工
293	0.48	计算机程序员
294	0.49	交通协管员
295	0.49	农业工程师
296	0.49	锚杆机操作员
297	0.49	电信线路安装和维修人员
298	0.49	警察、消防和救护车调度员
299	0.50	地下采矿的装载机操作员

（续表）

排序	概率	职业（自动化概率从低至高排列）
300	0.50	其他一切安装、维护和维修工人
301	0.50	法庭速记员
302	0.51	演示员和产品推销员
303	0.51	牙医助理
304	0.52	皮革工人和修理员
305	0.52	建筑工程和土木工程制图员
306	0.53	石油和天然气行业的旋转钻机操作员
307	0.53	危险物品搬运工
308	0.54	尸体防腐员
309	0.54	连续采煤机操作员
310	0.54	插槽管理员
311	0.54	按摩治疗师
312	0.54	广告销售代理
313	0.55	汽车玻璃安装和修理工
314	0.55	商业飞机驾驶员
315	0.55	客服代表
316	0.55	声像设备技术员
317	0.56	教师助理
318	0.57	农业、渔业和林业一线主管
319	0.57	化学技师
320	0.57	管道工、水管工、管道安装工和蒸汽工的助手
321	0.57	成本估算师
322	0.57	运输和铁路警察
323	0.57	园林绿化、草坪服务和场地维护工作的一线主管

（续表）

排序	概率	职业（自动化概率从低至高排列）
324	0.58	个人财务顾问
325	0.59	水磨匠
326	0.59	博物馆技术人员和管理员
327	0.59	矿山切槽机操作人员
328	0.59	运输、仓储和配送主管
329	0.59	休闲车辆维修技师
330	0.59	汽车维修技术员和机械师
331	0.60	惩教人员和狱卒
332	0.60	影视剧摄像人员
333	0.60	屠宰厂和肉类加工厂
334	0.61	机动车辆的电子设备安装及修理人员
335	0.61	理疗师助理
336	0.61	服装服务员
337	0.61	市场调查分析员和市场专家
338	0.61	预订和运输票务代理及旅行社职员
339	0.61	污水处理厂的系统操作员
340	0.61	生命、物理和社会科学技术人员
341	0.61	食品烹饪机运营商
342	0.61	熔焊机、铜焊机和钎焊机安装员、操作员和看管员
343	0.62	摩托艇经营商
344	0.62	捆扎工
345	0.62	铺管工
346	0.63	地球科学家（水文学家和地理学家除外）
347	0.63	阀门安装及维修员

（续表）

排序	概率	职业（自动化概率从低至高排列）
348	0.63	医疗保障人员
349	0.63	食品制备和服务工人的一线主管
350	0.63	建筑检查员
351	0.64	切割员及装饰员（手工操作）
352	0.64	普通维护及维修工人
353	0.64	行政法法官、审判人员、听证人员
354	0.64	存货员和订货员
355	0.64	配电员及调度员
356	0.64	机械保温工人
357	0.65	社会科学研究助理
358	0.65	机械师
359	0.65	计算机支持专家
360	0.65	图书管理员
361	0.65	家庭娱乐电子设备安装与维修工
362	0.65	供暖、空调、制冷机机械师及安装员
363	0.65	起重机和绞车操作员
364	0.66	虫害防治人员
365	0.66	作业工人助手
366	0.66	统计学助理
367	0.66	管理员和清洁工（女佣和家政清洁工除外）
368	0.66	摩托艇机修工
369	0.67	纸品机器的安装员、操作员
370	0.67	铸造熔体和核心元件制造商
371	0.67	大气和空间科学家

（续表）

排序	概率	职业（自动化概率从低至高排列）
372	0.67	城际公交司机
373	0.67	救生员、滑雪救护员和其他娱乐性防护服务人员
374	0.67	工业机械技工
375	0.68	邮递员
376	0.68	石油和天然气行业的码头工人
377	0.68	锅炉制造商
378	0.68	机械绘图师
379	0.68	口腔卫生保健师
380	0.69	轻型货车司机或递送服务司机
381	0.69	女佣和家政清洁工
382	0.69	运输设备油漆工
383	0.70	政府项目资格调查员
384	0.70	轮胎修理和更换工
385	0.70	食品配料机制造商
386	0.70	航空电子技术人员
387	0.71	飞机机修工
388	0.71	机场运营专家
389	0.71	石油泵系统操作员、炼油厂操作员和仪表操作员
390	0.71	其他一切建筑及相关工人
391	0.71	配镜商
392	0.71	洗衣和干洗工人
393	0.72	康乐服务人员
394	0.72	药房助理
395	0.72	屋顶维修人员助手

（续表）

排序	概率	职业（自动化概率从低至高排列）
396	0.72	油罐车、卡车和船舶装载员
397	0.72	家电维修员
398	0.72	木匠
399	0.72	广播播音员
400	0.73	针织机及织布机安装员、操作员和看管员
401	0.73	行政服务经理
402	0.73	玻璃安装工
403	0.73	绕线工、修整工
404	0.73	公共汽车和卡车技工及柴油机专家
405	0.74	计算机、自动柜员机和办公设备修理工
406	0.74	私人护士
407	0.74	广播技术人员
408	0.74	电气技师助理
409	0.75	邮政局长和邮件警司
410	0.75	瓷砖和大理石安装员
411	0.75	建筑和维修方面的油漆工
412	0.75	交通服务人员（空乘人员除外）
413	0.75	土木工程技术人员
414	0.75	农机技工
415	0.76	档案保管员
416	0.76	化学设备操作员和看管员
417	0.76	电机、电动工具及相关设备修理员
418	0.76	伐木工
419	0.77	环境科学与保护技术人员

（续表）

排序	概率	职业（自动化概率从低至高排列）
420	0.77	锁匠和保险柜修理工
421	0.77	树枝修剪员
422	0.77	调酒师
423	0.77	代购员（批发、零售及农产品除外）
424	0.77	洗碗工
425	0.77	狩猎人员
426	0.78	医疗设备准备人员
427	0.78	切割、冲孔和压力机安装员、操作员和看管员
428	0.78	计算机操作员
429	0.78	煤气装置操作员
430	0.79	邮件分拣员、邮件分拣机操作员（邮政服务）
431	0.79	重型拖车和牵引拖车司机
432	0.79	地毯清洗工
433	0.79	石膏板吊顶和瓷砖安装工
434	0.79	安装、维护和维修工人助手
435	0.79	摩托车机械师
436	0.79	飞机结构、表面、索具和系统装配工
437	0.79	测井设备操作人员
438	0.79	地板安装工（地毯、木板和硬瓷砖安装工除外）
439	0.80	理发师
440	0.80	石油和天然气井架操作员
441	0.81	快餐行业的厨师
442	0.81	排版员和打字员
443	0.81	电子电气制图员

（续表）

排序	概率	职业（自动化概率从低至高排列）
444	0.81	机电技术人员
445	0.81	手动清洗及金属酸洗设备的操作员和看管员
446	0.81	物业、房地产和社区协会经理
447	0.81	医务秘书
448	0.81	纺织、服装及相关材料的压制工
449	0.82	发动机和其他机器装配工
450	0.82	安全及火灾报警系统安装员
451	0.82	耐火材料修理工（砖瓦修理工除外）
452	0.82	动物看护员
453	0.82	钣金工人
454	0.82	打桩机操作员
455	0.82	砖瓦匠
456	0.83	渔民及相关渔业工人
457	0.83	钢结构安装工
458	0.83	铁路制动、信号系统和道岔操作员
459	0.83	铁路售票员和码垛工
460	0.83	大型机构和自助餐厅的厨师
461	0.83	水手和海上加油工
462	0.83	混匀机安装员、操作员和看管员
463	0.83	砖瓦匠、石匠、瓷砖和大理石镶嵌工助手
464	0.83	分段摊铺机操作员
465	0.83	地板、天花板和墙壁的保温工人
466	0.83	印刷机操作员
467	0.83	汽车和船舶服务人员

（续表）

排序	概率	职业（自动化概率从低至高排列）
468	0.83	化粪池清理人员及污水管清洁员
469	0.83	行李搬运工及服务员
470	0.83	博彩兑换员和展位收银员
471	0.83	轧辊机安装员、操作员和看管员
472	0.83	铺砌、铺装和夯实设备操作员
473	0.84	工具和模具制造商
474	0.84	电子电气工程技术人员
475	0.84	粉刷匠与泥水匠
476	0.84	金属和塑料组件布局人员
477	0.84	车床和车削机床安装员、操作员、看管员
478	0.84	保安
479	0.84	裁缝和定制服装裁剪师
480	0.84	井口泵操作员
481	0.84	校对员和抄写员
482	0.84	停车执法人员
483	0.85	货运、库存和材料搬运工（手工操作）
484	0.85	销售代表、批发生产人员（科技产品除外）
485	0.85	公用事业性收费抄表员
486	0.85	发电厂操作人员
487	0.85	化工厂及系统操作员
488	0.85	土钻工（石油和天然气除外）
489	0.85	核技术人员
490	0.86	执行秘书和行政助理
491	0.86	其他一切设备和系统操作员

（续表）

排序	概率	职业（自动化概率从低至高排列）
492	0.86	户外视频销售员
493	0.86	锯床安装员、操作员和看管员
494	0.86	地铁和有轨电车操作员
495	0.86	兽医助理和实验室动物看管员
496	0.86	切片机安装员、操作员和看管员
497	0.86	房地产销售代理
498	0.86	计算机控制机床操作员
499	0.86	机械维修工人
500	0.86	文员
501	0.87	各类农业工人
502	0.87	森林及自然资源守卫者
503	0.87	金属浇铸工和锻造工
504	0.87	地毯安装工
505	0.87	裱糊工人
506	0.87	农产品采购代理
507	0.87	家具润饰工
508	0.87	食品配制工
509	0.87	地板打磨工及润饰工
510	0.87	停车场服务员
511	0.87	公路养护人员
512	0.88	铁路土方工人
513	0.88	生产、计划和催交人员
514	0.88	半导体制程人员
515	0.88	制图师和摄影测量工程师

（续表）

排序	概率	职业（自动化概率从低至高排列）
516	0.88	金属精炼炉操作员及看管员
517	0.88	分离机、过滤机、净化机、沉淀机和蒸馏机安装员、操作员和看管员
518	0.88	挤压成型机安装员、操作员和看管员
519	0.88	水磨石工和润饰工
529	0.88	工具研磨工、锉磨工
521	0.88	轨道车辆维修工
522	0.89	面包师
523	0.89	体检记录员
524	0.89	石匠
525	0.89	学校或特殊群体的公交司机
526	0.89	技术作家
527	0.89	索具装配工
528	0.89	轨道铺设及养护设备操作员
529	0.89	固定设备工程师和锅炉操作员
530	0.89	缝纫机操作员
531	0.89	的士司机
532	0.90	人力资源助理
533	0.90	医疗及临床化验师
534	0.90	铁和钢筋加固工
535	0.90	屋顶维修人员
536	0.90	起重机和塔台操作员
537	0.90	交通技术人员
538	0.90	运输检查员
539	0.90	金属和塑料制模工

（续表）

排序	概率	职业（自动化概率从低至高排列）
540	0.90	砂模工、造型工和铸造工（金属和塑料领域的除外）
541	0.90	房地产估价师、评估师
542	0.90	泵操作员（井口泵操作员除外）
543	0.90	信号和轨道道岔修理员
544	0.91	游戏和体育类书籍作者和推销员
545	0.91	乐器修理师、调音师
546	0.91	导游及领队
547	0.91	机械门维修员
548	0.91	食品和烟草的烘烤机、烘干机和干燥机操作员及看管员
549	0.91	气体压缩机及气体泵站操作员
550	0.91	病例与医疗信息技术员
551	0.91	涂漆机和喷涂机安装员、操作员和看管员
552	0.91	各类机床安装员、操作员和看管员
553	0.91	铁路站场工程师、小型机车操作员和车辆维修工
554	0.91	运输设备的电子电气安装工和修理工
555	0.91	餐厅服务员和酒保助手
556	0.91	热处理设备安装员、操作员和看管员
557	0.91	地质和石油技术人员
558	0.91	汽车车身及相关维修工
559	0.91	木材制模工
560	0.91	挤压机和拉丝机安装员、操作员和看管员
561	0.92	办公室机器（计算机除外）操作员
562	0.92	药学技术人员
563	0.92	贷款调查员和办事员

（续表）

排序	概率	职业（自动化概率从低至高排列）
564	0.92	疏浚作业人员
565	0.92	保险销售代理
566	0.92	细木工和钳工
567	0.92	油漆、喷涂和装饰工人
568	0.92	栅栏安装工
569	0.92	电镀镀膜机安装员、操作员和看管员
570	0.92	零售营业员
571	0.92	食品制备和服务人员（包括快餐）
572	0.92	其他一切生产工人
573	0.92	木匠助手
574	0.93	冷却及冷冻设备操作员和看管员
575	0.93	玻璃纤维层压工和制造商
576	0.93	石油、天然气和采矿行业的服务设施操作员
577	0.93	传送机操作员和看管员
578	0.93	户外动力设备及其他小型发动机机械工
579	0.93	机车点火工
580	0.93	机器投料和卸料工
581	0.93	金属和塑料制模工
582	0.93	无线电、移动电话和塔式设备安装工和修理工
583	0.93	屠夫和切肉工
584	0.93	挤压成型机、压制压实机安装员、操作员和看管员
585	0.93	废物及可循环物料收集工
586	0.93	税务稽查员、征收员及税收收入审计员
587	0.93	锻压机安装员、操作员和看管员

（续表）

排序	概率	职业（自动化概率从低至高排列）
588	0.93	工业卡车和拖拉机驾驶员
589	0.94	会计师和审计师
590	0.94	钻孔和镗孔机床安装员、操作员及看管员
591	0.94	邮件分拣机操作员（邮政服务除外）
592	0.94	服务员
593	0.94	肉类、家禽和鱼类切割及整理工
594	0.94	预算分析师
595	0.94	泥瓦匠和混凝土浇筑工
596	0.94	自行车修理工
597	0.94	投币机、自动售货机、游戏机服务商和维修人员
598	0.94	焊接工、切割工、钎焊工和钎接工
599	0.94	信使
600	0.94	调查员（不包括资格调查员和贷款调查员）
601	0.94	快餐行业的厨师
602	0.94	挖土机、装载机及索斗铲操作员
603	0.94	油漆匠、裱糊工、抹灰工和粉刷泥瓦匠助手
604	0.94	酒店、汽车旅馆和度假村前台职员
605	0.94	轮胎制造商
606	0.94	上门销售人员、新闻和街头小贩以及相关人员
607	0.94	管家和保洁工人的一线主管
608	0.94	农业检查员
609	0.94	律师助理和法律助理
610	0.95	美甲师和修脚师
611	0.95	称量员、测量员、检测员及取样员

（续表）

排序	概率	职业（自动化概率从低至高排列）
612	0.95	纺织裁切机安装员、操作员和看管员
613	0.95	债务催收员
614	0.95	核反应堆操作人员
615	0.95	博彩监察员及博彩调查员
616	0.95	图书馆助理（文书类）
617	0.95	操作工程师及其他施工设备操作员
618	0.95	印刷装订和精整工人
619	0.95	动物饲养员
620	0.95	铸造机、制芯机及压铸机安装员、操作员和看管员
621	0.95	电气电子设备装配工
622	0.95	黏合机操作员及看管员
623	0.95	园林绿化和地面养护工人
624	0.95	研磨、抛光机床安装员、操作员和看管员
625	0.95	邮局办事员
626	0.95	珠宝匠、宝石和金属工匠
627	0.96	调度员（警察、消防和救护车调度员除外）
628	0.96	接待员和信息员
629	0.96	普通职员
630	0.96	薪酬福利经理
631	0.96	总机接线员（包括应答服务）
632	0.96	柜台服务员（自助餐厅、美食街和咖啡店）
633	0.96	采石场的岩石分离工
634	0.96	秘书和行政助理（法律、医疗和行政部门的除外）
635	0.96	测绘技术人员

（续表）

排序	概率	职业（自动化概率从低至高排列）
636	0.96	木材模型工
637	0.96	纺织卷绕机、加捻机和牵伸机安装员、操作员和看管员
638	0.96	机车工程师
639	0.96	游戏经销商
640	0.96	织物（服装除外）修补工
641	0.96	饭店厨师
642	0.96	招待员、大堂服务员和售票员
643	0.96	记账和过账职员
644	0.97	桥梁和船闸看管员
645	0.97	木工机械安装员、操作员和看管员
646	0.97	团队装配工
647	0.97	制鞋机操作员和看管员
648	0.97	机电设备装配工
649	0.97	农场劳动承包人
650	0.97	纺织品漂白和染色机操作员和看管员
651	0.97	牙科实验室技术
652	0.97	破碎机、研磨机和抛光机安装员、操作员和看管员
653	0.97	打磨和抛光工人
654	0.97	农药喷雾员（植被用途）
655	0.97	原木分级和定标员
656	0.97	眼科实验室技术人员
657	0.97	收银员
658	0.97	照相机及摄影器材维修人员
659	0.97	电影放映员

（续表）

排序	概率	职业（自动化概率从低至高排列）
660	0.97	印前技术人员与工人
661	0.97	前台及出租员
662	0.97	档案员
663	0.97	房地产经纪人
664	0.97	电话接线员
665	0.97	农业和食品科学技术人员
666	0.97	薪酬考勤记录员
667	0.97	信誉核准人、审查员和办事员
668	0.97	餐厅、休息室和咖啡厅的男女招待
669	0.98	模特
670	0.98	检验员、测试员和分选员
671	0.98	簿记、会计和审计人员
672	0.98	法律秘书
673	0.98	无线电报务员
674	0.98	司机或销售人员
675	0.98	理赔调解员、审查员和调查员
676	0.98	零件销售人员
677	0.98	信贷分析师
678	0.98	铣床和刨床安装员、操作员和看管员
679	0.98	货运、收货和交通事务员
680	0.98	采购文员
681	0.98	包装和灌装机操作员和看管员
682	0.98	蚀刻师和雕刻师
683	0.98	出纳员

（续表）

排序	概率	职业（自动化概率从低至高排列）
684	0.98	助理裁判员、裁判员和其他体育官员
685	0.98	汽车损坏险的保险估价师
686	0.98	信贷员
687	0.98	订货员
688	0.98	经纪人
689	0.98	保险理赔和保单处理员
690	0.98	定时装置装配工和调整工
691	0.99	数据录入员
692	0.99	图书馆技术人员
693	0.99	开户管理员
694	0.99	摄影加工员及加工机械操作员
695	0.99	税务编制员
696	0.99	货运代理
697	0.99	手表修理工
698	0.99	保险承保人
699	0.99	数学技师
700	0.99	裁缝师
701	0.99	标题审查员、摘录员和检索员
702	0.99	电话销售员

资料来源：Frey，Carl Benedikt and Osborne，Michael (2013). The Future of Employment: How Susceptible Are Jobs to Computerisation? Oxford Martin School，University of Oxford. Reprinted with permission from Elsevier. http://www.oxfordmartin.ox.ac.uk/downloads/academic/future-of-employment.pdf。

附录 C
人工智能专业机构名录

以下列表提供了一些最近活跃在人工智能领域的专业机构的详细信息，这些信息引自专业机构网站。

表 C-1　人工智能专业机构名录

国家或地区	机构名称	网址	相关信息
阿根廷	阿根廷信息学和运筹学研究学会	www.sadio.org.ar	阿根廷信息学和运筹学研究学会成立于 1960 年，阿根廷人工智能研讨会的组织者
澳大利亚	环太平洋人工智能国际会议	www.pricai.org	首届环太平洋人工智能国际会议 1990 年在日本举办，旨在促进环太平洋国家对人工智能的合作开发
奥地利	奥地利人工智能协会	www.oegai.at	奥地利人工智能协会成立于 1981 年
巴西	巴西计算机学会	www.sbc.org.br	巴西计算机学会成立于 1978 年
保加利亚	保加利亚人工智能协会	—	保加利亚人工智能协会是欧洲人工智能协调委员会（European Coordinating Committee for Artificial Intelligence，简称 ECCAI）的成员之一
加拿大	加拿大人工智能协会	https://www.caiac.ca	加拿大人工智能协会旨在激发人们对人工智能的兴趣和热情。在这一宗旨下，协会每年举办讨论会和一次全国性会议。它还赞助了《计算智能》（Computational Intelligence）杂志。加拿大人工智能协会是美国人工智能发展协会在加拿大的官方机构
中国	中国人工智能协会	http://caai.cn	中国人工智能协会成立于 1981 年，是中国民政部下属唯一的国家级人工智能领域的科技组织
捷克	控制论与信息学学会	www.cski.cz	控制论与信息学学会成立于 1966 年，前身为捷克斯洛伐克控制论学会。学会目前约有 300 名成员，是捷克最大的信息学学会

（续表）

国家或地区	机构名称	网址	相关信息
丹麦	丹麦人工智能学会	http://www.daimi.au.dk/%7Ebmayoh/dais.html	丹麦人工智能学会旨在协调丹麦和世界其他地方的人工智能研究，并推广诸如欧洲人工智能协调委员会和国际人工智能联合会议（IJCAI）等会议。它通过《每月电子通讯》通知其成员有关人工智能的各种活动
欧洲	欧洲人工智能协调委员会	https://www.eurai.org	欧洲人工智能协调委员会成立于 1982 年 7 月，是欧洲人工智能共同体的代表机构，旨在促进人工智能在欧洲的学习、研究及应用
芬兰	芬兰人工智能学会	www.stes.fi	芬兰人工智能学会旨在提升芬兰国内公众对人工智能的认知
法国	法国人工智能协会	http://afia.asso.fr	法国人工智能协会旨在推广和鼓励法国人工智能的发展，该协会为非营利性组织
德国	德国信息学协会	www.kuenstlicheintelligenz.de	德国信息学协会是一个非营利性组织，有大约 20 000 名个人会员及 250 个企业会员，是欧洲最大的信息学协会之一
希腊	希腊人工智能协会	www.eetn.gr	希腊人工智能协会是一个致力于在希腊及希腊之外组织研究人工智能研究的非营利性科学组织
中国香港	香港人工智能学会	https://aisociety.hk	香港人工智能学会致力于推动人工智能技术在香港的进一步发展及应用

（续表）

国家或地区	机构名称	网址	相关信息
匈牙利	匈牙利人工智能协会	http://njszt.hu/en	作为一个独立的专业组织，匈牙利人工智能协会的目标是促进信息技术的应用，改进及成果分享
印度	印度计算机学会人工智能特别兴趣小组	www.csiindia.org	印度计算机学会人工智能特别兴趣小组旨在创建促进人工智能及相关信息交流的国家论坛，其倡议包括创办各种国内及国际期刊和召开人工智能国际研讨会
爱尔兰	爱尔兰人工智能协会	http://www.4c.ucc.ie/aiai	爱尔兰人工智能协会为本国的人工智能爱好者提供感兴趣的信息及链接
以色列	以色列人工智能协会	http://www.ise.bgu.ac.il/iaai	以色列人工智能协会是一个非营利性组织，旨在促进和赞助以色列学术界及产业界人工智能研究者社群活动。后者包括来自欧洲各地的29个机构的成员，旨在促进人工智能在欧洲的研究和应用
意大利	意大利人工智能协会	www.aixia.it	意大利人工智能协会成立于1988年，活跃于人工智能理论及应用领域，每年召开人工智能国际会议
日本	日本人工智能协会	www.aigakkai.or.jp/en	日本人工智能协会致力于人工智能研发与创新
墨西哥	墨西哥人工智能协会	www.smia.org.mx	墨西哥人工智能协会是国际人工智能年会［被施普林格出版社（Springer）称为"顶级"盛会］的组织者

（续表）

国家或地区	机构名称	网址	相关信息
荷兰	比荷卢人工智能协会	http://ii.tudelft.nl/bnvki	比荷卢人工智能协会代表比利时、荷兰、卢森堡三国的智能实体，其目的是促进人们对人工智能的研究，应用和教育，以及人工智能知识的传播。比荷卢人工智能协会成立于 1981 年，当时名为比利时人工智能协会
挪威	挪威人工智能协会	www.norwegian.ai	挪威人工智能协会致力于将挪威打造成全球人工智能社区重要组成部分及领导力量
葡萄牙	葡萄牙人工智能协会	www.appia.pt	葡萄牙人工智能协会以葡萄牙语作为其官方语言
罗马尼亚	罗马尼亚人工智能协会	http://ariaromania.org	罗马尼亚人工智能协会成立于 2011 年 4 月，是一个非营利性科学组织，致力于人工智能的研究与开发，协助罗马尼亚政府在这一领域的研究和教育
俄罗斯	俄罗斯人工智能协会	http://raai.org	俄罗斯人工智能协会与俄罗斯科学院（系统分析、控制科学和信息传输问题研究所）合署办公，是俄罗斯人工智能国际会议的联合组织者之一
西班牙	伊比利亚美洲人工智能学会	www.iberamia.org/iberamia	伊比利亚美洲人工智能学会是依法成立的非营利性协会，旨在促进伊比利亚美洲国家在人工智能领域的发展与进步
瑞典	瑞典人工智能学会	www.sais.se	瑞典人工智能学会旨在促进人工智能的研究和应用，其成员包括瑞典的大学、行业组织、研究人员和对人工智能领域表现极感兴趣的学生

（续表）

国家或地区	机构名称	网址	相关信息
瑞士	瑞士人工智能和认知科学小组	https://sgaico.swissinformatics.org	瑞士人工智能和认知科学小组是瑞士信息学学会的成员之一
中国台湾	台湾人工智能协会	www.taai.org.tw/en-taai	台湾人工智能协会是台湾当局注册的官方的学术社团，其目标是促进台湾地区人工智能的研究、开发、应用和交流
乌克兰	人工智能开发人员及用户协会	www.aduis.com.ua	人工智能开发人员及用户协会由大约100名成员组成，于1992年在乌克兰成立，主要目标是为人工智能方法和技术的开发应用做出贡献
英国	人工智能与行为模拟研究学会	www.aisb.org.uk	人工智能与行为模拟研究学会是英国最大的人工智能学会，成立于1964年
英国	英国计算机学会人工智能专家组	www.bcssgai.org	英国计算机学会人工智能专家组成立于1980年6月，该组织的使命是"在商业及研究领域培养人工智能意识，扩大相关社会群体的利益"。它是欧洲成立时间最长的人工智能开发人员及用户协会的成员之一
美国	人工智能发展协会	www.aaai.org	人工智能发展协会成立于1979年，是一个非营利性的科学组织，致力于推进对智能理念、智能行为的内在机制及外在表现的科学理解

（续表）

国家或地区	机构名称	网址	相关信息
美国	计算机械协会	www.acm.org	计算机械协会是国际计算机学会的成员之一，创建于1947年，是世界上最大的科学和教育计算机学会
	计算研究协会	http://cra.org	计算机研究协会成立于1972年，成员包括200多个活跃在计算机研究领域的北美组织（涉及计算机科学、计算机信息系统和计算机工程的学术部门及附属专业学会）
	佛罗里达人工智能研究协会	www.flairs.com	佛罗里达人工智能研究协会成立于1987年，旨在促进和推动佛罗里达州的人工智能发展，引导学院、大学和行业的研究人员之间的互动。所有参加年会的人（佛罗里达居民和非居民）都可以成为其会员
	美国电气和电子工程师协会计算计算机学会	https://www.computer.org	美国电气和电子工程协会计算机学会是世界领先的致力于计算机科学和技术发展的专业组织，拥有会员60 000多名
	美国电气和电子工程师协会计算智能学会	http://cis.ieee.org	美国电气和电子工程师协会计算智能学会对由生物驱动的计算范式的理论、设计、应用和发展特别感兴趣。该范式的研究重点在于神经网络、连接系统、遗传算法、进化编程、模糊系统及包含这些范式的混合智能系统

（续表）

国家或地区	机构名称	网址	相关信息
美国	国际神经网络协会	https://www.inns.org	国际神经网络协会是那些有兴趣对大脑进行理论及计算化理解，并运用这些知识开发新的、更有效的机器智能形式的个人的首要组织，它是由神经网络领域的顶尖科学家于 1987 年创办的
	奇点大学	https://su.org	奇点大学是一个使用指数技术解决世界性难题的全球社区。它的创新学习平台为使其成员拥有思维倾向、技能组合和网络系统，以构建运用人工智能、机器人和数字生物学等新兴技术的突破性解决方案
	机器智能研究所（前身为人工智能奇点研究所）	https://intelligence.org	机器智能研究所是一个研究智能行为的数学基础的非营利性研究机构。研究所的任务是为通用人工智能系统开发出更安全、更可靠的工具，以促进此类系统的可持续应用

注 释

引 言

1. Muller, Vincent C. and Bostrom, Nick(2016). Future Progress in AI: A Survey of Expert Opinions, 553–571.Paper.Synthese Library, Springer.

2. Susskind, Richard and Susskind, Daniel(2015). The Future of Professions. Oxford University Press.

开 篇

1. Christopher Fyfe, Review of *Ancient Slavery and Modern Ideology*, by Moses I. Finley. *History Today* (1980). http://www.historytoday.com/christopher-fyfe/ancient-slavery-andmodern-ideology.

2. Lorenz Diefenbach, Arbeit Macht Frei: Erzählung von Lorenz Diefenbach [in German](J. Kühtmann's Buchhandlung, 1873).

3. Richard Donkin, *Blood Sweat and Tears: The Evolution of Work* (reprint edition) (Texere Publishing, September 2002).

4. Sandra Laville and Nils Pratley, Brothers who sit at Blair's right hand. *The Guardian*(14 June 2005). www.theguardian.com/uk/2005/jun/14/Whitehall.politics.

5. Abraham H. Maslow, Maslow on management. London: John Wiley & Sons, 1998.

6. Caitlin Gibson, Who are these kids? *Washington Post* (25 May 2016). http://www.washingtonpost.com/sf/style/2016/05/25/inside-the-race-to-decipher-todays-teens-who-will-transform-society-as-we-know-it/?utm_term=.af4e2fef4a93.

7. Douglas McWilliam, *The Flat White Economy* (London: Duckworth Overlook, 2015).

8. Spiritual England. Spirituality in the workplace. http://www.spiritualengland.org.uk/spirituality-workplace (accessed 14 August 2017).

9. Buddhist Centre (n.d.). Introduction. https://thebuddhistcentre.com/Buddhism (accessed 14 August 2017).

10. Ibid.

11. Kallum Pickering, Automatic response to fear rise of robots is flawed. *The Telegraph* (9 August 2017). http://www.telegraph.co.uk/business/2017/08/09/automatic-response-fear-rise-robots-isflawed

12. Ibid.

13. Jason Zweig, As automation spreads, new rivals stalk financial advisers. *Wall Street Journal*(26 July 2017). https://www.wsj.com/articles/talk-is-cheap-automation-takes-aim-at-financial-advisersand-their-fees-1501099600 (accessed 28 July 2017).

14. Elizabeth Landau, Unemployment takes tough mental toll. CNN (15 June 2012). http://edition.cnn.com/2012/06/14/health/mental-health/psychology-unemployment/index.html.

15. Tami Luhby, Only 1 in 10 long-term unemployed find work. CNN

Money (14 June 2012).http://money.cnn.com/2012/06/14/news/economy/long-term-unemployment/index.htm?iid=Lead.

16. UK Department for Work and Pensions. Fundamental reform to fight ageism in the workplace: older workers' scheme to tackle age discrimination. Press release (22 December 2014). https://www.gov.uk/government/news/fundamental-reform-to-fight-ageism-in-the-workplace-older-workers-scheme-to-tackle-age-discrimination.

17. MarathonGuide.com Staff (n.d.). USA marathoning: 2011 overview. http://www.marathonguide.com/features/Articles/2011RecapOverview.cfm (accessed 18 October 2017).

18. Nick Bostrom, *Superintelligence: Paths, Dangers, Strategies* (Oxford: Oxford University Press, 2014).

第一章

1. Bill Briggs, Cognitive analytics. *Tech Trends 2014*. Deloitte, 2014. https://www2.deloitte.com/uk/en/pages/technology/articles/cognitive-analytics.html (accessed 30 October 2016).

2. Steve Hoffenburg, IBM's Watson answers the question, "What's the difference between artificial intelligence and cognitive computing?" VDC Research Group (24 May 2016). http://www.vdcresearch.com/News-events/iot-blog/IBM-Watson-Answers-Question-Artificial-Intelligence.html.

3. Adam Smith, *An Inquiry into the Nature and Causes of the Wealth of Nations*. (Oxford University Press, 1776). Republished 1993.

4. Rita L. Sallam, Joao Tapadinhas, Josh Parenteau, et al. Magic quadrant for business intelligence and analytic platforms. Gartner report ID

G00257740, 2014. https://www.gartner.com/doc/2668318/magic-quadrant-business-intelligence-analytics.

5. Tableau Software (n.d.), Top 10 business intelligence trends for 2016. Tableau Software white paper. https://www.tableau.com/learn/whitepapers/top-10-business-intelligencetrends-2016 (accessed 31 October 2016).

6. Gartner.Magic quadrant for advanced analytics platforms. 19 February, 2014. https://www.gartner.com/doc/2667527/magic-quadrant-advanced-analytics-platforms.

7. SKF (n.d.). Predictive and proactive reliability maintenance. http://www.skf.com/group/industry-solutions/oil-gas/services/mechanical-services/predictive-and-proactivemaintenance/index.html (accessed 31 October 2016).

8. Irv Lustig, Brenda Dietrich, Christer Johnson, and Christopher Dziekan, The analytics journey. *Analytics* (November/December 2010). http://www.analytics-magazine.org/novemberdecember-2010/54-the-analytics-journey (accessed 18 October 2017).

9. http://ayata.com/software/ (accessed 10 January 2018).

10. Karen Butner, The smarter supply chain of the future. *Strategy & Leadership* 38, no. 1(2010): 22–31.

11. Rob Dunie, W. Roy Schulte, Marc Kerremans, and Michele Cantara, Magic Quadrant for Intelligent Business Process Management Suites. Gartner report G00276892, 2016. http://www.integra-co.com/sites/default/files/Bizagi%20on%20Gartner%20Quadrant%20-%20Reprint.pdf.

12. Gregg Rock and Andrew Spanyi, What skills are needed for BPM success? BPM Institute,2014. http://www.bpminstitute.org/resources/articles/what-skills-are-needed-bpm-success (accessed 18 October 2017).

13. Techopedia (n.d.). Cognitive analytics. https://www.techopedia.com/definition/29437/cognitive-analytics (accessed 18 October 2017).

14. Cognitive analytics: the three-minute guide. https://www2.deloitte.com/us/en/pages/deloitte-analytics/articles/cognitive-analytics-the-three-minute-guide.html.

15. Bruce Weber, Swift and slashing, computer topples Kasparov. *New York Times* (12 May 1997). http://www.nytimes.com/1997/05/12/nyregion/swift-and-slashing-computertopples-kasparov. html.

16. Damon Beres, Microsoft's Cortana is like Siri with a human personality. Huffington Post. 29 July 2015. http://www.huffingtonpost.co.uk/entry/microsofts-cortana-is-like-siri-witha-human-personality_us_55b7be94e4b0a13f9d1a685a (accessed 10 January 2018).

17. Rene Ritchie, How to get Siri to tell you a bedtime story. iMore (26 October 2015). http://www.imore.com/how-get-siri-tell-you-bedtime-story.

18. Marcelo Gleiser, Can machines fall in love? NPR website, Cosmos & Culture article(26 January2011). http://www.npr.org/sections/13.7/2011/01/26/133213460/canmachines-fall-in-love (accessed 21 March 2017).

19. Kevin McConway, The nature of probability. UK Met Office (9 October 2016). https://www.metoffice.gov.uk/about-us/who/accuracy/forecasts/probability (accessed 5 January 2017).

20. Oracle. Oracle loyalty analytics. Oracle data sheet, 2001. http://www.oracle.com/us/products/middleware/bus-int/064330.pdf.

第二章

1. John McCarthy, What is artificial intelligence? Stanford University, 2007. http://wwwformal.stanford.edu/jmc/whatisai (accessed 1 December 2016).

2. Steve Theodore, How did the ancient Greeks define intelligence? Quora (1 February 2015).https://www.quora.com/How-did-the-Ancient-Greeks-define-intelligence

3. Alan Turing, Computing machinery and intelligence. *Mind* LIX 236 (October 1950):433–460.

4. Terry Castle, Mad, bad and dangerous to know. *New York Times* book review (13 April 1997). http://www.nytimes.com/books/97/04/13/reviews/970413.13castlet.html.

5. Elise Harris, Vatican ponders power, limits of artificial intelligence. Catholic News Agency, *Crux* (4 December 2016). https://cruxnow.com/vatican/2016/12/04/vatican-ponderspower-limits-artificial-intelligence (accessed 23 March 2017).

6. NorbertWiener, *Cybernetics: Or control and communication in the animal and themachine* (Cambridge, MA: MIT Press, 1948).

7. James Moor, The Dartmouth College artificial intelligence conference: the next fifty years.*AI Magazine* 27, no. 4 (2006): 87–91. http://www.aaai.org/ojs/index.php/aimagazine/article/view/1911/1809 (accessed 1 December 2016).

8. J. McCarthy, Ascribing mental qualities to machines. In M. Ringle, ed., *Philosophical Perspectives in Artificial Intelligence* (Atlantic Highlands, NJ: Humanities Press, 1979).

9. Ray Kurzweil, *The Singularity Is Near* (Viking Press, 2005).

10. Nikola Danaylov, 17 definitions of the technological singularity. Singularity weblog, 18 April 2012. https://www.singularityweblog.com/17-definitions-of-the-technologicalsingularity/(accessed 6 June 2017).

11. Singularity Symposium (n.d.). What is the technological singularity? www.singularitysymposium.com (accessed 18 October 2017).

12. Geoff Holder, *101 Things to Do with a Stone Circle*. Holder offers as his source Arthur C. Clarke's 1999 *Profiles of the Future* (Millennium Edition) (History Press, 2009), p. 143.

13. Gartner's 2016 hype cycle for emerging technologies identifies three key trends that organizations must track to gain competitive advantage. Gartner press release (16 August 2016).http://www.gartner.com/newsroom/id/3412017 (accessed 23 March 2017).

14. Christina Warren, Google's artificial intelligence chief says "we're in an AI spring". *Yahoo News* (20 May 2016). https://uk.news.yahoo.com/googles-artificial-intelligence-chief-says-191328375.html.

15. Stuart Russell, Daniel Dewey, and Max Tegmark, Research priorities for robust and beneficial artificial intelligence. *AI Magazine* 38, no. 4 (2015): 105–114.

16. Hope Reece, AI experts weigh in on Microsoft CEO's 10 new rules for artificial intelligence.TechRepublic (30 June 2016). http://www.techrepublic.com/article/ai-experts-weigh-inon-microsoft-ceos-10-new-rules-for-artificial-intelligence (accessed 21 March 2017).

17. Machine learning: what it is and why it matters. SAS. https://www.sas.com/en_us/insights/analytics/machine-learning.html (accessed January 6,

2018).

18. Chandramallika Basak and Paul Verhaeghen, Three layers of working memory: focus-switch costs and retrieval dynamics as revealed by the N-count task. *Journal of Cognitive Psychology* 23, no. 2 (2011): 204–219.

19. Clemency Burton-Hill, The superhero of artificial intelligence. *The Guardian* (16 February 2016). https://www.theguardian.com/technology/2016/feb/16/demis-hassabis-artificialintelligence-deepmind-alphago.

20. Maria Popova, What is art? Favourite famous definitions, from antiquity to today. Brain-Picking, 22 June 2012. https://www.brainpickings.org/2012/06/22/what-is-art/ (accessed 13 January 2018).

21. Oscar Wilde, *The Complete Works of Oscar Wilde*. Collins, 2016.

22. BrianMastroianni,Marchesa, IBMWatson design "cognitive dress" for Met gala. CBS News (2 May 2016). http://www.cbsnews.com/news/marchesa-ibm-watson-to-debut-cognitivedress-at-mondays-met-gala.

23. Georgia Wells, Google's computers paint like Van Gogh, and the art sells for thousands. *Wall Street Journal* (29 February 2016). http://blogs.wsj.com/digits/2016/02/29/googlescomputers-paint-like-van-gogh-and-the-art-sells-for-thousands.

第三章

1. Sarwant Singh, *New Mega Trends: Implications for Our Future Lives* (London: Palgrave Macmillan, 2012).

2. Kirkpatrick Sale, America's new Luddites. *La Monde Diplomatique* (February 1997).

3. Luddites200 Organising Forum (n.d.), 21st century technology debates

& politics. http://www.luddites200.org.uk/TechnologyPoliticsNow.html (accessed 8 November 2016).

4. Breaking the Frame (n.d.). About us. http://breakingtheframe.org.uk/about (accessed 8 November 2016).

5. Alexander Kaufman, Stephen Hawking says we should really be scared of capitalism, not robots, Huffington Post (8 October 2016). http://www.huffingtonpost.com/entry/stephenhawking-capitalism-robots_us_5616c20ce4b0dbb8000d9f15.

6. Caroline Gregoire, A field guide to ant-technology movements, past and present. Huffington Post (17 January 2014). http://www.huffingtonpost.com/2014/01/17/life-withouttechnology-t_n_4561571.html.

7. Jacque Bughin, EricHazan, Sree Ramaswamy, Sree, et al. (2017). How Artificial Intelligence Can Deliver Real Value to Companies. McKinsey Global Institute report.

8. Accenture (n.d.). Banking Technology Vision 2017. Accenture report. https://www.accenture.com/us-en/insight-banking-technology-vision-2017.

9. Jill Treanor and Patrick Collinson, HSBC to close 62 more branches this year, blaming online banking. *Guardian* (24 January 2017). https://www.theguardian.com/business/2017/jan/24/hsbc-close-branches-online-banking-unions-jobs.

10. Christopher Evans, Face-to-face banking has been given a lifeline, but what does it mean for loyalty? Finextra.com (7 February 2017). https://www.finextra.com/blogposting/13663/face-to-face-banking-has-been-given-a-lifeline-but-what-does-it-mean-for-loyalty.

11. George Bowden,Mark Carney speech sees Bank Of England

governor warn over robot job takeover. Huffington Post UK (6 December 2016). http://www.huffingtonpost.co.uk/entry/mark-carney-speech-robots_uk_584675e1e4b07ac724498813.

12. Cognizant, The Robot and I: How New Digital Technologies Are Making Smart People and Businesses Smarter by Automating Rote Work. Cognizant report (January 2015). https://www.cognizant.com/InsightsWhitepapers/the-robot-and-I-how-new-digital-technologiesare-making-smart-people-and-businesses-smarter-codex1193.pdf.

13. Jim Marous, Robots and AI invade banking. *Financial Brand* (July 2015). https://thefinancialbrand.com/52735/robots-artificial-intelligence-ai-banking.

14. FSB, UK Small Business Statistics (details taken from UK Department for Business, Innovation & Skills). https://www.fsb.org.uk/media-centre/small-business-statistics (accessed 14 January 2018).

15. Elizabeth Anderson, Half of UK start-ups fail within five years. *The Telegraph* (21 October 2014). http://www.telegraph.co.uk/finance/businessclub/11174584/Half-of-UK-start-upsfail-within-five-years.html.

16. Future Banking, Artificial intelligence: clever design. Future Banking (14 November 2012). http://www.banking-gateway.com/features/featurefba-standard-chartered-artificalintelligence.

17. A. K. Misra and V. J. Sebastian, Portfolio optimization of commercial banks – an application of genetic algorithm. *European Journal of Business and Management* 5, no. 6 (2013): 120–129. www.iiste.org.

18. Ann Hensman and Eugene Sadler-Wells, Intuitive decision making in banking and finance. *European Management Journal* 29, no. 1 (2011): 51–66.

19. Chester Barnard, *The Functions of the Executive*, 30th ed. (Harvard University Press, 1968).

20. Finmetrica, Personal Financial Profiling. Copyright . FinaMetrica Pty Limited. http://www .dsfinancial.org.uk/FinaMetrica%20Questionnaire_ UK[1].pdf.

21. Jason Zweig, Talk is cheap: As automation spreads, new rivals stalk financial advisors (26 July 2017). http://jasonzweig.com/talk-is-cheap-automation-takes-aim-at-financialadvisers-and-their-fees/.

22. Rosie Quigley, Half of insurtech investment is in artificial intelligence and IoT. *Post* (30 March 2017). http://www.postonline.co.uk/insurer/3151306/half-of-insurtechinvestment-is-in-artificial-intelligence-and-iot.

23. Kriti Saraswat, Famous celebrities who've insured their body parts. HealthSite (13 September 2013). http://www.thehealthsite.com/beauty/famous-celebrities-whove-insuredtheir-body-parts.

24. Insurance Europe, The impact of insurance fraud. 2013. https://www.insuranceeurope.eu/sites/default/files/attachments/The%20impact%20of%20insurance%20fraud.pdf.

25. Isaac Asimov, Visit to the world's fair of 2014. *New York Times* (16 August 1964). http://www.nytimes.com/books/97/03/23/lifetimes/asi-v-fair.html.

26. Aviva Rutkin, Autonomous truck cleared to drive on US roads for the first time. *New* Scientist (8 May 2015). https://www.newscientist.com/article/dn27485-autonomoustruck-cleared-to-drive-on-us-roads-for-the-first-time.

27. Information Is Beautiful (n.d.). Codebases. InformationIsBeautiful.net. http://www.informationisbeautiful.net/visualizations/million-lines-of-code

(accessed 28 August 2017).

28. Statistica (n.d.). Automotive electronics cost as a percentage of total car cost worldwide from 1950 to 2030. https://www.statista.com/statistics/277931/automotive-electronicscost-as-a-share-of-total-car-cost-worldwide (accessed 18 October 2017).

29. James F. Hines, Hype Cycle for Automotive Electronics, 2015. Gartner report ID G00277793 (29 July 2015). https://www.gartner.com/doc/3102919/hype-cycleautomotive- electronics.

30. Michael Mandat, Der Status des automobils [in German]. Progenium (2011). http://www.progenium.com/wp-content/uploads/2016/04/PROGENIUM-Auto-nicht-mehr-Wunschobjekt-der-Deutschen.pdf.

31. Julien Girault, Technology drive sees "connected car" link-ups in China. Phys.org (27 April 2016). http://phys.org/news/2016-04-technology-car-link-ups-china.html.

32. Singh, *New Mega Trends*.

33. Thomas R. Koehler, and Dirk Wollschlaeger, *The Digital Transformation of the Automobile* (Media-Manufaktur, 2014).

34. Betsy McKay, Traffic accidents kill 1.27 million globally, WHO says. *Wall Street Journal* (16 June 2009). https://www.wsj.com/articles/SB124509433747116067.

35. Worley, Heidi, Road traffic accidents increase dramatically worldwide. Population Reference Bureau (March 2006). http://www.prb.org/Publications/Articles/2006/RoadTrafficAccidentsIncreaseDramaticallyWorldwide.aspx.

36. Road congestion. Economics Online. http://economicsonline.co.uk/

Market_failures/Road_congestion.html (accessed 14 January 2018).

37. Chris Visnic, Disruption ahead: automotive manufacturers look to the future. SeeGrid blog. https://seegrid.com/blog/disruption_ahead_automotive_manufacturers_look_to_the_future (accessed 28 August 2017).

38. KPMG (n.d.). Global Automotive Executive Survey 2016. KPMG. https://assets.kpmg.com/content/dam/kpmg/pdf/2016/01/gaes-2016.pdf.

39. Will Knight, How might Apple manufacture a car? *MIT Technology Review* (9 October 2015). https://www.technologyreview.com/s/542111/how-might-apple-manufacture-a-car.

40. DaisukeWakabayashi, Apple targets electric-car shipping date for 2019.*Wall Street Journal* (21 September 2015). https://www.wsj.com/articles/apple-speeds-up-electric-car-work-1442857105.

41. Accenture (n.d.). Getting More Out of Existing Operations. https://www.accenture.com/t20150523T023640_w_/us-en/_acnmedia/Accenture/Conversion-Assets/DotCom/Documents/Global/PDF/Dualpub_11/Accenture-Getting-More-Out-Of-Existing-Operations-Automotive-Infographic-v2.pdf (accessed 18 October 2017).

42. Matthew Daneman, Xerox cutting back on Lean Six Sigma program, jobs. *Democrat and Chronicle* (13 October 2014).

43. Thomas Pyzdek, *The Six Sigma Handbook*, 3rd ed. (McGraw-Hill Professional, 2009).

44. Catherine Rampell, How many jobs depend on the Big Three? *New York Times* (17 November 2008). https://economix.blogs.nytimes.com/2008/11/17/how-many-jobsdepend-on-the-big-three.

45. Joshua Wright, Workforce supply and demand in the automotive

industry. EMSI (6 March 2017). http://www.economicmodeling.com/2017/03/06/workforce-supply-and-demandin-the-automotive-industry.

46. Brian Dutton, Tim O'Sullivan, and Phillip Rayne, *Studying theMedia*, 3rd ed. (Bloomsbury Academic, 2003).

47. Vin Crosbie, What is new media? *Digital Deliverance* blog (1998 and 2006). http://www.digitaldeliverance.com/signature-writings/what-is-new-media.

48. Jeff Bullas, How 5 prestige brands innovate and market on Facebook. JeffBullas.com. http://www.jeffbullas.com/2012/09/07/how-5-prestige-brands-innovate-and-market-onfacebook (accessed 28 August 2017).

49. Ian Fleming, *Casino Royale*, first Vintage ed. (Vintage Classics, 2012).

50. Nathan Sturtevant and Brian Magerko, eds., *Proceedings of the Twelfth Artificial Intelligence and Interactive Digital Entertainment International Conference.* (AIIDE 2016). Association for the Advancement of Artificial Intelligence (2016). http://www.aaai.org/Press/Proceedings/aiide16.php.

51. Wedge Greene and Trevor Hayes, The promise of artificial intelligence in telecom. *Pipeline* 12, no. 12 (2016). https://pipelinepub.com/telecom_innovation/AI-in-telecom.

52. Thomas Hine, *I Want That! How We All Became Shoppers* (HarperCollins, 2002).

53. Malcolm Gladwell, The coolhunt. *New Yorker* (17 March 1997). https://www.newyorker. com/magazine/1997/03/17/the-coolhunt.

54. Gartner customer 360 summit 2011. Gartner prospectus. https://www.

gartner.com/imagesrv/summits/docs/na/customer-360/C360_2011_brochure_ FINAL.pdf.

55. BI Intelligence, Consumer-generated content helps drive online sales. *Business Insider* (4 May 2016). http://www.businessinsider.com/consumer-generated-content-helps-driveonline-sales-2016-5?IR=T.

56. Sandra Guy,More online shoppers read reviews before buying, *Internet Retailer* (11March 2016). https://www.digitalcommerce360. com/2016/03/11/more-online-shoppers-readreviews-buying.

57. Pierfrancesco Manenti, Artificial intelligence and future supply chains, *SCM World* (31 January 2017). http://www.scmworld.com/artificial-intelligence-future-supply-chains.

58. Paul Keldon, Artificial intelligence fuels innovation in retail industry, *InternetRetailing* (7 July 2017). http://internetretailing.net/2017/07/artificial-intelligence-fuels-innovationretail-industry.

59. Tony Boobier, *Analytics for Insurance: The Real Business of Big Data* (London: Wiley, 2016).

第四章

1. Institution of Civil Engineers, Our mission and work. https://www.ice.org.uk/about-ice/who-runs-ice/our-mission-and-work (accessed 15 January 2018).

2. American Society of Civil Engineers, Historic landmarks. http://www.asce.org/Landmarks/#/e6ea0cd2d528ba2f3cdec3a624404fef (accessed 15 January 2018).

3. Institution of Civil Engineers (Great Britain), Minutes of Proceedings

of the Institution of Civil Engineers. The Institution (1870), p. 215 note 1.

4. Engineering Professors Council, State of Engineering 2016 (2016). http://epc.ac.uk/stateof-engineering-2016.

5. Mark Hansford, Time to evolve. *New Civil Engineer* (November 2016), pp. 22–24.

6. Stephen Smith, Will augmented reality in construction deliver on its promise? Institution of Civil Engineers(19 August 2016). https://www.ice.org.uk/disciplines-and-resources/briefing-sheet/augmented-reality-in-construction.

7. Komatsu embarks on SMARTCONSTRUCTION: ICT solutions to construction job sites. Komatsu. Press release (20 January 2015). http://www.komatsu.com/CompanyInfo/press/2015012012283202481.html

8. Rachel Burger, 13 shocking construction injury statistics'. Capterra Construction Management blog. Previously published 4 November 2014 in *Construction Management*. http://blog.capterra.com/13-shocking-construction-injury-statistics.

9. Health and Safety Statistics for the Construction Sector in Great Britain, 2017. UK Health and Safety Executive (November 2017). http://www.hse.gov.uk/statistics/industry/construction/construction.pdf.

10. European comparisons. UK Health and Safety Executive. http://www.hse.gov.uk/statistics/european.

11. Centre for Digital Built Britain, Welcome. Centre for Digital Built Britain, University of Cambridge. http://digital-built-britain.com.

12. Margo Cole, Smarter skills. *New Civil Engineer* (2016), p. 30.

13. Robert Henson, Ready for anything. *New Civil Engineer* (December

2016), pp. 18–23.

14. Steve Nolan, The "Big U" plan for flood protection in New York made to look like art installations. *Mail* Online (29 October 2013). http://www.dailymail.co.uk/news/article-2478834/The-Big-U-plan-flood-protection-New-York-look-like-art-installations.html.

15. UK National Cyber Security Centre (n.d.), About us. https://www.ncsc.gov.uk/about-us.

16. BBC, Warning of future UK power shortages. BBC.co.uk (17 October 2013). http://www.bbc.co.uk/news/business-24560196.

17. Nick Harmsen, SA power: What is load shedding and why is it happening? ABC News (10 February 2017). http://www.abc.net.au/news/2017-02-09/sa-power-what-is-load shedding-and-why-is-it-happening/8254508.

18. Helman, Christopher (2014). How can a nation awash in natural gas have shortages? And what to do about it. Forbes (8 February). https://www.forbes.com/sites/christopherhelman/2014/02/08/how-can-a-nation-awash-in-natural-gas-have-shortages-and-what-to-doabout-it/2/#5800ddcc77df.

19. Michael Harrison, UK blames Europe for gas shortages. Independent.co.uk (22 November 2015). http://www.independent.co.uk/news/business/news/uk-blames-europefor-gas-shortages-516358.html.

20. Coping withWater Scarcity: Challenge of the Twenty-First Century. UN-Water, FAO(2007). http://www.fao.org/3/a-aq444e.pdf.

21. Robert McKie, Why fresh water shortages will cause the next great global crisis. *The Observer* (8 March 2015). https://www.theguardian.com/environment/2015/mar/08/howwater-shortages-lead-food-crises-conflicts.

22. Bill Sawyer, Modernising water infrastructure with asset management and analytics. Waterworld.com. http://www.waterworld.com/articles/uwm/articles/print/volume-4/issue-20/features/modernizing-water.html (accessed 18 October 2017).

23. Ruby Pratka,Water and sanitation in Africa. Worldpress.org (26 March 2012) http://www.worldpress.org/Africa/3897.cfm.

24. Abhijit V. Banerjee and Esther Duflo, *Poor Economics: A Radical Rethinking of theWay to Fight Global Poverty*. PublicAffairs; reprint edition (27 March 2012).

25. Heather Stewart, Public sector workforce "will shrink to record low by 2017". *The Guardian* (25 March 2012) https://www.theguardian.com/society/2012/mar/25/publicsector-workforce-shrink-record-low-2017.

26. Claire Vanner, 5 of the worst IT system failures. Computer Business Review (14 January 2014). http://www.cbronline.com/news/verticals/cio-agenda/5-of-the-worst-it-systemfailures-4159576/3.

27. Hope Reece, Top 10 AI failures of 2016. TechRepublic.com (2 December 2016). http://www.techrepublic.com/article/top-10-ai-failures-of-2016.

28. Donald Kennedy, Charles Craypo, and Mary Lehman, eds., Labor and Technology: Union Response to Changing Environments. Report (January 1982). https://www.researchgate. net/publication/234734199_Labor_and_Technology_Union_Response_to_Changing_Environments.

29. Andrew Haldenby, AI will soon replace hundreds of thousands of public sector workers – and that's a good thing. *The Telegraph* (5 February 2017). http://www.telegraph.co.uk/news/2017/02/05/ai-will-soon-replace-

hundreds-thousands-public-sector-workers.

30. Sally M. Johnstone and Louis Soares, Principles for developing competency-based education programs. *Change* 46, no. 2 (2014): 12–19.

31. Beverly ParkWoolf, AI and education: celebrating 30 years ofmarriage. College of Information and Computer Sciences, University of Massachusetts Amherst. *AIED 2015 Workshop Proceedings: Vol. 4.*

32. Barbara Kurshan, The future of artificial intelligence in education. *Forbes* (10 March 2016). https://www.forbes.com/sites/barbarakurshan/2016/03/10/the-future-of-artificialintelligence-in-education/#2dfa068b2e4d.

33. UK Department of Education, Destinations of key stage 4 and key stage 5 pupils: 2012. Official statistics. Gov.UK (November 2014).

34. Hannah Richardson, Oxbridge dominates list of leading UK people. BBC News (20 November 2012).

35. Mark Molloy, Real-life robocops will soon replace human police. *The Telegraph* (20 March 2017). http://www.telegraph.co.uk/technology/2017/03/20/real-life-robocops-willsoon-replace-human-police.

36. Chris Baraniuk, Durham police AI to help with custody decisions. BBC.co.uk (10 May 2017). http://www.bbc.co.uk/news/technology-39857645

37. Julia Angwin, Jeff Larson, Surya Mattu, and Lauren Kirchner, Machine bias. ProPublica (23 May 2016). https://www.propublica.org/article/machine-bias-risk-assessments-incriminal-sentencing.

38. Rajib Ghosh, Taming the challenges in healthcare with artificial intelligence: a pragmatic approach. *Analytics*. http://analytics-magazine.org/taming-challenges-healthcare-artificialintelligence-pragmatic-approach (accessed 28 August 2017).

39. Celine Ge, Alibaba, Tencent see AI as solution to China's acute shortage of doctors. *South China Post* (12 July 2017). http://www.scmp.com/business/china-business/article/2102371/alibaba-tencent-see-ai-solution-chinas-acute-shortage.

40. Kathleen Kara Fitzpatrick, Alison Darcy, and Molly Vierhile, Delivering cognitive behavior therapy to young adults with symptoms of depression and anxiety using a fully automated conversational agent. *JMIR Mental Health* 42, no. 2 (2017): e19.

41. Alex Hudson, "A robot is my friend": Can machines care for elderly? BBC.co.UK (16 November 2013). http://www.bbc.co.uk/news/technology-24949081.

42. The coming global food shortage. EmergencyFoodSupply.com (20 April 2010). http://theemergencyfoodsupply.com/archives/the-coming-global-food-shortage.

43. Joshua D. Woodard, Whole farm revenue protection (WFRP). Ag-Analytics (14 March 2017). https://www.ag-analytics.org/AgRiskManagement/Blog/WFRPBlog.

44. Shreya Nair, What are some applications of AI in the field of agriculture? Quora.com (2 May 2017). https://www.quora.com/What-are-some-applications-of-AI-in-the-field-ofagriculture.

45. Richard Waters, AI academic warns on brain drain to tech groups. *Financial Times* (22 November 2016).

46. IBM Developerworks, Global Entrepreneur. https://developer.ibm.com/startups/ (accessed 15 January 2018).

47. Chinese group Baidu supports start-ups in Brazil. MacauHub (29

September 2016). https://macauhub.com.mo/2016/09/29/chinese-group-baidu-supports-start-ups-in-brazil.

48. UK Individual Shareholders Society (n.d.). "Unprofitable companies – valuing unprofitable companies and companies not valued on profits". Sharesoc.

49. Nick Carr, How many computers does the world need? Fewer than you think. *The Guardian* online (21 February 2008). https://www.theguardian. com/technology/2008/feb/21/computing.supercomputers.

第五章

1. Livery companies/guilds. Technical Education Matters (6January 2011). http://technicaleducationmatters.org/2011/01/06/livery-companiesguilds (accessed 6 November 2016).

2. Joel Brown, 30 motivational Andrew Carnegie quotes. Addict2Success, 2016. https://addicted2success.com/quotes/30-motivational-andrew-carnegie-quotes/(accessed 15 January 2018).

3. Mike Davison, *The Grand Strategist* (Palgrave Macmillan, 1995).

4.Management Mania, Paradox of Minzberg. https://managementmania. com/en/paradox-of-mintzberg (accessed 15 January 2018).

5.Richard Donkin, *Blood Sweat and Tears: The Evolution of Work*(Texere Publishing, 2002).

6. Michael Dunkerley, *The Jobless Economy*(London: Wiley, 1996).

7. Steve Pavlina, Social drag Steve Pavlina blog, 2006. http://www. stevepavlina.com/blog/ 2006/03/social-drag.

8. Carl Benedikt Frey and Michael Osborne, *The Future of Employment:*

How Susceptible Are Jobs Computerization?(Oxford Martin School, University of Oxford, 2013). http://www.oxfordmartin.ox.ac.uk/downloads/academic/future-of-employment.pdf.

9. Angus McPherson, Robot conductor to lead Italian orchestra in Bochelli concert. Limelight(8 August 2017).http://www.limelightmagazine.com.au/news/robot-conductor-lead-italian-orchestra-opera-highlights.

10. Singularity Weblog, Are you a transhuman? Larry King interviews futurist FM-2030(23 November 2012).https://www.singularityweblog.com/are-you-a-transhuman-larry-king-interviews-futurist-fm-2030/(accessed 15 January 2018).

11. Rodney Brooks, *Flesh and Machines*(Pantheon Books, 2002). As quoted in Pamela McCorduck, *Machines Who Think*, 2nd ed. (Natick, MA: A.K. Peters, 2004).

12. Vegard Kolbjornsrud, Richard Amico, and Robert J. Thomas, How artificial intelligence will redefine management. *Harvard Business Review,* 2016.

13. Alisa Blum, 6 key competencies of effective managers. *Training*(24 March 2014). https://trainingmag.com/6-key-competencies-effective-managers.

14. John Parkinson, Will machines take over finance? CFO. com, 2016.

15. Sridhar Srinivasan, Artificial intelligence and the banking CFO: the endless possibilities. Tata Consultancy Services, 2016.

16. Katie Kuehner-Hebert, Future audits must do more: Survey. CFO. com, 2015.

17. Aviva Hope Rutkin, Report suggests nearly half of US jobs are

vulnerable to computerization. *MIT Technology Review*, 2013.

18. John Boudeau, Smart machines: The new human capital. CFO. com, 2014.

19. katie King, There's a computer judge…Legal Cheek, 2016.http://www.legalcheek.com/2016/10/theres-a-computer-judge-that-can-predict-then-verdicts-of-the-european-court-of-human rights/?utm_source=twitter&utm_medium=social&cutm_campaign=Social Warfare.

20. Katie King, Top judge calls for lawyerless courts. Legal Cheek, 2016.

21. Sophie Curtis, Artificially intelligent "judge" could help deliver verdicts in human rights trials.Mirror(24 October 2016)http://www.mirror.co.uk/tech/artificially-intelligent-judge-could-help-9114133.

22. S Danziger, J. Levav, and L. Avnaim-Pesso, Extraneous factors in judicial decisions. *Pro-ceedings of the National Academy of Sciences* 108, no. 17(2011): 6889-6892.

23.Jordan Furlong, Core competence: 6 new skills now required of lawyers. Law21.ca(4 July 2008).https://www.law21.ca/2008/07/core-competence-6-new-skills-now-required-of-lawyers.

24. Tom Peters, *Re-Imagine! Business Excellence in a Disruptive Age* (DK Publishing, 2003).

25. https://www.linkedin.com/pulse/artificial-intelligence-companies-doing-large-deals-sales-engman-(accessed 16 November 2016).

26. Tim Hinchcliffe, Is Apple's research paper on AI a blueprint for mapping human emotions? The Sociable (27 December 2016).http://sociable.co/technology/apples-research-mapping-human-emotions.

27. Ingrid Lunden, Emotient raises $6m for facial expression recognition

tech, debuts google glass sentiment analysis app. Techcrunch.com(5 March 2014).https://techrunch.com/2014/03/06/emotient-raises-6m-for-its-facial-expression-recognition-tech-deburts-sentiment-analysis-app-for-google-glass.

28. Roberto Fantoni, Fernanda Hoefel, and Marina Mazzarolo, The future of the shopping mall. McKinsey.com(November 2014).http://www.mckinsey.com/business-functions/marketing-and-sales/our-insights/the-future-of-the-shopping-mall.

29. Deborah Weinswig, Deep dive: artificial intelligence in retail-offering data-driven personalization and customer service. Fung Global Retail and Tech. https://www.fungglobalretailtech. com/research/deep-dive-artificial-intelligence-retail-offering-data-driven-personalization-customer-servī ce.

30. Hartman Group. What's the future for online grocery shopping? Forbes (accessed 28 August 2017).https://www.forbes.com/sites/thehartmangroup /2015/06/17/whats-the-future-for-online-grocery-shopping/#33f128c0230e.

31. Susan Steiner, Smart fridge? Idiot fridge, more like. *The Guardian online*(11 January 2012). https://www.theguardian.com/lifeandstyle/2012/jan/11/homes-fooddrinks.

32. *Case Studies Exploring the Competencies of Artists and Creative Practitioners Who Work in Participatory Settings to Develop the Creativity of Children and Young People*. Training Requirements and Key Skills for Artists and Creative Practitioners to Work in Participatory Settings project. International Foundation for Creative Learning. http://www.creativitycultureeducation.org/wp-content/uploads/Case-studies-exploring-the- competencies-of-artists-and-creative-practitioners.pdf (accessed 29 August 2017).

33. Kai Lehikoinen, and Joost Heinsius eds, *Training Artists for Innovatitiom:Competencies for New Contexts*(Helsinki: Theatre Academy of the University of the Arts, 2013).https://firstindigoandlifestyle. com/2014/01/07/ training-artists-for-innovation-competencies-for new-contexts(accessed 18 October 2017).

34. *Is Production a Core Competence of a Publisher?*(Dublin: Deanta Global Publishing Services, 2015).

35. Mark Hansford, Why engineers should be excited by the digital railway. *New Civil Engineer* (June 2017).

36. Peter J. Walker, Croydon tram driver suspended after video of man "asleep" at controls. *The Guardian*(19 November 2016).

37. Mark Hansford, Interview: Waboso pushes digital rail. *New Civil Engineer* (9 May 2017).

38. Sarwant Singh, *New Mega Trends: Implications for Our Future Lives*(London: Palgrave MacMillan, 2012).

39. Stacey Liberatore, DARPA's autonomous flight program steps closer to reality after successful tests with "robot pilot" in planes and a helicopter. *Mail* online(29 December 2016). http://www.dailymail.co.uk/sciencetech/ article-4074200/DARPA-s-autonomous-flight-program-steps-closer-reality-successful-tests-robot-pilot-planes-helicopter. html.

40. Control without bounds:the rise of the digital "remote" tower.NATS. http://www.nats.aero/discover/control-without-bounds (accessed 19 May 2017).

41. Engineers Canada. Core engineering competencies (27 November 2012).https://engineerscanada.ca/sites/default/files/w_Competencies_and_

Feedback. pdf.

42. What your GP does.NHS. http://www.choosewellmanchester.org.uk/ in-your-area/what-your-gp-does(accessed 2 August 2017).

43. Nigel Praities, Pulse launches major survey of GP burnout. Pulse. co.uk(30 April 2013). http://www.pulsetoday.co.uk/home/burnout/pulse-launches-major-survey-of-gp-burnout/20002805.article.

44. Sarah Knapton, A robot "friend" to keep elderly active. *The Telegraph*(12 January 2017).

45. Brian Resnick, Brain activity is too complicated for humans to decipher. Machines can decode it for us. Why we need artificial intelligence to study our natural intelligence.Vox.com(3 January 2017).http://www.vox.com/ science-and-health/2016/12/29/13967966/machine-learning-neuroscience.

46. Silver linings: The implications of Brexit for the UK data centre sector. Tech UK (October 2016).

47. BCG Perspectives, The Internet economy in the G-20(March 19, 2012).https://www.bcgperspectives.com/content/articles/media_ entertainment_strategic_planning_4_2_trillion_opportunity_internet_ economy_g20/(accessed 16 January 2018).

48. Institution of Engineering and Technology, Skills and Demand in Industry, 2013 Survey.

49. Peter Hannaford, From rock star to sage: "The time for change is now". Data-Economy(30 September 2016).https://data-economy.com/rock-star-sage-time-change-now.

50. Jane Wakefield, Google uses AI to save on electricity from data centres. BBC(20 June 2016). http://www.bbc.co.uk/news/technology-36845978.

51. Ambrose McNevin, IBM plans four new UK AI based cloud data centres. Computer Business Review online(22 November 2016).http:/www.cbronline.com/news/verticals/ebanking/ibm-plans-four-new-uk-ai-based-cloud-data-centres.

52. Adams, CEOs staying in their jobs longer.*Forbes*(11 April 2014). https://www.forbes.com/sites/susanadams/2014/04/ 11/ceos-staying-in-their-jobs-longer/#4498c13a67d6.

53. Linda Darragh, How to foster entrepreneurship in emerging markets: A Q&A with fourentrepreneurs about the global startup landscape-and what governments can do to help. *Kellogg Insight*(30 March 2016).https://insight.kellogg.northwestern.edu/article/how-to-foster-entrepreneurship-in-emerging-markets?utm_source=subscriber&utm_campaign=Boomtrain Mailer042017&utm_medium=email&bt_alias=eyJIc2VySWQiOiAiNmE4M2 MzMjctNmU0MC00NjI2LThjNWEtYmNmYzc4ZjUyNGUyIn0%3D.

54. Thomas Haney Business, Characteristics and skills of entrepreneurs. thssbusiness.com. http://thssbusiness.com/business-10/chapter-13.pdf.

55. Anthony Burton, *The Rise and Fall of King Cotton*(Andre Deutsch, 1984).

56. Peters, *ReImagine*!

第六章

1. T. Rana, Artificial intelligence finally gets governance, former healthcare CFO leads the initiative. Cision PR. http://www.prweb.com/releases/2016/10/prweb13741691.htm (accessed 17 January 2018).

2. http://www.businessdictionary.com/definition/risk.html (accessed 16

August 2017).

3. Health Informatics in Clinical Practice, Information system failures and the NHS. http://hiicp.org/info_clinical/IT_Failures/info_clinical_IT_Failures_01.html (accessed 17 October 2017).

4. Lynda Bourne, Project failure: Cobb's paradox. The Project Management Hut (27 May 2011). https://pmhut.com/project-failure-cobbs-paradox.

5. Frank Winters, The top ten reasons projects fail (part 7). Project Management.com (11 August 2013). https://www.projectmanagement.com/articles/187449/The-Top-Ten-Reasons-Projects-Fail--Part-7.

6. Neil Richards and Jonathan King, Big data ethics. *Wake Forest Law Review, 2014*. https:// papers.ssrn.com/sol3/papers.cfm?abstract_id=2384174.

7. John Whittaker, Emerging ethics in the world of big data and analytics. Dell Techcenter blogs (24 July 2015). http://en.community.dell.com/techcenter/b/techcenter/archive/2015/ 07/24/emerging-ethics-in-the-world-of-big-data-and-analytics.

8. Howard Wen, The ethics of big data. *Forbes* (21 June 2012). http://www.forbes.com/sites/ oreillymedia/2012/06/21/the-ethics-of-big-data/#4c97bf9254ef.

9. Center for Strategic and International Studies. Net Losses: Estimating the Global Cost of Cybercrime: Economic Impact of Cybercrime II (June 2014).

10. Geoff Spencer, AI and cybercrime: good and bad news. Microsoft Asia (26 July 2017).

11. Bella M. DePaulo, Deborah A. Kashy, Susan E. Kirkendol, Melissa M. Wyer, and Jennifer A. Epstein, Lying in everyday life. *Journal of Personality*

and Social Psychology 70, no. 5 (May 1996): 979–995.

12. Pamela Mayer, *Liespotting: Proven Techniques to Detect Deception* (St Martin' s Griffin, 2011).

13. Richard Bandler and John Grinder *Frogs into Princes: Neuro Linguistic Programming* (Real People Press, 1979).

14. Dr David Smith, *Reliability, Maintainability and Risk* (Elsevier, 2000).

15. Unearth the answers and solve the causes of human error in your company by understanding the hidden truths in human error rate tables. Lifetime Reliability Solutions. http://www .lifetime-reliability.com/cms/ tutorials/reliability-engineering/human_error_rate_table_ insights (accessed 16 August 2017).

16. Quoctrung Bui,Will your job be done by a machine? NPR.org (21 May 2015). http://www .npr.org/sections/money/2015/05/21/408234543/will-your-job-be-done-by-a-machine.

17. John Verver, The top five areas to monitor for employee fraud. CFO. com (6 November 2013). http://ww2.cfo.com/accounting-tax/2013/11/top-five-areas-monitor-employeefraud.

18. Online fraud increases 22% during holiday season. *Security* (15 January 2018). https:// www.securitymagazine.com/articles/88637-online-fraud-increases-22-during-holidayseason (accessed 17 January 2018).

19. Sean Neary, The future of AI fraud prevention – a practical introduction. CNP.com (18 May 2017). http://cardnotpresent.com/cnp-expo-preview-the-future-of-ai-fraud-prevention-apractical- introduction.

20. Adam C. Uzialko, Artificial insurance? How machine learning is

transforming underwriting. *Business News Daily* (11 September 2017). https://www.businessnewsdaily.com/10203- artificial-intelligence-insurance-industry. html.

21. Jea Yu, Insurance fraud prevention gets a little help from artificial intelligence. *Insights*, Samsung.com (6 June 2017). https://insights.samsung. com/2017/06/06/insurance-fraudprevention- gets-a-little-help-from-artificial-intelligence.

22. Mike Collins, The big bank bailout. *Forbes* (14 July 2015). https://www.forbes.com/sites/ mikecollins/2015/07/14/the-big-bank-bailout/#375f98bb2d83 (accessed 17 January 2018).

23. Julia Black, *The Future of Regulation* (Oxford Handbooks Online, 2010).

24. Julia Black, Learning from regulatory disasters. Law Society and Economy Working Paper Series, WPS 24-2014 (December 2014).

25. William Shakespeare, *Macbeth*. Wordsworth Editions, annotated edition (5 May 1992).

26. Oscar Wilde. 1891. *The Picture of Dorian Gray*. Wordsworth Editions, Paris edition text, published 1908 edition (5 May 1992).

27. Martin Arnold, Market grows for "regtech", or AI for regulation. *Financial Times* (14 October 2016). https://www.ft.com/content/fd80ac50-7383-11e6-bf48-b372cdb1043a.

28. Sandra Wachter, Brent Mittelstadt, and Luciano Floridi, Why a right to explanation of automated decision-making does not exist in the General Data Protection Regulation. *International Data Privacy Law, 2016*. https://ssrn.com/abstract=2903469.

29. Blandine Cordier-Palasse, What makes a good compliance officer? Ethic Intelligence (April 2013). http://www.ethic-intelligence.com/experts/286-what-makes-a-good-complianceofficer.

30. John Dwyer, RegTech – Not Reg Plus Tech, but Reg to the Power of Tech. Celent report (28 July 2015).

第七章

1. Francesco Corea, 13 forecasts on artificial intelligence. Diaries of a Data Scientist, Medium.com (30 September 2016). https://medium.com/cyber-tales/13-forecasts-onartificial-intelligence-82761b7a0f6d.

2. Ruben Baart, Growing drones from chemicals, Next Nature Network (15 July 2016). https://www.nextnature.net/2016/07/growing-drones-chemicals/.

3. Mark Hansford andMichaila Hancock, Technology Consumption: Are Engineers Ready to Make the Leap and Reap the Rewards?. *New Civil Engineer*. http://guides.newcivilengineer .com/4349.guide (accessed 12 May 2017).

4. Ibid.

5. Skillsoft. 5 reasons training fails, and what to do about it. http://www.skillsoft.com/assets/ white-papers/whitepaper_uk_why_training_fails.pdf

6. Universal Robots. About Universal Robots – inventor of the cobot. www.universal-robots .com. https://www.universal-robots.com/about-universal-robots/news-centre/history-ofthe-cobots (accessed 18 October 2017).

7. Niccolo Machiavelli, *The Prince*.

8. Edgar Schein, How can organizations learn faster? The challenges of entering the green room. *Sloan Management Review* (Winter 1993).

9. Atanu Basu and Michael Simmons, The future belongs to leaders who get artificial intelligence. Inc.com. https://www.inc.com/empact/the-future-belongs-to-leaders-whoget-artificial-intelligence.html (accessed 18 October 2017).

10. James O'Brien, The future CEO: 5 key traits business leaders of tomorrow need now. American Express Open Forum. https://www.americanexpress.com/us/small-business/ openforum/articles/future-ceo-5-key-traits-business-leaders-tomorrow-need-now.

11. www.chevening.org.

12. Stephen J. Dubner and Steven D. Levitt, A star is made. *New York Times* magazine (7 May 2006).

13. Roland Mosimann, Patrick Mosimann, and Meg Dussault, *The Performance Manager* (Cognos, 2008).

14. Thomas Walther, Henry Johanson, John Dunleavy, and Elizabeth Hjelm, *Reinventing the CFO: Moving from FinancialManagement to StrategicManagement* (McGraw-Hill, 1997).

15. Harvey Nash, One in seven HR leaders report Automation/Artificial Intelligence is already impacting their workforce plans, reports Harvey Nash HR Survey 2017. HarveyNash.com (25 January 2017). http://www.harveynash.com/group/mediacentre/2017/01/one_in_seven_hr_leaders_report_automation_artificial_intelligence_is_already_impacting_their_workfor/index.asp.

16. Garry Mathiason, Littler Mendelson, Preparing for robotics and artificial intelligence in the Workplace – Checklist. www.xperthr.com. http://www.xperthr.com/policiesand-documents/preparing-for-robotics-and-

artificial-intelligence-in-the-workplacechecklist/12541/?keywords=prepari ng+robotics+artificial+intelligence+workplace+checklist (accessed 4 May 2017).

17. What skills and competencies do you need for a career in HR? TARGETjobs. https://targetjobs.co.uk/career-sectors/hr-and-recruitment/ advice/324027-what-skills-andcompetencies-do-you-need-for-a-career-in-hr (accessed 28 August 2017).

18. Louise Crewe, Nicky Gregson, and Kate Brooks, Alternative retail spaces. In AndrewLeyshon, Roger Lee, and Colin C. Williams (eds.), *Alternative Economic Spaces* (London: Sage Publications, 2003), 74–106.

19. A. Hochschild, *The Time Bind: When Work Becomes Home and Home Becomes Work* (New York: Metropolitan Books, 1998).

20. David Harvey, A survey of current practices, business intelligence and OXIIM. In David Harvey, ed., *Business Re-engineering: The Critical Success Factors* (Business Intelligence, 1995).

21. http://www.businessdictionary.com/definition/core-process.html.

22. Stuart Lauchlan, How to carry out a SaaS roll out. *Computer Weekly*. http://www.computerweekly.com/feature/How-to-carry-out-a-SaaS-roll-out (accessed 28 August 2017).

第八章

1. Michael Lewis, *The New New Thing: A Silicon Valley Story: How Some Man You've Never Heard of Just Changed Your Life* (Hodder Paperbacks, 2000).

2. Joan Magretta,Why business models matter. *Harvard Business Review*

(May 2002). https://hbr.org/2002/05/why-business-models-matter.

3. Sarah Cliffe, When your business model is in trouble. *Harvard Business Review* (January–February 2011). https://hbr.org/2011/01/when-your-business-model-is-in-trouble.

4. Mark Johnson, *Seizing the White Space: Business Model Innovation for Growth and Renewal* (Harvard Business Publishing, 2010).

5. Liam Upton, Finland: new government commits to a basic income experiment. Basic Income Earth Network (16 June 2015). http://basicincome.org/news/2015/06/finlandnew-government-commits-to-a-basic-income-experiment.

6. Suranga Chandratillake, Is money for nothing the shape of the future? *Evening Standard* (12 January 2017).

7. Cyrille Bataller and Jeanne Harris, Turning artificial intelligence into business value today. Accenture. 2016.

8. Ordnance Survey launch Geovation Hub to support entrepreneurs. Bdaily (7 July 2015). https://bdaily.co.uk/technology/07-07-2015/ordnance-survey-launch-geovation-hub-tosupport-entrepreneurs.

9. P&S Market Research. Global geographic information system (GIS) market expected to grow at 11% CAGR during 2015–2020. P&S Market Research (4 February 2016). http://www.prnewswire.com/news-releases/global-geographic-information-system-gis-marketexpected-to-grow-at-11-cagr-during-2015-2020-ps-market-research-567650721.html (accessed 25 August 2017).

10. Gil Fewster, The mind-blowing AI announcement from Google that you probably missed. LinkedIn (6 January 2017). https://www.linkedin.

com/pulse/mind-blowingai-announcement-from-google-you-probably-gil-fewster?trk=v-feed&lipi=urn%3Ali %3Apage%3Ad_flagship3_feed%3BlDX E%2BeGMQDJnfNl2AizFOA%3D%3D.

11. World Bank Group. Doing Business 2010. World Bank Group study, 2009. http://www.doingbusiness.org/reports/global-reports/doing-business-2010.

12. Matthew Eyring, Mark W. Johnson, and Hai Nair, New business models in emerging markets. *Harvard Business Review* (February 2011). https://hbr.org/2011/01/new-businessmodels-in-emerging-markets.

13. Sally Doherty, Narrow vs general AI – is Moravec's paradox still relevant? Graphcore, 2016. https://www.graphcore.ai/posts/is-moravecs-paradox-still-relevant-for-ai-today (accessed 16 January 2018).

第九章

1. Gil Press, 2017 predictions for AI, big data, IoT, cyber security and jobs for senior tech executives. *Forbes* (12 December 2016). https://www.forbes.com/sites/gilpress/2016/12/12/ 2017-predictions-for-ai-big-data-iot-cybersecurity-and-jobs-from-senior-tech-executives/ 2/#235aa66c778f.

2. Internet and Technology: Amy Webb quote. Pew Research Center. http://www.pewinternet .org/2014/08/06/future-of-jobs/pi_14-08-06_ futurequote_webb-2/ (accessed 16 January 2018).

3. Alain Sherter, How much should workers fear robots? CBS News (6 August 2014). https:// www.cbsnews.com/news/how-much-should-workers-fear-robots/.

4. M.S. in Computer Science – Artificial Intelligence. HotCourses

India. http://www .hotcoursesabroad.com/india/course/us-usa/m-s-computer-science-artificial-intelligence/ 6892/program.html (accessed 29 September 2017).

5. The Lean Startup. http://theleanstartup.com/#principles (accessed 29 September 2017).

6. Munich Reinsurance America. Innovation lab specialist. Munich Reinsurance America vacancy website, ref 1111BR.

7. Marishka Cabrera, Automating creativity: Can computer algorithms replace the skills and creative brilliance that are inherently human? *CenSEI Report* (20 August – 2 September 2012). https://www.scribd.com/document/104255714/Can-Computers-Createand-Innovate-by-Marishka-Cabrera (accessed 29 September 2017).

8. Mitchell Waldrop, The age of intelligent machines: can computers think? *Kurzweil Accelerating Intelligence* (21 February 2001). http://www.kurzweilai.net/the-age-of-intelligentmachines-can-computers-think.

9. Ian Goodfellow, Yoshua Bengio, and Arron Courville, *Deep Learning*. Adaptive Computation and Machine Learning Series. (Boston, MA: MIT Press, 2016).

10. Danny Portman, Human brain vs machine learning – a lost battle? LinkedIn (25 September 2016). https://www.linkedin.com/pulse/human-brain-vs-machine-learning-lost-battledanny-portman.

11. Jane Wakefield, DeepMind AI to play videogame to learn about world. BBC News (4 November 2016). http://www.bbc.co.uk/news/technology-37871396 (accessed 15 March 2017).

12. Brian Resnick, Brain activity is too complicated for humans to

decipher. Machines can decode it for us. Why we need artificial intelligence to study our natural intelligence. Vox.com (3 January 2017). https://www.vox.com/science-and-health/2016/12/29/ 13967966/machine-learning-neuroscience.

13. James Auger, Living with robots: A speculative design approach. *Journal of Human-Robot Interaction* 3, no. 1 (2014): 20–42. http://humanrobotinteraction.org/journal/index.php/ HRI/article/view/155/131.

14. T. Berker, *Domestication of Media and Technology* (New York: Open University Press, 2006).

15. D. Trujillo Pisanty,With robots. Photograph series. Diego Trujillo Pisanty website (January 2011). www.trujillodiego.com/work/withrobots.html

16. Richard Orange, Denmark's robotic helpers transform care for older people. *The Guardian* (13 February 2014). https://www.theguardian.com/social-care-network/2014/feb/13/ denmark-robotic-helpers-transform-care-older-people.

17. Tim Maverick, Japan's tech solution for its aging population. *Wall Street Daily* (11 July 2015). https://www.wallstreetdaily.com/2015/07/11/japan-healthcare-robots.

18. Jason G. Goldman, How and why do we pick our friends? BBC online (24 January 2013). http://www.bbc.com/future/story/20130123-what-are-friends-really-for.

19. C. J. Greaves and L. Farbus, Effects of creative and social activity on the health and wellbeing of socially isolated older people: Outcomes from a multi-method observational study. *Journal of the Royal Society for the Promotion of Health* 126, no. 3 (2006): 133–142.

20. 80% of workers have back pain. BBC News. http://news.bbc.co.uk/1/hi/health/639884.stm (accessed 11 May 2017).

21. Aryanne Oade, *Building Influence in the Workplace* (Palgrave Macmillan, 2010).

22. StanleyMilgram, Stanley The perils of obedience. *Harper's Magazine*. 1974. Archived from the original on December 16, 2010.

23. BBC Two, How violent are you? *Horizon* series 45, episode 18 (presenter Michael Portillo, producer Diene Petterle). BBC (12 May 2009).

24. Woodrow Hartzog, Et tu, android? Regulating dangerous and dishonest robots. *Journal of Human-Robot Interaction* 5 no. 3 (2016). http://humanrobotinteraction.org/journal/index .php/HRI/article/view/302/pdf_38.

25. Isaac Asimov, *I, Robot* (Harper Voyager, 1950).

26. Robert Greene, *The 48 Laws of Power* (Profile Books, 2000).

第十章

1. Bhoopathi Rapolu, *The Race for Work: Escape Automation, Transform Your Career and Thrive in the Second Machine Age* (Bhoopathi Rapolu, 2016).

2. John Larosa, Self-improvement market has unfilled niches for entrepreneurs. Cision PRWeb. http://www.prweb.com/releases/2012/3/prweb9323729.htm (accessed 26 August 2017).

3. John Larosa, $10.4 billion self-improvement market survives scandals & recession. Marketdata Enterprises Inc. http://www.prweb.com/releases/2013/1/prweb10275905.htm.

4. Rebecca Webber, Reinvent yourself. *Psychology Today* (9 June

2016). https://www .psychologytoday.com/articles/201405/reinvent-yourself?collection=148507.

5. Ravenna Helson andOliver John, Mills Longitudinal Study at U.C. Berkeley. https://millslab .berkeley.edu.

6. Webber, Reinvent yourself.

7. Missy Gluckmann, The lack of non-verbal communication in a digital world. Melbee Global (11 January 2015). https://melibeeglobal.com/blog/2015/01/the-lack-of-nonverbal- communication-in-a-digital-world/ (accessed 17 January 2018).

8. David Ferrell, The conference industry is booming, and it is only getting bigger. Skift.com (4 August 2013). Originally published as Big ideas, big money mix at power-laden conferences, *Orange County Register* (2 August). https://skift.com/2013/08/04/the-conferenceindustry- is-booming-and-it-is-only-getting-bigger (accessed 16 May 2017).

9. Timothy Noah, Disenfranchised: Why are Americans still buying into the franchise dream? *Pacific Standard* (4 March 2014). https://psmag.com/economics/disenfranchised-fast-foodworkers- quiznos-73967.

10. Oliver Burkeman, Five reasons why we should all learn how to do nothing. *The Guardian* (9 January 2015). https://www.theguardian.com/lifeandstyle/2015/jan/09/five-reasons-weshould- all-learn-to-do-nothing.

11. A.A. Milne, *The House at Pooh Corner* (Egmont; new edition, 6 May 2013). Originally published 1928.

12. Dylan Thomas, *The Poems of Dylan Thomas* (New Directions, 1952).